공부만이 숭고한 열정의
비천한 과잉을 수정할 수 있다.

이 지훈

추천사

"프로 캅투 렉토리스, 하벤트 수아 파타 리벨리Pro captu lectoris, habent sua fata libelli." 모든 책에는 저마다의 고유한 운명이 있다. 그러나 그것은 그 책을 읽는 자의 능력에 달려있다.

사랑하는 제자 이지훈 변호사가 펴내는 이 책을 읽는 내내, 이 책이야말로 저 명제에 참으로 부합한다는 생각이 떠나지 않았습니다. 이 책은 자신을 어디에서나 쉽게 만날 수 있는 지극히 평범한 사람으로 인식하는 한 사람이, 자신과 마찬가지로 생각하는 수많은 다른 사람들에게 건네는 진실하고 충직한 대화로의 초대입니다. 어쩌면 아무것도 아닌 우리도 무엇인가 할 수 있다는 것, 그러려면 어떻게 하면 되는지를, 추상적인 이론이 아니라 자신의 구체적인 경험을 토대로 날것 그대로 생생하게 보여주고 있습니다. 스스로에 대하여 확신을 갖지 못하는 독자라면 이 책에서 이지훈 변호사가 내미는 손길을 잡고 희망의 사다리를 올라갈 계기를 얻게 될 것입니다.

이 책에서 중요하게 언급된 "공부만이 숭고한 열정의 비천한 과잉을 수정할 수 있다"는 말은 중국 법철학자 오경웅John C. H. Wu 박사가 미국 연방대법원의 홈즈Oliver Wendell Holmes Jr. 대법관에게 보낸 서한의 한 구절입니다. 이 편지를 보낼 당시(1924년) 오 박사는 "이 비참한 세상, 그것도 가장 비참한 지역에 살고 있다"는 사실을 잊어버리는 길은 오로지 인내하면서 공부에 열중하는 수밖에 없는 것 같다고 고백하였습니다. 홈즈 대법관은 답장에서 "그대가 끊임없이 열중하는 힘을 최고도로 발휘하고 있는 한 그대는 삶을 제대로 살고있는 것"이라고 격려하였습니다.

그렇습니다. 이지훈 변호사가 지나온 삶에서 증명해준 것처럼, '우리 인생에서 이미 결정되어버려서 절대로 바꿀 수 없는 것'은 없습니다. 그렇게 생각하는 내가 있을 뿐입니다. 따라서 그렇게 생각하는, 풀이 죽은, 나에게 속삭여야 합니다. '어깨를 펴, 아직 끝나지 않았어, 끝나야 끝난 것이잖아'라고, '시작이 되었을 뿐이잖아, 내일의 해는 내일 떠오르는 것이잖아'라고 말입니다.

삶이 우리를 힘들게 하는 것은 사실입니다. 그러나 그러한 삶을 살아내는 것이야 말로 그 삶을 이겨내는 출발점입니다. 결국 경계를 넘어서기 위하여 경계선까지 나아가는 방법 외에는 없습니다. 그러기 위해서 우리는 자신을, 이 세상에서 가장 소중한 자신을, 가장 소중하게 대접해야 합니다. 조용히 신발끈을 다시 매주어야 합니다. 이지훈 변호사의 진정성이 가득 담긴 이 책이 독자 여러분에게 인생에 대하여 살 만할지도 모른다는 것을 넘어서 그렇게 내 인생을 만들 수 있겠다는 자신감과 용기를 불어넣어 주길 간절히 바랍니다. 이 책의 운명은 독자 여러분들에게 달려있습니다.

－김선택(고려대 법전원 교수)

'이 변'. 변호사들끼리 동료를 부르는 호칭이다. '이 변'은 논어등반학교에서 교장과 등반대원 관계로 만났다. 그러나 함께 공부를 해가며 세상을 치열하게 살아가는 동료라고 하는 게 더 정확한 표현일 것이다.

여기에는 본인 말대로 중간쯤 되는 학생이 뒤늦게 자아의 발견에서 시작해 뒤늦게 발동을 걸고 성실 하나로 달려온 '공부의 길'이 털끝만 한 과장이나 과시 없이 오롯이 드러나 있다. 모두가 열심히 공부에 달려들지만 실은 바른 공부법을 몰라 시간을 허비하는 사람들이 너무도 많다. 그런데 공부법이라는 게 머리만의 문제는 아님을 깨닫지 못하면 귀중한 시간을 허튼 데 쓰는 것을 막을 길이 없다. 저자는 말 그대로 명문대 출신이 아니지만, 또 본인 말대로 좋은 머리도 아니지만 '성실' 하나로 고대 법대 편입, 고시 공부, 국비유학 시험 등을 성공적으로 치러냈다. 그리고 그는 무엇보다 그 과정 자체를 즐겼다.

공자가 말했다. "아는 사람보다는 좋아하는 사람이 낫고 좋아하는 사람보다는 즐기는 사람이 낫다." 그런데도 우리는 자꾸 공부를 아는 것 범위에 가둬두려 한다. '이 변'은 이 점에서 두말할 것도 없이 좋아서 하는 공부법의 비결을 체득했다고 할 수 있다. 옛사람들은 이때의 느낌을 "가만히 두려 해도 손발이 춤을 추려는 것을 멈출 수가 없다"고 했다. '이 변'은 자기 공부의 길을 '동기, 환경, 시간, 정리, 체력, 멘탈, 고독'으로 정리해냈다. 실제로 공부를 통해 큰 성과를 내지 않고서는 이렇게 정리할 수가 없다. 그리고 각각의 조언 또한 상투적이지 않다. 그의 솔직한 고백은 특히 다음 대목에서 큰 위력을 발휘한다.

"다행히도 저는 머리가 좋지 않았기 때문에 성실함을 익힐 수 있었습니다. 그렇게 성실하게 모색과 시도를 계속해 나갔습니다. 뜻밖에도 고려대학교 법학과에 편입할 수 있었던 것도 성실했기 때문입니다. 그 뒤로는 모든 것이 자연스럽게 흘러갔습니다. 저의 '성실한 시도'는 공부에도 훌륭하게 작용하였고, 다른 사람에게 배우려는 불치하문不恥下問의 자세는 시너지 효과를 불러일으켰습니다. 저는 고대 법대에서 만난 훌륭한 선배들을 성실하게 따라 했습니다. 아무런 의심이 없었습니다. '이렇게 하면 된다'고 믿었습니다. 아니, 이렇게 했는데도 안되는 게 더 이상했습니다. 그렇게 해서 저는 변호사가 되고, 국비유학생이 되었으며 칭화대학교 법학 석사가 될 수 있었습니다."

여기서 말한 불치하문의 자세가 바로 공자의 말이다. 즐거워서 공부하는 마음이 아니고서는 결코 아랫사람에게 묻기를 부끄러워하지 않을 수가 없다. 특히 이 책은 수험공부하는 사람에게는 말할 것도 없고 고도의 학문에 종사하는 사람에게도 반드시 일독을 권하고 싶을 만큼 두루 통관하는 공부법을 말하고 있다. 스스로 공부에 일가견이 있다는 사람들 또한 이 책을 읽으며 자신의 행로를 짚어봐야 한다는 말이다.

이 책을 덮으며 망외望外 소득은 그가 바쁜 변호사 업무 중에도 밤늦게까지 논어를 비롯한 고전 공부에도 전력투구하는 이유를 제대로 알게 됐다는 것이다. 그것은 다름 아닌 자기 삶을 누구보다 사랑하고 있다는 사실이다. 자신을 사랑하지 않고서는 제대로 공부할 수 없기 때문이다.

—이한우(전 조선일보 논설위원, 「논어로 논어를 풀다」 저자)

이지훈 변호사는 학창 시절부터 개성이 아주 강한 학생이었습니다. 자신만의 색깔을 찾고 자신의 역량을 개발하고 새로운 기회에 대한 도전에 주저함이 없었습니다. 그가 다음 단계로 넘어가기 위해 반드시 치러야만 했던 것이 시험이고 그는 그렇게 주어진 고비들을 묵묵히 넘어 오늘에 이르렀습니다. 그가 이제 자신의 경험을 후학들과 공유하기 위해 공부의 비법을 담은 책을 만든다는 소식을 듣고 매우 기뻤습니다.

불가에서 오랫동안 내려오는 '대기설법對機說法'이 있습니다. 부처님의 진리를 구하고자 하는 모든 사람에게 각각의 그릇대로 베풀었던 가르침을 말합니다. 법화경을 보면 '약초유품'이란 비유가 나옵니다. 삼천, 대천 세계의 산과 강과 골짜기와 평지에서 자라는 초목과 숲과 약초의 종류가 너무도 많지만 각기 그 이름과 모양이 다 다릅니다. 비가 내리면 모든 초목과 숲과 약초의 뿌리와 줄기와 가지와 잎이 두루 젖게 마련입니다. 같은 구름에서 내리는 비이지만 그 초목의 종류와 성질에 따라 저마다 달리 자라며 꽃을 피우고 열매를 맺게 됩니다. 같은 땅에서 나고 같은 비에 젖지만 여러 가지 초목이 각기 다른 것입니다. 즉 수목의 크고 작기가 다르면 그 성질에 따라 저마다 받아들이는 물의 양도 달라서 동일한 구름에 의해 비를 맞아도 각각의 종류와 성질에 따라 자라는 속도가 다 다릅니다.

이지훈 변호사의 경험과 교훈도 받아들이는 각자의 그릇의 크기와 개개인의 수용 태도에 따라 효과가 다 다를 것입니다. 그럼에도 불구하고 이 변호사의 가르침은 정직하며, 누구나 공감을 자아낼 수 있을 뿐 아니라, 매우 구체적입니다. 동기, 환경, 시간, 정리, 체력, 멘탈, 고독이라는 7대 요소를 통해 여러 수험생과 후학들에 가뭄 끝의 단비가 되어 골고루 도움을 주고자 합니다. 이러한 선한 의도가 산천초목, 이 땅의 모든 자라나는 새싹들에게 성장의 지양분이 되리라 믿어 의심치 않습니다.

—홍규덕(전 국방부 국방개혁실장, 숙명여대 정치외교학과 교수)

공부, 이래도 안되면 포기하세요

공부, 이래도 안되면 포기하세요

이지훈 지음

| 무조건 합격을 부르는 최강의 멘탈 솔루션 |

위즈덤하우스

4장 | 정리 "누구든지 밑 빠진 독에 물을 가득 채울 수 있다."

5장 | 체력 "체력 없이는 장기전에서 합격할 수 없다."

6장 | 멘탈 "목숨을 걸다."

 7장 | 고독 "공부는 혼자 하는 것이다."

에필로그

변태Metamorphosis
변하는 방법에 대하여

모든 공부는 원리가 똑같다

저는 2018년부터 유튜브에 공부법에 대한 영상을 올리고 있습니다. 가끔 유튜브를 왜 하냐는 질문을 받습니다. 저는 왜 유튜브에 공부법 영상을 올릴까요? TV에서는 매년 수능 만점자 또는 수재들의 공부법을 소개합니다. 그런 정보는 넘쳐납니다. 하지만 이 세상에는 공부를 잘하는 사람보다 못하는 평범한 사람들이 더 많습니다. 공부하는 이유와 준비하는 시험, 그리고 각자 처한 상황도 천차만별입니다. 저는 학창시절을 보내면서 '저 사람들은 근본적으로 나와 다른 사람들이니 저 공부법도 따라 할 수 없다'고 생각했습니다. 그렇습니다. 저는 지극히 평범한 학생이었습니다. 고등학교 학벌이 대학 학부

못지않게 중요한 우리나라에서 저는 뺑뺑이로 추첨된 동네 고등학교에 다녔습니다. 머리가 유별나게 좋지도 않았습니다. 그리고 수능 성적에 맞춰서 숙명여자대학교 경제학과에 입학했습니다. 저는 지금도 제가 머리가 좋다고 생각하지 않습니다.

그러다가 우연히 고려대학교 법학과로 편입을 하고, 내면의 에너지가 달라지는 경험을 하게 되었습니다. 스스로 동기를 부여하고 몰입하는 과정에서 수많은 시행착오試行錯誤를 거치면서 공부에 대한 스킬이 생겼습니다. 공부를 하면서 멘탈이 무너지는 경험도 했고 극도의 외로움을 느껴보기도 했습니다. 그런 일련의 과정을 거쳐서 제가 얻게 된 진리는 '모든 공부는 원리가 똑같다'는 것입니다. 평범한 사람인 제가 뒤늦게 공부를 하면서 얻게 된 이런 노하우를 현재 다양한 공부를 하는 분들과 공유하고 싶었습니다. 저는 유튜브를 통해 평범한 학생이 꿈을 세우고 강호江湖라는 험난한 세상에서 그것을 이뤄나가는 과정을 말씀드리고 싶었습니다. 이것이 제가 부끄러움을 무릅쓰고 유튜브에 공부법 영상을 올리기 시작한 이유입니다. 저의 경험이 공부하는 여러분의 시행착오를 줄이는 데 도움이 되기를 바랍니다.

동기, 환경, 시간, 정리, 체력, 멘탈, 고독

직접 고대 법대 편입, 고시공부, 국비유학 시험 등을 경험하면서 느낀 공부의 필수 요소는 7가지입니다. 바로 동기, 환경, 시간, 정리,

체력, 멘탈, 고독입니다. 대한민국의 모든 시험은 이것이 전부이고, 이 7가지 요소만 갖추고 있으면 대한민국의 그 어떤 시험도 무난하게 합격할 수 있습니다. 이 중의 어느 하나도 소홀히 해서는 안 됩니다. 여러분이 지금 공부가 잘 안된다면 반드시 이 7가지 중에 문제가 있는 것입니다. 머리가 좋은 사람은 느끼지 못할 수도 있는 부분입니다.

저에게는 카이스트를 졸업한 친구가 있습니다. 그 친구는 말 그대로 어릴 때부터 수재였습니다. 그 친구의 유일한 약점은 바로 체력이 약하다는 것이었습니다. 밤늦게까지 공부하거나 아침에 일찍 일어나는 것은 그 친구에게는 애시당초 불가능했습니다. 하지만 그 친구는 그 정도의 공부만 해도 충분했습니다. 워낙 머리가 좋기 때문에 체력이 나빠도, 공부하는 절대시간이 부족해도 전혀 문제될 것이 없었습니다. 결국 그 친구는 대학교 재학 중에 원하는 시험에 붙었습니다. 하지만 우리같이 평범한 학생이 어떤 시험에 합격하려면 반드시 이 7가지 요소를 두루 갖추고 있어야 합니다. 이 책은 여러분이 공부가 안될 때 7가지 요소를 체크할 수 있도록 구성되어 있습니다. 만일 이렇게 해도 잘 안된다면 그때는 공부를 포기하셔도 됩니다.

지금은, 과거에 내가 한 선택의 결과이다

제가 공부법에 대한 이야기를 하는 이유는 공부에 대한 초식을 전수하고 싶기 때문입니다. 이 초식은 평범한 학생이 고대 법대 편입,

고시공부, 국비유학 시험 등을 경험하면서 실전에서 깨우친 것입니다. 다양한 공부법을 접해 보고 결국에는 자기에게 맞는 공부법을 찾으십시오. 시험에 붙은 사람들은 자기만의 공부법이 있습니다. 우리는 강호에 나왔습니다. 공명을 위해서든, 돈을 위해서든 무언가를 얻기 위해 강호에 나왔습니다. 그렇다면 얻어가야 하지 않겠습니까. 얻어가려면 어떻게 해야 되겠습니까.

『의천도룡기』의 장무기는 정·사파를 대표하는 가문의 자제를 부모로 두어 천부적으로 무공 고수의 유전자를 가지고 태어났습니다. 더 나아가 사손이라는 절대 고수를 만나 내·외공 무공 비법까지 모두 익혔습니다. 덕분에 장무기는 어린 나이에 무림의 최강자가 될 수 있었습니다. 거기다가 자신의 노력과 상관없이 조민이라는 멋진 배우자와 백년가약까지 맺게 되니 그야말로 성공한 강호인입니다. 그러나 우리 대부분은 결코 장무기가 아닙니다.

중요한 점은 배우려는 자세입니다. 부족한 점이 많은 제가 자신 있게 말할 수 있는 스스로의 장점도 바로 주저하지 않고 배우려 하는 것입니다. 내공은 운기조식運氣調息이라 곁에서 보는 것만으로는 흉내낼 수 없습니다. 하지만 초식은 잘 살펴보면 충분히 따라 할 수 있습니다. 그 대신 내가 저 초식을 반드시 배우겠다는 자세가 되어 있어야 합니다. 강호에는 다양한 초식이 있습니다. 그중 나에게 맞는 초식이 있다면 어려워 보인다고 포기하지 말고 반드시 배워서 내 것으로 만들겠다는 일념을 가지셔야 합니다.

제가 완성한 공부법 초식도 하숙집 선배의 것을 흉내내 제 것으로 만든 것입니다. 그때 저는 그 선배의 취미, 말투, 사고방식은 물론 생활습관까지 따라 하려고 노력했습니다. 선배가 평소 클래식 음악을 좋아한다는 것을 알고 공부하는 틈틈이 클래식 음악을 공부하고 음반을 사서 감상했습니다. 그러면서 저도 오페라라는 장르를 좋아하게 되었습니다. 그 선배는 어릴 때부터 수재 소리를 들으며 지역의 명문 고등학교를 나왔고, 아깝게 고대 법대에 합격하였으며, 재학 중 사시 합격을 이뤄냈습니다. 만일 그런 선배의 모습에 주눅이 들어 '저 사람은 나와 태생이 다르니까 나는 저렇게 할 수 없어'라고 생각했다면 따라 하지 못했을 것입니다. 스스로 한계를 그었기 때문에 시도試圖할 수 없는 것입니다. 하지만 저는 주눅 드는 대신 '저 선배만 따라 하면 나도 사법시험에 붙을 수 있겠다'는 선택을 했습니다. 그리고 정말 미친 듯이 흉내냈습니다. 선배가 시험에 붙고 나서 자기 기본서를 저한테 주고 갔을 때, 저는 구음진경九陰眞經이라는 무공 비법을 얻은 듯한 기분이었습니다. 선배가 책을 어떻게 정리해야 한다고 친절하게 설명해 주지 않았어도 그 책을 충분히 활용해서 저만의 공부법을 완성할 수 있었습니다. 하지만 누군가에게는 그 책이 아무짝에도 쓸모가 없었을 수도 있습니다. 모든 것은 다 자신이 선택하는 것입니다. 미래는 정해져 있지 않습니다. 지금의 결과는 과거에 내가 한 선택의 결과입니다.

궁하면 변하고, 변하면 통하고, 통하면 오래간다

저보다 뛰어난 사람에게서 배우려고 하는 태도, 그 장점 덕분에 저는 변태할 수 있었습니다. 어떤 정보를 얻었을 때 그것이 나한테 도움이 될 것인지는 여러분이 판단하실 몫입니다. 어떤 것을 취할지 그냥 버릴지, 취한다면 어떻게 내 것으로 만들 것인지는 모두 여러분이 스스로 단련할 부분입니다. 여러분이 각자의 공부법을 찾길 바라고, 그 과정에서 제 유튜브 영상과 이 책이 도움이 되길 바랍니다. 자기만의 공부 방법을 찾기 위해 방황하고 계신다면 『주역周易』에 나오는 이 말을 전하고 싶습니다.

궁즉변 변즉통 통즉구 窮卽變 變卽通 通卽久

'궁하면 변하고 변하면 통하고 통하면 오래간다'는 이 말은 무슨 뜻일까요? 여러분이 답답하고 공부가 안되고, 인생에서 무언가 어려움에 봉착했잖아요? 그것은 지금 상황이 궁하다는 의미입니다. 궁한 상황을 돌파하는 유일한 방법은 변하는 것입니다. 궁하다는 것은 변할 때가 된 것입니다. 변해야 한다는 시그널입니다. 사람이 변한다는 것은 결국 성장하는 것이라 할 수 있습니다. 여러분은 성장하기 위해서 궁한 상황에 부닥치게 된 것입니다. 변하십시오. 성장하십시오. 변하면 통합니다. 그리고 통하면 오래갑니다. 변하지 않으면 통할 수 없고 결국 오래갈 수 없습니다.

공부하는 수험생을 예로 들어보겠습니다. 공부하면서 어려움에 봉착할 수 있습니다. 기존에 잘 통했던 공부 방법이 안 먹힐 수 있습니다. 그런 어려움이 느껴지면 일단은 좌절과 고민 그리고 모색摸素이라는 과정을 거치게 됩니다. 변해야 할 시기라고 판단이 들면 과감하게 변하셔야 합니다. 발전적인 변화를 하기 위해 다양한 시도를 하십시오. 변화를 두려워하지 마십시오. 변화하는 자만이 성장합니다. 지금의 궁한 상황을 거부하고 외면하지 마십시오. 궁하지 않으면 여러분은 영원히 변하지 않고 결국 성장하지 않을 것이기 때문입니다. 일상에 바쁜 여러분이 무언가를 찾아보고 모색한다는 것은 변할 때가 되었다는 것을 의미합니다. 이 책이 여러분에게 변화를 결심하게 하고 다양한 시도를 하는 계기가 되기를 바랍니다.

  아는 변호사

1. 바로 지금이 변해야 할 때입니다 | 변태
2. 공부가 안되는 7가지 이유 | 이래도 안되면 공부 포기해도 됩니다

1장

동기

"공부 꼭 안 해도 된다."

평범해도 공부 잘할 수 있다

중요한 것은 새로운 것에 대한 성실한 시도와 모색이다

저는 평범하고 성실한 학생이었습니다. 학창시절 제가 스카이 대학을 갈 수 있을 거라고는 생각해 본 적이 없습니다. 더군다나 변호사가 된다는 것은 언감생심 꿈도 꿔본 적이 없습니다. 제게 스카이 대학이나 사법고시는 모두 다른 세계의 일이었습니다. 저는 스스로 머리가 좋다고 생각해 본 적 없는, 대한민국 어디에서나 볼 수 있는 평균적인 학생이었습니다. 그런 제가 어떻게 고대 법대에 편입을 하고, 변호사가 되었으며, 국비유학 시험에 선발되고, 중국 칭화대학교 靑華大學校 법학 석사가 될 수 있었을까요. 도대체 무엇이 평범한 학생을 이렇게 만들었을까요.

대한민국의 모든 고등학생에게 강요된 입시가 끝나고 20년 평생을 오로지 대학이라는 목표를 향해 달려온 대학생들이 그 목표를 잃고 방황할 때, 대학생이 된 저 역시 목표를 잃고 방황하기 시작했습니다. 스무 살의 저는 삶을 소중하게 생각했고 진지하게 살려고 노력했습니다. 삶을 대하는 자세는 '광명정대光明正大함 속에 유쾌함을 잃지 않는 것'이었습니다. 처음으로 강의시간표를 짜던 날, 과 선배들이 동기들끼리 같은 수업을 들으면 좋다고 말하면서 전공과목과 교양과목을 선택해 주었습니다. 다른 친구들은 아무 생각 없이 그들이 시키는 대로 했습니다. 하지만 저는 강한 의문을 느꼈습니다.

　'왜 내 시간표를 저 사람들이 짜는 거지?'

　시간표를 다르게 짜도 되는지 그들에게 물어볼 필요조차 없었습니다. 저의 당연한 권리이기 때문입니다. 저는 혼자서 묵묵히 제가 듣고 싶은 과목을 체크했습니다. 덕분에 저는 동기들과 떨어져 중어중문학과, 정치외교학과, 법학과, 동양사학과 등의 수업을 들었습니다. 어차피 대학생이라 수업시간이 여유로웠기 때문에 청강聽講도 많이 했습니다. 혼자서 수업을 듣고 다니다 보니 결국 학사관리가 되지 않았고, 4학년 때는 필수 과목을 이수하지 않아 졸업을 못 할 뻔하기도 했습니다. 참 겁도 없이 다니며 철학과 고전을 읽고 거창하게도 삶의 가치, 신념을 세워나가려고 노력했습니다. 지금 생각해 보면 머리에 피도 안 마른 나이에 겉멋만 잔뜩 들어 보이지만 당시 제게는 죽느냐 사느냐의 문제였습니다.

　그 시절 저는 외모를 꾸미는 것에도 전혀 관심이 없었고 주로 청

바지에 모자를 눌러쓰고 다녔습니다. 그러면서 극도의 외로움을 느끼기도 하고 이유도 모른 채 끝도 없는 심연의 나락으로 떨어지기도 했습니다. 하지만 매번의 결심은 '그 누구에게도 내 인생의 주도권을 넘기지 않을 것이다'는 것으로 귀결되었습니다. 인생의 주도권을 빼앗기지 않겠다는 것은 남들과 똑같이 살지 않겠다는 의미입니다.

'신입생들의 시간표를 짜주는 학과 선배들과 아무런 의심 없이 그 말에 따르는 무리가 되지 않을 것이다. 비록 그들이 선의로 한 행동이라 하더라도, 그것이 경험에서 우러나온 최선이라고 하더라도 내가 해보기 전에는 그들의 말에 따르지 않겠다.'

집단에 안주하지 않기 위해서는 새로운 것을 모색하고 시도해야 합니다. 모색과 시도에는 성실함이 필요합니다. 다행히도 저는 머리가 좋지 않았기 때문에 성실함을 익힐 수 있었습니다. 그렇게 성실하게 모색과 시도를 계속해 나갔습니다. 뜻밖에도 고려대학교 법학과에 편입할 수 있었던 것도 성실했기 때문입니다. 그 뒤로는 모든 것이 자연스럽게 흘러갔습니다. 저의 '성실한 시도'는 공부에도 훌륭하게 작용하였고, 다른 사람에게 배우려는 불치하문不恥下問의 자세는 시너지 효과를 불러일으켰습니다. 저는 고대 법대에서 만난 훌륭한 선배들을 성실하게 따라 했습니다. 아무런 의심이 없었습니다. '이렇게 하면 된다'고 믿었습니다. 아니, 이렇게 했는데도 안되는 게 더 이상했습니다. 그렇게 해서 저는 변호사가 되고, 국비유학생이 되었으며 칭화대학교 법학 석사가 될 수 있었습니다.

공부는 머리로 하는 것이 아니다

일련의 과정을 경험하면서 제가 깨달은 점은 공부는 동기, 환경, 시간, 정리, 체력, 멘탈, 고독, 이 7가지로 하는 것이라는 점입니다. 공부는 절대 머리로 하는 것이 아닙니다. 특히 시험공부는 더욱 그렇습니다. 만일 공부가 머리로 하는 것이라면 서울대학교 법학과 출신인 학생들은 모두 사법시험에 붙어야 하지만 현실은 그렇지 않습니다. 평범한 대학 출신 학생이 사법시험에 붙을 때, 어릴 때부터 수재 소리를 들으며 서울대학교 법학과를 나온 사람이 합격하지 못하는 경우를 우리는 종종 봅니다. 시험공부는 성실함과 7가지 스킬로 하는 것입니다. 이 7가지만 잘 갖추고 있으면 여러분은 대한민국에서 시행되는 그 어떤 시험도 무난히 합격할 수 있습니다.

반대로 말해서 이 7가지 스킬을 모두 구비하고 있고 각 스킬에 아무 문제가 없는데도 시험에 합격하지 못한다면 마음 편하게 포기해도 됩니다. 이제 그만 공부 포기하십시오. 더 이상의 시도는 필요 없습니다. 우리는 삶에서 원하는 것을 모두 이룰 수는 없습니다. 잘 포기하는 것도 대단히 중요한 인생의 기술입니다. 다시 한번 강조합니다. 공부는 머리로 하는 것이 아니고 성실함과 7가지 스킬로 하는 것입니다. 그렇기 때문에 머리가 나빠도 공부를 잘할 수 있는 것입니다.

다른 사람의 말은 듣지 마라

목표를 찾아야 비로소 몰입이 가능하다

이것은 선택과 관련된 이야기입니다. 나는 무엇을 선택해야 하는가? 선택은 굉장히 중요합니다. 인생은 결국 내가 한 선택의 결과들로 이루어지기 때문입니다. 저는 나이가 어릴수록 무언가를 선택할 때 좀 더 많은 시간과 노력을 들여야 한다고 생각합니다. 그러기 위해서는 방황해야 합니다. 방황! 방황을 거쳐야만 내가 정말로 원하는 것이 무엇인지를 알 수 있습니다. 그런 뒤 선택을 해야 몰입할 수 있습니다. 그것만이 중간에 쉬거나 포기하지 않고 끝까지 갈 수 있는 원동력이 됩니다.

제일 중요한 것은 '정말 하고 싶은 것'을 찾는 일입니다. 그것만 찾으면 방법은 다 있습니다. 여러분이 자꾸 방법을 찾으려고 하는 것은 정말 하고 싶은 것을 못 찾았기 때문입니다. 목표가 정해지지 않은 상황에서 그것을 위한 수단을 찾으려고 하니까 안 찾아지는 것입니다. 만일 여러분이 '집중이 안된다', '몰입이 안된다', '공부가 꾸준하게 안된다'라는 등의 불만을 제기하면서 끊임없이 공부하는 방법만을 찾아다닌다면, 안타깝게도 목표가 정확하지 않기 때문입니다.

목표를 정확히 찾으십시오. 아주 거대한 목표를 찾으라고 말씀드리는 것이 아닙니다. 인생에서 어떤 최종 목표를 이루기 위한 작은 서브 목표들을 찾으시라는 것입니다. 목표가 정해져야 달성할 수 있는 수단이 비로소 나올 수 있습니다.

먼저 여러분이 하고 싶은 것을 찾으세요. 이때 중요한 것은 '나의' 것입니다. 부화뇌동하지 말고 나의 목표를 찾으십시오. 우리나라는 전체주의적인 성향이 강해서 온 국민이 무언가에 뛰어드는rush 분위기가 팽배합니다. '남이 뭘 하면 나도 해야 돼!'라는 주의는 우리가 경계해야 할 생각입니다.

내면의 북소리에 귀 기울여라

헨리 데이비드 소로우Henry David Thoreau가 쓴 『월든』은 정말 좋은 책입니다. 저는 이 책을 읽으면서 제 안의 꿈을 키우고 그것을 향해서 힘있게 나아갈 수 있었습니다. 다만 정말 재미가 없습니다. 은사님께서 추천해 주신 책임에도 불구하고 처음에는 한 번에 다 읽지 못했습니다. 『월든』은 '나의 목표'를 찾으려는 사람들을 위해 다음과 같은 조언을 해줍니다.

> 왜 우리는 성공하려고 그처럼 필사적으로 서두르며, 그처럼 무모하게 일을 추진하는 것일까? 어떤 사람이 자기의 또래들과 보조를 맞추지 않는다면, 그것은 아마 그가 그들과는 다른 고수鼓手의 북소리를 듣고 있기 때문일 것이다. 그 사람으로 하여금 자신이 듣는 음악에 맞추어 걸어가도록 내버려두라. 그 북소리의 박자가 어떻든, 또 그 소리가 얼마나 먼 곳에서 들리든 말이다. 그가 꼭 사과나무나 떡갈나무와 같은 속도로 성숙해야 한다는 법칙은 없다. 그가 남과 보조를 맞추기 위해 자신의 봄을 여름으로 바꾸어야 한단 말인가?
>
> -『월든』(헨리 데이비드 소로우 저, 강승영 역, 은행나무) 중에서

자기 내면의 북소리에 귀를 기울이십시오. 우리는 인간입니다. 식물이나 동물이 아닙니다. 식물들은 비슷하게 자라서 비슷한 시기에 열매를 맺고 비슷한 시기에 죽습니다. 이것은 미리 정해져 있는 법칙입니다. 하지만 우리는 아닙니다. 신은 인간에게 자유의지를 주었습니다. 우리는 20대, 30대, 40대 때 각자 물리적인 나이에 맞게 몸이 성장합니다. 그러나 우리의 정신세계, 내면은 다릅니다. 모든 사람은 각자의 속도에 맞게 성장과 발전을 합니다. 같은 20대, 30대라고 해도 내면의 성장 속도는 다릅니다. 나는 봄인데 내 또래 친구들이 여

름이라면? 그렇다고 해서 내가 나의 봄을 강제로 여름으로 바꾸어야 하나요? 그럴 수는 없습니다. 또 그래서도 안 됩니다. 각자의 내면에서 들리는 북소리에 발맞춰 걸어가십시오. 내면에서 들리는 소리에 귀를 기울이십시오. 얼마나 멀리서 들리든 음률이 어떻든 속도가 어떻든 그 북소리에 발맞추어 나가면 됩니다. 남의 북소리에 귀 기울이지 말고 자기 내면에서 들리는 북소리가 어떤 것인지 그 음률을 들으려고 노력하십시오. 그러기 위해서 방황하십시오.

모든 사람은 각자의 고수가 두드리는 북소리에 맞추어 걸어가면 됩니다. 보폭을 맞추어 걸어갈 필요가 없습니다. 우리가 군인이라고 해도 체력에 따라 조를 나누어 뛰어갑니다. 군대조차도 그럴진대 우리가 사는 삶은 말할 필요도 없습니다. 절대로 조급해하지 마십시오. 자기 내면에서 어떤 음률의 북소리가 또 어떤 속도로 흘러나오는지 알아채셔야 합니다.

경계를 넘어서

저는 20대 때 이러한 사실을 알지 못했습니다. 대학교를 졸업할 때쯤에는 직장을 빨리 구해야 한다는 생각에 사로잡혀 있었습니다. 그때는 다들 그렇게 했고, 그게 평균이니까 그렇게 해야 할 것 같았습니다. 그 생각에 사로잡혀서 내가 과연 그것을 좋아하는지, 나는 어떤 사람인지, 내 내면에 어떤 북소리가 들리는지, 니의 계절이 지금

봄인지 여름인지 가을인지에 대해 전혀 고민하지 못했습니다. 조급
했습니다. 내 동기들이, 내 친구들이 좋은 은행에 취직했고, 좋은 배
우자를 만나서 결혼을 했다는 것에만 신경을 썼습니다. 여러분은 그
렇게 하시면 안 됩니다. 내면에 들리는 북소리의 음률을 들으려고 노
력하십시오. 지금은 그런 시간이 아까워 보이고 동료들보다 뒤처지
는 것으로 보일 수도 있겠지만, 결국 오랜 방황 끝에 내린 선택이 여
러분이 보이지 않는 경계선을 넘어 성공할 수 있도록 해줄 것입니다.

아직 봄이 오지 않았는데도 꽃을 피우는 개나리를 본 적이 있습니
다. 자연계에서 그런 개나리는 결국 얼어 죽습니다. 우리는 그런 개
나리를 '미친 개나리'라고 합니다. 하지만 우리가 사는 세상은 그렇
지 않습니다. 여러분의 내면이 지금 봄이라면 꽃을 피우십시오, 활짝.
내 동료들이 겨울이라도 말입니다. 아마도 여러분은 여전히 미쳤다
는 소리는 들을 수 있겠지만 결코 얼어 죽지 않습니다. 그때 여러분
은 자신의 경계를 넘어 성공을 맛보게 될 것입니다.

 ▶ 아는 변호사

남과 보조를 맞추기 위해 자신의 봄을 여름으로 바꾸지 마세요 | 내면의 북
소리에 귀 기울이세요 | 월든

자신의 고유한 삶을 찾아라

삶의 철학을 세워라

우리는 하루에도 수많은 사람과 크고 작은 인연을 맺으며 살아갑니다. 개중에는 그저 스쳐 지나가는 사람도 있을 것이고 내 인생의 전환점이 될 만큼 지대한 영향을 미치는 사람도 있을 것입니다. 인연은 비단 사람과의 관계에서만 중요한 것은 아닙니다. 20대의 제 인생에 적지 않은 영향을 주었던 것은 『월든』이었습니다. 엄밀히는 『월든』이라는 책을 통해 시공을 초월하여 만나게 된 책의 저자 소로우일 것입니다. 『월든』은 20대인 저에게 삶을 지탱하는 철학과 지혜를 제공해 주었습니다.

『월든』을 얘기하자면 제 은사님, 김선택 교수님을 말씀드리지 않을 수가 없습니다. 헌법을 전공하신 김선택 교수님은 학생들이 시대의 올바른 지성인이 되기를 바라셨고, 학생들 각자가 자기의 고유한 삶을 찾기를 바라셨습니다. 진도 때문에 바쁜 수업 시간에도 교수님은 『월든』의 주옥같은 문구들을 직접 정리해서 낭독해 주셨습니다. 아마도 그때 철학이 제 삶과 접목되기 시작한 것 같습니다.

본격적인 고시공부를 위한 신림동 입성을 앞두고 휴학 전, 기말고사에 매진하고 있을 때였습니다. 헌법특수문제 연구 시험을 마치고 복도에서 김선택 교수님을 만났습니다. "이지훈 학생, 시험 언제 끝나나요? 끝나고 잠시 연구실로 오세요."

교수님 연구실을 찾아가기로 약속한 날이 오자 아침부터 긴장이 되었습니다. 저는 제일 깨끗한 옷을 입고, 한 손에는 『월든』을 든 채 교수님 연구실로 향했습니다. 워낙 존경해 왔지만, 김선택 교수님의 연구실을 찾아간 것은 처음이었습니다. 연구실 문 앞에는 다음과 같은 문구가 걸려 있었습니다.

공부만이 숭고한 열정의 비천한 과잉을 수정할 수 있다.

— 존 우

몇 번을 곱씹어 봐도 아리송한 이 말은 아마도 교수님 삶을 이끄는 원동력이자 나침반과 같은 역할을 했을 것입니다. 저는 심호흡을 크게 하고 노크를 한 뒤 연구실로 들어갔습니다. 교수님은 언제나처럼 젠틀하면서도 위트가 넘치는 미소를 지으시며 저에게 차를 한 잔

주셨습니다. 교수님이 수많은 학생 중에서 저를 특별히 기억하고 얘기를 나누고 싶었던 이유는 학기 중 과제물로 작성한 '나의 고유한 삶을 찾아서'라는 작문 때문이었습니다. 교수님이 철학 서적 2권을 선정해 주시고 읽은 뒤 자신의 감상을 글로 써서 내라는 과제를 주셨던 적이 있었습니다. 교수님은 당신이 지정해 준 책을 읽고 쓴 '나의 고유한 삶을 찾아서'라는 작문을 읽고 이지훈이라는 학생에 호기심이 생겼던 것입니다.

공부만이 숭고한 열정의 비천한 과잉을 수정할 수 있다

그때 교수님께서 이런저런 말씀을 많이 해주셨지만, 너무 긴장한 나머지 연구실 문밖을 나서는 순간 제 머릿속은 백지장이 되어버렸습니다. 기억나는 것은 '사법시험을 꼭 봐라', '빨리 붙어라' 정도였습니다. 긴장한 와중에도 다행히 준비해 간 『월든』책에 교수님의 친필 서명과 격려의 메시지를 받았고, 『월든』은 13년이 지난 지금까지도 제 서가의 가장 중요한 부분에 자리 잡고 있습니다. 이때 교수님께서 고민 끝에 저의 『월든』에 써 주신 메시지는 바로 '공부만이 숭고한 열정의 비천한 과잉을 수정할 수 있다'였습니다.

이 말은 제 삶에 지대한 영향을 주게 됩니다. 고시공부를 할 때도, 행정법 대량 과락 사태로 2차 시험에 고배를 마시고 눈물을 펑펑 흘릴 때도, 다시 신림동에 들어갔을 때도, 그리고 결국 법조인이 된 그 순간에도 언제나 함께했습니다. 저는 이 말을 '가슴속에 넘치는 숭고한 열정이 마땅히 있어야 할 자리에 있지 못하고 천박한 곳에서 소비되다가 결국 사그라드는 것을 막는 방법은 공부뿐이다'라고 이해했습니다. 저는 저의 끓어 넘치는 열정이 그것이 마땅히 있어야 할 자리에서 활짝 꽃을 피우기를 바랍니다. 여러분의 가슴을 끓어오르게 하는 열정은 무엇입니까? 자신만의 고유한 삶을 찾아 헤매고 있나요? 공부는 그다음에 하는 것입니다.

인생의 모든 골수를 빼 먹어라

삶은 소중한 것이다

제 인생의 멘토인 『월든』이라는 책을 관통하고 있는 주제는 바로 '우리의 삶이 너무도 소중하다'는 것입니다. 삶이란 무엇인가? 그 의미를 깨닫고 내가 과연 주어진 삶을 충실히 살 수 있을 만큼 강인한지 시험하기 위해 소로우는 도끼 한 자루를 들쳐 매고 '월든'이라는 호숫가로 들어갔습니다.

내가 숲 속으로 들어간 것은 인생을 의도적으로 살아보기 위해서였으며, 인생의 본질적인 사실들만을 직면해 보려는 것이었으며, 인생이 가르치는 바를 내가 배울 수 있는지 알아보고자 했던 것이며, 그리하여 마침내 죽음을 맞이했을 때 내가 헛된 삶을 살았구나 하고 깨닫는 일이 없도록 하기 위해서였다. 나는 삶이 아닌 것은 살지 않으려고 했으니, 삶은 그처럼 소중한 것이다. 그리고 정말 불가피하게 되지 않는 한 체념의 철학을 따르기는 원치 않았다.

나는 생을 깊게 살기를, 인생의 모든 골수를 빼 먹기를 원했으며, 강인하고 엄격하게 살아, 삶이 아닌 것은 모두 때려 엎기를 원했다.

-『월든』(헨리 데이비드 소로우 저, 강승영 역, 은행나무) 중에서

삶은 소중합니다. 너무도 소중해서 소로우는 삶이 아닌 것은 살기를 원하지 않으며, 인생의 모든 골수까지 빼 먹기를 원한다고 했습니다. 여러분, 골수가 뭡니까. 골수는 뼈 사이의 공간을 채우고 있는 부드러운 조직입니다. 여러분은 골수를 먹어본 적이 있으신가요? 사법연수원 시절 중국으로 변호사 시보를 갔을 때의 일입니다. 변호사로서의 업무를 배우는 것보다 중국 대륙을 이해하는 시간을 갖는 것이 훨씬 더 의미 있다는 선배들의 조언대로 저는 19박 20일의 일정으로 실크로드 여행을 갔습니다. 생명의 발원지와도 같았던 둔황, 투루판, 우루무치, 카스, 호탄 그리고 타클라마칸사막으로 이어지는 여행은 저에게 평생의 귀한 경험이 되었습니다.

실크로드의 관문인 신장웨이우얼 지역의 주식은 양고기입니다. 그러다 보니 양고기의 조리법도 매우 다양합니다. 우리는 삼시 세끼를 난, 양고기 덮밥, 양꼬치, 양구이, 훠궈 등을 먹었습니다. 한번은 점심시간에 들어간 허름한 식당의 메뉴판에 양골羊骨이라는 낯선 메뉴가

있어 주문했습니다. 조금 뒤 감자탕에 들어가 있는 돼지 뼈다귀와 같은 모양의 수북한 양고기 뼈가 쟁반에 나왔습니다. 그 옆에 놓인 알록달록한 빨대로 뼈에 있는 골수를 쪽쪽 빨아 먹는 음식이었습니다. 저는 그때 난생처음으로 골수라는 것을 먹게 됩니다. 골수를 먹는다는 것은 양을 남김없이 다 먹겠다는 것입니다. 인생의 골수까지 쪽쪽 빨아 먹겠다는 것은 결국 인생의 모든 맛을 만끽하겠다는 의미입니다.

강인한 스파르타인

'인생의 모든 골수를 빼 먹어라'라는 말은 제 20대와 30대를 지배하는 좌우명이 되었습니다. 고시공부를 할 때도 이 말을 가슴에 새겼고, 힘들거나 나약해지는 순간이 오면 항상 강인한 스파르타인처럼 살겠다는 말을 떠올렸습니다. 당시 생각으로는 강인한 스파르타인의 이미지에는 사랑, 연애와 같이 나약한 단어는 어울리지 않았기에 고시공부를 하는 3년 동안 저는 누구를 좋아한다거나 연애를 하고 싶다거나 외롭다는 생각에 지배되지 않을 수 있었습니다. 이 말은 사법연수원에 있을 때도, 군법무관으로 임관한 뒤에도 언제나 저를 지지해 주고 큰 힘이 되어 주었습니다. 저는 지금도 강인한 스파르타인처럼 살아 인생의 모든 골수를 빼 먹기를 원합니다.

그런데 이 말에 허점이 하나 있습니다. 소로우는 45세에 병에 걸려 죽음을 맞이합니다. 소로우가 중년의 삶을 살았다면 아마도 『월든』의 다른 버전이 세상의 빛을 보았을 것입니다. 『월든』은 소로우가 젊은 시절의 생각을 적은 책입니다. 하지만 사람의 나이가 마흔이 넘으면 삶에 대한 생각이 변하고 내면은 더욱 성숙해집니다. 그전과는 다른 깊이로 인생을 성찰할 수 있습니다. 40대 이후에는 삶의 지침을 스스로 찾아야 합니다.

소로우는 인생을 강인한 스파르타인처럼 살았고 삶이 아닌 것은 살기를 원하지 않았으며 마침내 삶을 때려 엎기를 원했습니다. 하지만 마흔두 살이 된 제가 생각하는 바는 이와 좀 다릅니다. 저는 여전히 강인한 스파르타인처럼 살고 인생의 모든 골수를 빼 먹기를 원하지만, 삶이 아닌 것도 살아낼 것입니다. 절대로 때려 엎지 않을 겁니다. 우리 모두에게는 각자가 생각하는 행복이 있고 삶의 모습이 있습니다. 내가 지금 사는 인생이 내가 생각하는 삶의 모습이 아니라고 해서 삶을 때려 엎을 수 있을까요? 원하지 않는 삶이라서 살지 않을 수 있습니까? 인생은 생각보다 깁니다. 그 긴 인생의 여정에서 우리는 끊임없이 성장하고 발전해 나갑니다. 물론 정체되는 시기도 있겠지만 내적인 성장을 통해 즐겁고 유쾌한 일상을 만드는 것이 인생의 목표입니다.

인생은 '살아가는 것'

우리에게는 각자의 우상이 있습니다. 각자의 목표, 바라는 점, 환호

하는 지점은 다 다릅니다. 우리는 마음속에 있는 각자의 우상을 좇아 열심히 노력합니다. 그리고 그렇게 만들어 가는 매 순간이 모여 우리의 삶이 되는 것입니다. 끝날 때까지는 끝난 게 아닙니다. 다 살아보기 전까지는 내 삶이 어떤 모습인지 모릅니다. 우리 삶에는 기복이 있습니다. 기복이 없는 삶은 없습니다. 기복이 있기 때문에 내가 지금은 내려가 있지만 언젠가 다시 올라가는 것은 진리입니다. 기다려야 합니다. 미래는 아무도 모릅니다. 그래서 비록 내가 원하는 삶이 아니라고 하더라도, 우리는 살아야 합니다. 여전히 강인한 스파르타인처럼 말입니다. 그것이 바로 인생입니다. 그렇게 했을 때 죽음을 맞이하는 순간 '내 삶이 결코 헛되지 않았구나'라고 말할 수 있습니다.

장예모 감독, 공리 주연의 〈인생〉이라는 영화가 있습니다. 1940년대에 공산당의 등장, 국공내전, 문화대혁명이라는 격변을 겪는 중국을 무대로, 한 가족이 인생을 어떻게 살아가는지에 대해 덤덤하게 풀어내고 있는 이 영화는 인생이란 '아프지만 계속되는 것'을 깨닫게 해줍니다. 주인공의 집안이 망하고 그 덕분에 공산당에게 숙청당하지 않을 수 있었지만 결국 공산당에 의해 아들이 죽고, 문화대혁명의 여파로 딸이 죽습니다. 이것은 결코 주인공이 원하는 삶이 아닙니다. 주인공이 잘못해서 벌을 받는 것도 아닙니다. 주인공은 자기가 원하는 삶을 위해서, 가족을 부양하기 위해서 열심히 노력했습니다. 그것이 그의 우상이고 행복이었기 때문입니다. 하지만 결과는 처참했습니다.

주인공이 노력과 달리 끔찍한 결과를 맞이하게 된 데는 시대적인 요인이 컸지만 주인공은 시대를 선택할 수 없습니다. 우리도 마찬가지로 살아야 하는 시대를 선택할 수 없습니다. 우리는 주어진 무대에서 각자 최선을 다하여 주어진 인생을 살아가야 합니다. '살아간다는 것'이 바로 인생입니다. 지금 불행한 사람이 앞으로는 행복할 수 있고, 지금 행복한 사람이 나중에는 불행해질 수 있습니다. 미래를 알 수 없기 때문에 인생은 잔인하고 또 달콤한 것입니다.

생사유명부귀재천生死有命富貴在天이라는 말대로 사람이 죽고 사는 것은 하늘에 달려있습니다. 지금의 삶이 너무 좋아, 딱 내가 원하는 삶이어서 더 살고 싶어도 더 살 수 없습니다. 반면에 너무 힘들어 죽겠어, 그런데 죽을 수 있습니까? 아니, 죽을 수 없습니다. 살아야 합니다. 왜? 하늘이 나한테 준 명운이 다할 때까지는 살아야 합니다. 그것이 인생입니다. 주어진 그날이 올 때까지 최선을 다해서 삶을 살아내야 합니다. 진지하게 인생을 대하고 나 스스로 주체가 되어 판단하고 생각하십시오. 삶은 대단히 소중합니다. 강인한 스파르타인처럼 주어진 삶을 사십시오. 그리고 결국 삶의 모든 골수를 전부 빼 먹을 수 있기를 기원합니다.

 ▶ 아는 변호사

1. 인생은 스파르타 1 | 인생의 골수를 빼 먹다 | 월든
2. 인생은 스파르타 2 | 살아야 하는 이유 | 월든
3. 죽을 만큼 힘들 때 왜 살아야 하는가? | 인생

싼값에 자기 자신을 팔아넘기지 마라

자신의 가치를 평가절하하지 마라

여러분은 여러분이 생각하는 것보다 훨씬 더 뛰어난 가치를 가지고 있습니다. 자기 자신을 함부로 다루지 마십시오. 우리는 인생에서 다양한 상황에 직면하게 되는데, 자기 자신의 가치를 낮게 평가하여 싼값에 '나'를 팔아치우는 우를 범하면 안 됩니다.

나는 저울대에 매달려 자신의 무게를 달면서 균형을 잡다가 나를 가장 강하게 그리고 가장 정당하게 끌어당기는 것에게 인력에 의해 끌려가고 싶다.

-『월든』(헨리 데이비드 소로우 저, 강승영 역, 은행나무) 중에서

이는 공부뿐 아니라 인생에서 어떤 선택을 할 때 항상 적용되는 말입니다. 연애나 결혼을 할 때도 마찬가지입니다. 우리나라 사람들은 굉장히 겸손해서 자신을 평가절하하는 경향이 많습니다. 나라는 존재의 가치를 가볍게 생각하는 것입니다. 자신의 가치를 평가절하하는 사람들은 저울에 매달려 무게가 적게 나가려고 발버둥칩니다. 그런 사람은 무언가 자기를 끌어당기는 것만 있다면 기다렸다는 듯이 끌려갑니다. 자기 자신을 갖다 바칩니다. 그리고 그런 행동을 반복합니다. '나는 운이 없다'라고 말하면서 그 결과의 책임을 자신에게 돌리지 않습니다. 간단한 예를 들어보겠습니다.

당신은 몸무게가 100kg인 사람입니다. 그런데 '나는 50kg밖에 나가지 않아요', '나는 쉽게 끌려갑니다', '나 좀 데리고 가세요'라고 발버둥칩니다. 그러고는 진짜로 50kg을 당기는 힘에 끌려갑니다. 당신은 100kg으로 홀로 저울대에 매달려 있는 것이 두렵고 불안한 나머지 더 이상 생각하기를 포기하고 자기를 기만한 것입니다. 이때부터는 자기 자신의 선택을 정당화하는 생각만을 합니다. '나는 그때 그럴 수 밖에 없었어', '이게 최선이야'라고 말입니다. 하지만 시간이 흐른 뒤 후회를 합니다. '아, 나는 원래 100kg의 가치가 있는 사람인데 겨우 50kg에 팔려갔구나.'

50kg을 당기는 힘과 100kg을 당기는 힘은 분명히 다릅니다. 영원히 50kg의 가치를 가진 사람으로 살아가고 싶지 않다면 이제라도 다시 100kg의 가치를 가진 사람으로 돌아가야 합니다. 물론 그 길에는 더 많은 희생과 고통이 따를 것입니다.

나의 가치를 탐구하는 데 많은 시간을 투자하라

여러분, 나의 가치를 낮게 평가해서 아무 곳에나 팔려가지 마십시오. 여러분 자신을 아무 곳에나 내맡기지 마십시오. 여러분은 가치 있습니다. 될 수 있는 한 무게가 많이 나가도록 생각하고 행동하며 최대한 안 끌려가려고 노력해야 합니다. 그러려면 우선 여러분 자신의 무게가 얼마나 나가는지, 내가 어떤 가치를 가진 사람인지 알아야 합니다. 즉 자신을 먼저 알아야 한다는 말입니다. 그러기 위해서는 자기 자신을 탐구해야 합니다. 자신을 탐구한 후에야 비로소 내가 남들과는 다른 어떤 고유한 삶을 살 수 있는지 알 수 있습니다.

최소한 언제나 나를 탐구하는 태도를 견지하셔야 합니다. 아무도 알려주지 않습니다. 나는 다른 사람과 다릅니다. 다른 사람과 똑같은 삶을 살 필요가 전혀 없습니다. 신은 우리를 그렇게 만들지 않았습니다. 자존감이라는 것을 높일 필요도 없습니다. 나는 그냥 자존감이 있는 사람입니다. 단지 애써 외면하고 있을 뿐입니다. 내가 어떤 사람인지 알기 위해서 많은 시간을 투자하십시오. 그런데 여기서 한 가지 조심할 점이 있습니다.

자신을 개발하기 위하여 서두른 나머지 수많은 영향력에 자신을 내맡기지 마라. 그것도 일종의 무절제이다.

　　　　　　　-『월든』(헨리 데이비드 소로우 저, 강승영 역, 은행나무) 중에서

인생은 영원하지 않으며 시간, 에너지, 돈 또한 한정적입니다. 내 관심을 끄는 모든 것에 투자할 자원은 없습니다. 먼저 나를 알아야 합니다. 나를 알아야 내가 하고 싶은 것이 무엇인지, 나를 가장 정당하게 끌어당기는 것이 무엇인지 알 수 있습니다. 그것을 알기도 전에 나를 둘러싼 온갖 영향력에 휘둘리면 안 됩니다. 절대 서두르지 마십시오. 시간을 방황에 투자하십시오.

저도 저울대에 매달려서 무게가 적게 나가려고 발버둥친 적이 있었습니다. 일, 공부, 연애 다 마찬가지입니다. 다른 사람들처럼 학창 시절을 보냈고, 대학은 당연히 가야 하니 재수를 하지 않기 위해 점수에 맞춰 대학을 갔고, 졸업 시즌에는 누구나 다 하는 대로 여기저기 이력서를 내고 면접을 보러 다녔습니다. 남들 다 하는 연애도 했습니다. 제 인생에 다른 선택지는 없었습니다. 내 가치나 존재에 대한 고민은 해본 적이 없었습니다. 한 가지 저항이 있었는데, 바로 끝이 훤히 보이는 무난한 삶, 더 이상의 성장과 발전이 없는 삶에 대한 절망이었습니다. '대학을 졸업하고 취직한 뒤, 결혼하고 아이를 출산하고 은퇴하고 여생을 보내다가 죽는다'는 삶은 저를 심연의 나락으로 떨어뜨리곤 했습니다. 그 고통은 짧지만 강렬해서 저를 끊임없이 생각하도록 만들었습니다. 당시 제가 남들과 똑같이 행동한 이유는 외로움과 그 이면에 있는 두려움 때문이었습니다.

외로움을 받아들여라

인간은 누구나 다 외롭습니다. 외롭다는 것을 비정상이라고 생각하지 마십시오. 외로운 것은 정상입니다. 그 사실을 일단 받아들이십시오. 그 진리를 받아들이지 못한다면 여러분은 싼값에 팔려가게 될 것입니다.

나를 싼값에 팔지 마세요. 외롭다고 아무나 사귀시면 안 됩니다. 미래가 불안하다고, 아니면 남들이 한다고 아무 공부나 섣불리 시작하시면 안 됩니다. 일단 여러분의 가치를 아세요. 여러분은 분명히 소중한 존재입니다. 생각하는 것 이상으로 소중합니다. 함부로 겸손하지 마십시오. 자기 자신을 탐구하세요. 그러기 위해서 방황하세요. 방황하는 시간 속에서 나를 발견할 수 있습니다.

조급해하지 마라

인생은 생각보다 깁니다. 첨단 과학기술의 발달로 우리는 자의든 타의든 100세까지 살아야 합니다. 지금 20대, 30대, 40대인 분들 굉장히 오래 산 것 같죠? 하지만 앞으로 그보다 더 오래 살아야 합니다. 미래의 삶은 더욱 녹록지 않을 겁니다. 그런데 우리는 젊은 시절 찰나와 같은 영향력에 나를 내맡기고 직업이나 결혼 같은 인생의 중대사를 결정해 버립니다. 20대의 내가 내 삶 전체를 결정하는 것입니다. 20대의 내가 선택한 것이 잘못되었다면 인생의 어느 시점에서라도 선택을 수정해야 합니다. 그러기 위해서는 자기 자신을 끊임없이 탐구하여 무게를 달아야 합니다.

제가 안정적인 공무원을 그만두고 42살에 변호사로서 새로운 시작을 하게 된 이유는 무엇일까요? 40대의 저는 20대의 제가 생각한 것보다 더욱 빛나고 가치가 있는 사람이라는 것을 깨달았기 때문입니다. 저는 20대의 제가 내린 잘못된 결정이 40대의 제 삶을 좌지우지하도록 내버려 두지 않을 것입니다.

호미로 막을 수 있는 것을 가래로 막지 마십시오. 일단 실컷 방황하십시오. 그리고 여러분 자신의 가치를 찾으십시오. 자존감을 굳이 높일 필요가 없습니다. 자존감은 이미 내재되어 있는데, 단지 외면하고 있을 뿐입니다. 자존감 있는 사람이 마땅히 해야 하는 행동, 선택, 그에 따른 책임이 버겁기 때문입니다. 방황을 통해 내 가치를 알고, 나를 가장 정당하게 끌어당기는 것에게 끌려가십시오. 방황은 그 자체로 가치가 있습니다. 자기 자신을 탐구하십시오. 절대 조급해하지 마십시오.

방황하세요.
자기 자신의 가치를 발견하세요.
나를 가장 정당하게 끌어당기는 것에게 그때 끌려가세요.

아는 변호사

1. 자신의 고유한 삶을 찾아서 당신이 지금 해야 할 것은 | 자신의 정당한 무게 달기 | 월든
2. 퇴사 창업 | 42살 안정적인 공무원 때려치는 이유와 개업준비

공부는 다른 거 할 거 없는
사람이 하는 것이다

방황하라

저는 고시공부를 늦게 시작한 편입니다. 인생에 대한 뚜렷한 목표가 없었던 저는 그냥 수능 점수에 맞춰서 숙대 경제학과에 입학했습니다. 어릴 때부터 내재된 끼가 충만해서 두각을 나타내는 학생이 아니라면 대부분의 한국 학생들은 아마 저와 같은 학창 시절을 보냈을 것입니다. 하지만 대학생이 되고 난 후부터는 '좋은 대학'이라는 목표를 향해 달려왔던 우리에게 갑자기 목표가 사라집니다. 목표를 잃고 어쩔 줄 몰라 우왕좌왕하는 것이 바로 대학생입니다. 여기서 다시 '좋은 직장'이라는 공동의 목표를 선정하고 곧바로 그 행렬에 뛰어드는 학생이 있는가 하면, 이제라도 '나'라는 존재를 성찰하며 방황하는 시간을 보내는 학생도 있습니다. 어떤 것이 옳은 선택인지는 아무도 모릅니다. 모든 것은 시간이 흐른 뒤 결과가 말해줄 것이기 때문입니다.

20년 평생을 모범생으로 살아왔던 저는 그때부터라도 삶의 방향을 스스로 설정하고 싶었습니다. '나는 왜 존재하는가? 무엇을 하고 싶은가? 어떤 존재가 될 것인가? 인간은 왜 외로운가? 친구는 무엇인가? 인간은 자유로운가? 돈은 어떻게 버는가?' 질문들이 꼬리에 꼬리를 물었습니다. 저는 여러 고전을 읽으며 의문에 대한 답을 찾으려고 애썼습니다. 수업도 한국사, 세계사, 정치외교, 중어중문, 법학 수업을 들었습니다. 다른 과 전공필수 수업에 꽂히기도 했습니다. 덕분에 전공필수인데도 듣지 않은 수업이 있어 졸업이 어려울 뻔하기도 했습니다.

사소한 관심이 인생을 결정한다

재미있는 사실이 하나 있습니다. 여러분은 자신의 인생을 누가 결정한다고 생각하시나요? 물론 선택은 자신이 하겠죠. 하지만 우리 인생의 중요한 부분인 직업, 결혼 등을 결정하는 것은 여러분 자신이 아닐 수도 있습니다. 아주 사소한 것, 심지어는 우연에 의해 인생의 중요한 것들이 결정되는 경우가 있습니다.

저는 어릴 때부터 법조인이 되겠다는 꿈을 품어본 적이 단 한 순간도 없었습니다. 그런데 지금 변호사가 되었습니다. 왜 이렇게 되었을까요? 제가 사법시험을 보기로 결정한 계기는 제 친구 때문이었습니다. 그 친구는 고민을 털어놓고 싶은 든든한 어른 같은 존재로 주변에 친구가 많았습니다. 그 친구는 방황도 많이 했고, 학교 수업도 빠지는 경우가 많았습니다. '무언가 고뇌하는 젊은이'가 제가 생각하는 대학생의 모습이었기 때문에 자기 삶을 고민하고 자기가 살고 있는 세상, 사회에 대한 문제를 고민하는 친구가 너무 멋있게 보였습니다. 나는 '척'을 하는데 그 친구는 '진짜' 같았습니다. 이 친구는 확고한 자기만의 세계를 만들어 가고 있었습니다. 어느 날 그 친구가 뜬금없이 행정고시를 보겠다며 저에게 "너는 법 좋아하니까 사법시험 봐라", "신림동에 같이 가자!"라고 합니다.

당시에 법학에 흥미를 느끼고 있었지만 사법시험을 볼 생각은 단한 번도 해 본 적이 없었고, 사법시험은 나같이 평범한 사람이 보는 시험이 아니라고 생각했습니다. 하지만 친구의 느닷없는 말 한마디로 제 머릿속에, 제 세계에 사법시험이라는 단어가 들어오게 됩니다. 그 경험은 굉장히 강렬했습니다. 급격한 생각의 전환이 이루어져 저는 결국 고대 법대로 편입을 하게 되었고 사법시험을 위한 여정을 시작하게 되었습니다.

이 공부를 내가 왜 하지?

여러분, 공부를 시작하기 전에 반드시 '이 공부를 내가 왜 하지?'

라는 질문에 대한 깊은 고민과 성찰을 해야 합니다. 왜? 동기부여가 충분히 되지 않은 상황에서 장기전에 섣불리 뛰어들면 인생의 큰 부분, 많은 시간을 허비할 뿐만 아니라 심신이 피폐해져서 재기가 불가능해질 수도 있기 때문입니다. 장기전은 그 정도의 각오와 준비 없이 '한번 해볼까'라는 마음으로 합격할 수 있는 시험이 아닙니다. 시간이 들더라도 깊은 고민을 하셔야 합니다. 제 친구는 행정고시를 보겠다고 결정하기까지 3년이라는 시간을 방황했습니다. 지금은 서기관이 되었고 영국 유학을 앞두고 있습니다. 사법시험 생각을 해보지는 않았지만 저는 대학생 때 여러 전공 수업을 들으면서 법학에 관심이 있었습니다. 그 작은 관심이 저를 고대 법대 편입으로 이끌었고, 때마침 그 친구의 말 한마디가 도화선이 되어 사법시험 공부를 시작하게 된 것입니다.

시험이란 명확하고 뚜렷한 목표 의식이 없으면 버텨내기 어렵습니다. 공부가 일상이 되는 장기전은 더욱 그렇습니다. 동기부여가 확실히 된 채로 시작하셔야 합니다. 내가 왜 이 시험을 보려고 하는지 아셔야 합니다. 그래야지 시험에 붙습니다.

그런데 여러분 공부를 꼭 하셔야 합니까? 능력이나 재능이 많다면 공부는 꼭 안 하셔도 된다고 조언해 드리고 싶습니다. 공부가 정답이 아닙니다. 저는 가방끈이 긴 것을 후회합니다. 공부를 한다는 것은 그만큼 다른 기회를 포기하는 것입니다. 저는 가끔 '만일 공부를 하지 않고 그 에너지를 다른 것에 쏟아부었다면 아마 지금보다 더 윤택하고 행복한 삶을 살 수 있지 않을까'라고 생각하곤 합니다. 여러분들도 한번 곰곰이 생각해 보십시오. 공부 안 해도 됩니다. 공부는 다른 거 할 것 없는 사람들이 하는 겁니다. 저는 그렇게 생각합니다.

 ▶ 아는 변호사

이 공부를 꼭 하셔야 되나요? | 동기부여가 안 되어 있으면 장기전에 뛰어들지 마세요

당신은 이기적이다

이기적으로 선택하라

인생은 선택의 연속입니다. 이 책을 읽는 지금 이 순간에도 어려운 결정을 앞두고 고민에 빠져 있을 수 있습니다. 결정적인 조언을 하나 하겠습니다. 무언가를 결정할 때 여러분 자신이 이기적인 사람이라는 것을 잊지 마십시오. 항상 이기적으로 생각하십시오. 인정하기 싫을 수도 있지만, 여러분은 이기적인 사람입니다. 그것은 우리 모두의 본능입니다. 우리는 모두 이기적인 사람입니다. 이기적인 사람이 인생의 중요한 결정을 할 때 갑자기 이타적이 되어서는 안 됩니다. 바로 잘못된 선택으로 이어지기 때문입니다.

자기 자신을 기만하지 말고 나에게 최대한 도움이 되는 것, 나한테 가장 좋은 것을 선택하십시오. 그렇게 선택해야 선택한 결과에 책임을 질 수 있습니다. 선택하는 순간 갑자기 이타적인 성인군자가 되고, 주변 사람들의 조언을 듣는 등 자기 자신을 보지 않고 외부적인 요인에 흔들린다면 여러분은 그 선택이 부른 책임을 감당하지 못하고 주저앉게 될 수도 있습니다.

『카라마조프가의 형제들』에서 둘째 형인 이반이 '저기 멀리 아프리카에 있는 불쌍한 사람들을 위해서 기꺼이 기부를 할 수 있다. 그런데 그런 사람이 내 눈 앞에서 구걸을 하고 있다면 나는 그 사람을 뻥 차버릴 것이다'라는 말을 합니다.

여러분은 어떻게 생각하십니까? 저는 머리를 둔기로 얻어맞은 것처럼 큰 충격을 받았습니다. 제 막연한 생각을 도스토옙스키가 너무나도 정확하게 표현했습니다. 이 말은 아무런 거짓 없이 인간의 본성을 잘 드러내고 있습니다. 우리는 멀리 떨어져 있는 가난한 사람들, 즉 내 일상에 전혀 들어오지 않을 사람들을 위해서 기꺼이 많은 돈을 기부할 수 있습니다. 이것은 추상적인 자비입니다. 그런데 그것이 현실이 되어 내 눈앞에 나타난다면 자비심은 사라지고 가슴속에는 불쾌함이 차올라 쉽게 폭력으로 이어집니다. 우리는 관념적으로 충분히 이타적인 사람이 될 수 있습니다. 인간의 본성은 이기적임에도 불구하고 관념적으로는 누구나 다 착합니다.

'나는 착한 사람이야', '나는 이기적으로 살지 않아'라고 생각할 수 있지만, 그것은 어떤 조건하에서만 가능한 선택일 뿐입니다. '곳간에서 인심난다'고 부자가 원래 인심이 좋은 것이 아니라 부자이기 때문에 인심이 좋다는 말도 있습니다. 내 주변에 도움이 필요한 사람이 있거나, 내 일상에 그런 사람이 들어오거나, 내가 인생의 바닥에 곤두박질친 상황이라면 비로소 본성이 수면 위로 드러나게 됩니다. 그때 여러분은 자신이 이기적인 사람이라는 진실을 깨닫게 됩니다.

우리는 '이기적인 것은 나쁜 것'이라는 집체교육을 받아왔습니다. 그 결과, 우리의 무의식은 좋고 나쁜 것을 나누고 이기적인 것은 '나쁜 것', '비난받아야 할 것'으로 분류합니다. 저 또한 이런 이분법적 사고에 젖어있었습니다. '나는 착한 사람이야', '나는 부지런해', '나는 성실해', '나는 거짓말하지 않는 사람이야'라는 자기기만은 사회적으로 그런 평가를 받고 싶기 때문입니다. 아이러니하게도 우리는 특히 인생의 중요한 결정을 할 때 더욱 남의 시선과 평가를 의식합니다. 그리고 그렇게 선택하는 것이 착한 것이라고 생각합니다. 하지만 안타깝게도 여러분은 착한 사람이 아닙니다. 사회적인 평가는 아무짝에도 쓸모가 없습니다. 내 인생에 하등 도움이 되지 않습니다.

제가 부정적인 단어에 새로운 의미를 부여하기 시작한 것은 최근의 일입니다. 흔히 부정적으로 생각하는 이기적이다, 게으르다, 불친절하다 등에 대해 새로운 의미를 부여하는 것입니다. 사람은 원래 이기적인데 이기적으로 사는 것이 왜 나쁩니까?

저는 여러분에게 선택은 이기적으로 하라고 말씀드립니다. 왜? 사람은 원래 이기적이니까요. 이기적인 여러분이 이기적인 선택 대신 착한 척을 하면서 선택했을 때 어떤 일이 벌어지는 줄 아십니까? 나는 별로 하고 싶지 않은데 착한 것으로 평가되는 쪽을 선택했을 때라도 그 결과가 좋으면 사실 아무런 문제가 없습니다. 결과가 좋으면 '역시 내 선택이 옳았어', '나는 역시 착한 사람이야', '옛말이 틀린 것이 하나도 없어, 착하면 복을 받는구나'로 귀결됩니다. 그런데 만약에 그 선택이 안 좋은 결과를 가지고 오면 어떻게 될까요? 자본주의 사회의 우리는 경제적인 조건을 떠나서는 삶을 이야기할 수 없습니다. 나의 이타적인 선택이 내 경제적인 조건을 바닥으로 떨어뜨린다면? 내 삶이 예전보다 못해졌다면? 그땐 어떻게 하실 생각입니까. 그때는 외면하고 있던 본성이 꿈틀꿈틀 나오기 시작합니다. 그 상황이 불쾌하고 억울해서 견딜 수가 없기 때문입니다. 하지만 이제 어쩔 도리가 없습니다. 여러분에게는 더 이상 선택의 기회가 남아 있지 않기 때문입니다. 여러분이 할 수 있는 유일한 일은 원망, 아니면 주변 사람들에게 못되게 구는 것뿐입니다.

가장 이기적인 나를 대면하라

우리는 모두 이기적인 사람입니다. 추상적으로는 충분히 이타적인 사람이 될 수 있지만 그것이 내 일상으로 들어오는 순간, 범인에 불과한 우리는 절대로 그것을 참지 못합니다. 뒤늦게 철저하게 이기적인 행동을 해보지만 내 인생은 이미 치명타를 입었을 가능성이 큽니다.

어떤 결정을 할 때 혼자서 깊이 자기 자신을 들여다보십시오. 내 내면에 똬리를 틀고 있는 가장 이기적인 나를 만나야 됩니다. 여러분의 자아가 조금이라도 싫은 내색을 보인다면 하지 마십시오. 그 이유가 굉장히 이기적이고, 비도덕적이고, 사악하다고 하더라도 자아가 싫다고 하는 것을 '나는 도덕적인 사람이야', '나는 이타적인 사람이야', '다른 사람에게 베풀어야지', '내가 아니면 누가 도와주겠어'라는 생각으로 선택하시면 안 됩니다. 이런 경우, 차라리 선택을 보류하십시오. 그래야지 여러분이 영원히 착한 사람으로 남을 수 있습니다. 역설적으로 이기적인 선택은 여러분이 그렇게 되고 싶은 착한 사람으로 평가받을 수 있는 유일한 방법입니다.

 ▶ 아는 변호사

1. 당신은 이기적입니다 | 선택의 기술 | 착한 척의 사악함
2. 40대 한국 대졸 여성의 삶 | 잘못된 선택을 하지 않기 위한 팁

내 힘의 원동력은 욕망

생각의 전환

저는 중국으로 유학을 다녀왔습니다. 그리고 변호사입니다. 이 둘의 공통점은 무엇일까요? 바로 한자를 많이 알아야 한다는 것입니다. 그래서인지 종종 한자 공부를 쉽게 하는 법에 대한 질문을 많이 받습니다. 어떻게 하면 한자를 쉽게 외울 수 있을까요? 저는 '폼생폼사하는 자세'라고 답하고 싶습니다. 한자를 많이 알잖아요? 그리고 적재적소에 한자성어를 얘기하고 그 뜻풀이까지 완벽하게 해내면 사람이 진짜 멋있어 보입니다. 좌중을 압도할 정도입니다. '내가 반드시 이 문구를 써먹겠다'는 생각을 하십시오. 써먹으려면 떠듬떠듬해서는 안 되고, 일필휘지로 술술 나와야 합니다. '언젠가 이 문구를 써먹을 거야, '멋있게 보여야지'라는 마음가짐을 가지고 있으면 한자가 저절로 외워지고 읽혀집니다. 한자 공부를 쉽게 하는 방법은 바로 '잘난 척'에 있습니다. 여러분, 인생 별거 없습니다. 인생은 폼생폼사입니다. 우스갯소리로 한자공부를 예로 들었지만 사실 우리 인생도 이와 별반 다르지 않습니다.

〈러브 오브 시베리아〉라는 오래된 영화가 있습니다. 원제는 〈시베리아의 이발사The Barber of Siberia〉입니다. 제 생각으로는 모차르트의 '세빌리아의 이발사'를 염두에 둔 제목명입니다. 자유분방하고 화려한 삶을 살았지만 결국 생활고에 시달리다 단명한 천재 음악가 모차르트는 주인공의 성격을 암시합니다. 이 영화는 기본적으로 광활한 시베리아를 배경으로 한 미국 여인과 러시아 사관생도의 사랑 이야기입니다. 장래가 유망한 사관생도인 주인공은 낯선 미국 여인을 사랑하게 되고 또 질투하게 됩니다. 이 사랑과 질투로 인해 인생의 수레바퀴가 돌아갑니다. 주인공 내면의 질투심은 주인공을 범죄자로 만들고, 결국 혹독한 겨울이 기다리고 있는 시베리아로 쫓겨납니다. 주인공의 사랑은 이루어지지 않고, 수십 년 뒤 재회의 기회도 날아가 버리고 맙니다. 하지만 허탈하게 돌아서는 여자 주인공은 인생의 유쾌함을 잃지 않습니다. 그리고 많은 시간이 흐른 뒤, 남북전쟁이 한창인 미국으로 장소가 바뀝니다. 상의를 탈의한 채 군복 바지만 입은 한 젊은이가 '세빌리아의 이발사'를 흥얼거리며 면도를 하는 장면이 나옵니다. 거울에는 모차르트의 사진이 붙어 있습니다. 젊은이의 얼굴에는 오래전 남자 주인공과 같은 자신만만한 표정이 가득합니다.

이 마지막 장면은 어긋난 사랑에 대한 슬픔이나 끝 대신 어떤 유쾌한 힘과 삶의 계속성을 느낄 수 있게 해줍니다.

이 영화에서 패기 넘치는 젊은 시절의 주인공은 '질투는 나의 힘'이라고 말합니다. 물론 주인공의 질투심이 주인공을 파멸로 이끌었을 수도 있지만, 질투라는 욕망은 주인공의 삶을 이끄는 원동력인 것입니다. 저는 이 말이 굉장히 신선하게 느껴졌습니다. '우리가 터부시하는 욕망도 삶의 원동력이 될 수 있구나' 하는 생각의 전환, 관점의 전환이 이루어졌습니다. 그런데 사실 내 안에 있는 욕망이야말로 가장 꾸밈없는 내 삶의 원동력이 아닐까요? 욕망을 드러내는 것이 사회적으로 저급하게 취급받기 때문에 여러 가지 좋은 말로 포장을 하지만, 결국 그것의 원초적인 모습은 욕망인 것입니다. 그래서 저도 이런 생각에서 자유로워지기로 했습니다.

원초적인 욕망은 가장 강력한 동기부여다

직업을 선택하는 데 국가에 봉사하고 사회에 공헌하려는 의도가 있을 필요는 없습니다. 직업은 돈을 버는 것이 목적입니다. 백화점에 가면 좋은 물건들이 넘쳐나고 나는 그것이 갖고 싶은데 비쌉니다. 그래서 돈이 필요합니다. 말하자면 나는 눈앞에 아른거리는 저 옷을 사기 위해서 열심히 돈을 버는 겁니다. 여기에 더 이상 남의 시선을 의식한 사회적인 이유는 필요 없습니다. 욕망을 포장할 필요가 없습니다. 내가 갖고 싶은 것을 마음대로 사기 위해서, 남들에게 멋있어 보이기 위해서, 잘난 척하고 싶어서, 누군가가 미워서. 이런 욕망들을 탐욕과 사치, 시기와 질투로 표현하고 폄하할 필요는 없습니다. 죄책감을 가질 필요도 없습니다. 내 안의 욕망을 인정하고 받아들이고 좋은 에너지로 연결하십시오.

로스쿨생에게 왜 변호사가 되고 싶은지 묻는다면 어떻게 대답할까요? 아마 모범답안은 "사회적 약자 편에 서서 정의를 구현하기 위해서입니다"일 것입니다. 한편 이런 대답도 가능합니다. "멋있고 돈도 많이 벌 수 있고 남들이 다 부러워하는 직업이니까요." 첫 번째는 사회적 평가를 의식한 답변이고 두 번째는 원초적인 욕망입니다. 원초적인 욕망은 강력합니다. 어린아이들은 원하는 것을 얻기 위해서 자신이 할 수 있는 모든 능력을 동원해 결국 얻어냅니다. 반면에 사회적인 평가를 의식한 동기부여는 나약합니다. 쉽게 의심을 하게 됩니다. 이런 동기부여는 작은 충격에도 깨져버립니다.

사회적인 동기부여는 공부가 잘되지 않는다던가 하는 심리적으로 어려운 시기에 직면하면 '과연 내가 변호사가 될 자격이 있나?', '나는 그만큼 선량한 사람인가?'라는 의문으로 금방 이어집니다. 이렇게 되면 작은 충격에도 '아, 나같이 이기적이고 욕심이 가득한 사람은 변호사가 될 자격이 없구나'로 끝납니다. 즉 조금만 힘들어도 결국 자격을 운운하면서 포기하게 됩니다. 이 세상에 고귀한 성품과 이타심이 필요한 직업은 없습니다. 직업에 그런 자격은 없습니다. 여러분 내면에 있는 욕망을 대면하고 인정하십시오. 물론 내면에서 일어나는 일들을 떠벌여 사회적으로 나쁜 평가를 받을 필요는 없습니다.

사람은 현실과 내가 괴리될 때 불안하고 두렵습니다. 우리는 스스로를 착하고 이타적이고, 공정하고, 정의로운 사람이어야 한다고 생각하고, 그렇지 못한 나를 볼 때마다 괴로워합니다. 누누이 말하지만 우리는 모두 이기적이고 다양한 욕망으로 가득찬 사람들입니다. 단순히 사회 생활을 위해 드러내지 않을 뿐 원초적인 욕망이 사실은 우리를 채찍질하는 무엇보다도 강력한 동기부여가 됩니다.

탐욕스럽고 겉멋만 잔뜩 든 것은 나쁜 것이 아닙니다. 인정하십시오. 이제는 그것을 채우기 위해 외형을 갖출 일만 남은 것입니다. '변호사가 되면 폼날 것 같아.' 그러면 변호사가 되기 위해 빡세게 공부하는 겁니다. 그리고 그것을 해내십시오. 더 이상 다른 거룩한 이유는 필요 없습니다. '혹시 내가 이기적인 생각을 하기 때문에, 훌륭한 변호사가 될 수 없어서, 착하지 않아서 변호사 시험에 떨어지는 것은 아닐까?' 아닙니다. 여러분이 안 되었다면 그 이유는 단순히 열심히 하지 않았기 때문입니다. 이유는 그것뿐입니다. 제일 강력한 동기부여는 여러분의 욕망입니다.

위로든 아래로든 한계는 없다

무슨 일이든 일어날 수 있는 것이 인생

삶에는 무슨 일이든지 일어날 수 있습니다. 그렇기 때문에 위로든 아래로든 스스로 한계를 그으면 안 됩니다. 10층 높이에 있던 여러분은 '어느 날 갑자기' 바닥으로 떨어질 수 있습니다. 아무런 잘못이 없는데도 그런 일이 벌어질 수 있습니다. 아마도 여러분은 너무나도 괴로워 고통스러운 하루하루를 보낼 것입니다. 그만 죽고 싶을 만큼 말입니다. 더욱 놀라운 사실은 바닥이라고 생각한 지점이 바닥이 아닐 수도 있다는 것입니다. 밑에는 지하실이 있고, 언제든지 그 지하실까지 곤두박질칠 수도 있습니다.

반면에 여러분은 어느 날 갑자기 성장을 하기 시작해서, 끝도 없이 올라갈 수도 있습니다. 여기에 어떤 논리적인 이유는 필요 없습니다. '무슨 일이든지 일어날 수 있는 것' 그것이 바로 우리 인생입니다. 공자는 『논어』에서 이렇게 이야기했습니다.

子曰 君子之於天下也에 無適也하며 無莫也하여 義之與比다.
자왈 군자지어천하야   무적야   무막야   의지여비

공자는 말했다. "군자는 천하의 일에 나아갈 때 오로지 주장함도 없고,
그렇게 하지 않음도 없으며, 의리에 따라 행할 뿐이다."
                    - 『논어로 논어를 풀다』(이한우, 해냄, 2012) 269쪽 중에서

저는 무적야와 무막야에 주목합니다. '천하의 일에는 반드시 그래야 하는 일도 없고 반드시 그러지 말아야 할 일도 없다'는 의미입니다. 여기서의 일은 특히 나의 의지나 노력과 상관없이 발생하는 사건, 외부 변수입니다. 교통사고로 장애를 입거나, 광우병 파동이 발생하거나, 집안의 가세가 기우는 등등의 사건은 내 의지와 전혀 관계가 없는 일입니다. 하지만 발생할 수 있습니다. 나한테만 그런 안 좋은 일들이 발생하지 말라는 법은 없고, 나 역시 다른 사람들처럼 비약적인 성공을 하지 말라는 법도 없습니다. 인생이란 밑으로도 한계가 없고 위로도 한계가 없기 때문입니다.

삶은 계속된다

인생에서 이런 이벤트가 발생했을 때 우리는 어떻게 해야 할까요? 간단합니다. 답은 '무슨 일이든 일어날 수 있는 것이 인생'이라는 명제로 알 수 있습니다. 어떤 예상하지 못한 일이 일어났을 때 나는 그저 묵묵히 대처해 나가면 됩니다. 걱정할 필요도 없습니다. 앞으로 어떤 일이 일어날지 전혀 모르기 때문입니다. 한 가지 예를 들어보겠습니다.

30대 중반의 여자 A가 있습니다. 자신을 아끼고 사랑하는 A는 직장에서도 좋은 평가를 받고 있고, 외향적인 성격에 사람도 잘 다룰 줄 압니다. 아무런 걱정이 없는 인생입니다. 잘 맞는 배우자만 만나면 만사가 형통인 것 같습니다. 그런데 어느 날 갑자기 아버지가 뇌졸중으로 쓰러집니다. 혼자서 생활이 가능했던 70대 아버지가 쓰러지자 모든 것이 무너지기 시작합니다. 아버지가 병원에 입원하자 그 수발을 위해 시골에 계신 어머니가 상경을 합니다. 오빠는 오빠 나름대로 가정에 문제가 있어 아버지를 보살필 여력이 없고, 결국 미혼인 A가 어머니와 교대로 아버지를 돌봅니다. 불행히도 아버지의 병세는 더욱 악화되어 합병증까지 얻게 되었습니다. A는 인생이 꼬이는 느낌입니다. 꽤 오랫동안 '왜 나에게 이런 일이!'라고 악을 써 보지만 이 상황은 A가 초래한 것이 아닙니다. 아버지도, 어머니도 가족 중 그 누구의 잘못도 아닙니다. 결국 A는 자신이 어렸을 때 아버지에게 받았던 사랑을 생각하며, 다니던 직장을 그만두고 프리랜서로 일하며 좀 더 많은 시간을 아버지에게 투자하기로 결정합니다. 그렇게 A는 자기 인생에서 발생한 사건에 묵묵히 대처해 나갑니다. 그렇게 삶은 계속됩니다. A의 삶이 여기서 '불행'으로 끝나는 것이 결코 아닙니다.

신은 아무것도 보장해 주지 않는다

그런데 현실에서 묵묵히 대처하는 것은 쉬운 일이 아닙니다. 왜냐하면 무슨 일이든 발생할 수 있는 것이 인생이라는 사실을 깨닫기가 어렵기 때문입니다. 변호사라는 직업 특성상 상상하기 힘든 복잡다단한 상황에 봉착한 사람들과 상담을 하면서 제가 깨달은 점이 있습니다. 안 좋은 일이 발생하면 사람들은 한결같이 '왜 나한테 이런 일이!', '왜 하필 나한테…'라는 생각에 사로잡힌다는 것입니다. 이 생각의 구조에 사로잡힌 사람들은 정작 그 상황을 극복할 힘은 생기지 않습니다. 사람들은 그나마 가지고 있는 유일한 자산인 시간의 대부분을 그 상황을 부인하고, 원망할 대상을 찾는 데 쏟아 붓습니다. 원망할 대상을 찾다 찾다 결국에는 하늘을 원망합니다.

사람들은 자신한테 느닷없이 좋은 일이 생긴다면 쉽게 받아들입니다. 반면에 안 좋은 일이 생겼을 때 받아들이는 것은 굉장히 고통스럽습니다. 그런데 삶이란 것이 원래 그런 것입니다. 아무도 보장해 주지 않습니다. 신조차도 '너는 여기 밑으로는 절대로 내려가지 않을 거야'라고 보장해 주지 않습니다. 위쪽도 마찬가지입니다. '너는 아무리 노력해도 이 이상은 할 수 없어' 같은 한계는 없습니다. 신은 우리 인생에 아무런 관여를 하지 않습니다. 그러니까 어떤 상황에서도 가능성이 있고, 그래서 인생이 재미있는 것입니다. 저도 이러한 사실을 인정하기까지 많은 시간이 걸렸습니다. 무슨 일이든 발생할 수 있다는 사실이 삶이라는 것을 인정하십시오. 그리고 여러분 인생에 한계를 긋지 마십시오.

 ▶ 아는 변호사

무슨 일이든 일어날 수 있는 것이 인생 | 논어

2장

환경

"공부가 잘되는 환경은
분명히 있다."

내가 신림동으로 들어간 이유

에너지 소비 최소화

누구에게나 통용되는, 공부하기에 최적인 환경이란 것이 존재할까요? 안타깝지만 이 세상에 그런 환경은 없습니다. 사법시험에 합격한 사람이 모두 신림동 고시촌에서 공부를 한 것은 아닙니다. 누구는 신림동에서, 누구는 집에서, 누구는 학교 도서관에서, 또 누구는 절에서 공부를 했고 결국 각자 합격이라는 보상을 받았습니다. 공부란 결국 각자의 능력치를 최대한으로 끌어내는 것입니다. 이것은 절대적인 것이 아니라 상대적인 것입니다. 따라서 누구의 머리가 더 좋냐를 평가하는 것이 아니라, 누가 더 오래, 많이 했냐의 문제인 것입니다. 그래서 시험 당일 내가 다른 사람보다 더 많이 알고 있으면 합격의 보상을 받게 되는 게임입니다. 그러기 위해서는 우선 나의 능력치를 최대한 끌어낼 수 있는 환경을 조성해야 합니다. 어떤 환경이 나에게 최적인지는 결국 여러분 자신만이 알 수 있습니다. 여러분은 학창 시절 크고 작은 시행착오를 거치면서 자신에게 최적인 환경을 어렴풋이 체득하고 있습니다. 우리는 그것은 징크스라고 표현하기도 합니다. 저의 사례를 말씀드리겠습니다.

저는 공부를 할 때 장소를 옮기는 것과 사람이 붐비는 것을 극도로 싫어했습니다. 고대 법대를 다닐 때 제가 주로 공부했던 곳은 학교에서 고시생들을 위해 마련해 준 고시반, 중앙도서관, 하숙집 이 세 곳이었습니다. 이 세 곳의 공통점은 다른 곳에 비해 조용하고 사람이 많지 않다는 점입니다. 메인 공부 장소는 고시반이고, 나머지 두 곳은 서브 공부 장소였습니다. 저는 이 세 곳이 아니면 아예 공부를 하지 않았습니다. 또 저는 칸막이가 있는 책상보다는 칸막이가 없이 넓게 트인 책상을 선호했습니다.

편입 이후 나름대로 최적화된 환경을 조성하고 1년 동안 32학점의 전공 수업을 이수하면서 좋은 학점을 받을 수 있었습니다. 사법시험을 본격적으로 준비할 때가 왔는데, 주된 공부 장소였던 고시반의 분위기가 문제였습니다. 사법시험을 본격적으로 준비하지 않으면서도 도서관 자리 잡기가 어려우니 일단 고시반 자리만 맡아놓은 학생들이 꽤 있었던 것입니다. 아침에 가방만 두고 오후 내내 공부하러 오지 않는 이들이 태반이었습니다. 드문드문 빈 자리가 저의 긴장감을 떨어뜨렸습니다. 시험공부는 지식을 쌓는 게 아니기 때문에 최대한 단기간에 붙어야 한다고 생각했는데, 장수생 선배의 존재가 고시 공부에 대한 저의 집중도와 긴장감을 떨어뜨리는 데 한몫을 했습니다. 안암동에서 신림동까지의 거리가 너무 먼 것도 문제였습니다. 안암동에서 공부를 하더라도 최신 자료나 강의 테이프를 구매하려면 신림동을 가야 했는데, 한 번 다녀오면 하루가 다 가고 몸이 너무 고단했습니다.

저는 심각한 고민에 빠졌습니다. 학교에서 공부하는 것의 장점을 자꾸 떠올리며 심리적으로 저항하기도 했고, 원룸을 알아보고 이사를 갈 생각을 하니 귀찮기도 했습니다. 하지만 이 상태로 시험이 다가온다면 더 불안해질 것이라는 판단이 들어 과감히 신림동으로 공부 환경을 바꾸기로 결정합니다.

초기에 잘 세팅된 환경이 합격을 부른다

신림동 원룸의 위치와 독서실을 결정하는 것이 중요했습니다. 이왕 신림동으로 들어가는 거, 메인 스트리트인 법문서적 맞은편의 독서실을 선택했습니다. 하지만 원룸은 서울대 쪽의 조금 허름한 곳으로 결정했습니다. 왜냐하면 집에 갈 때만이라도 신림동에서 벗어나는 느낌을 조금이나마 받고 싶었기 때문입니다. 그다음 그 동선 안에서 운동을 할 수 있는 곳을 찾다가 '선무관'이라는 검도장에 등록하게 됩니다. 마지막으로 결정할 것은 밥집이었는데, 선택지가 아주 많았습니다. 저는 여러 밥집의 쿠폰을 끊고 가능하면 아침, 점심, 저녁을 모두 다른 집에서 먹었는데, 일상에 조금이나마 새로움을 주기 위한 나름대로의 방편이었습니다. 그러고 나서야 제 능력을 최대치로 끌어내 줄 공부 환경을 모두 세팅하였습니다. 그리고 저는 1차 시험까지 단 한 번도 이 환경을 바꾸지 않았습니다. 그렇게 신림동 입성 8개월 만에 사법시험 1차에 합격했습니다.

환경을 바꾸면 안 되는 이유

저는 원룸이나 독서실을 옮기는 학생을 수없이 보았습니다. 공부가 잘되지 않는다며 갑자기 신림동에서 사라지는 학생도 보았습니다. 장기전에 본격적으로 돌입한 후에도 공부 환경이 조성되지 않아 우왕좌왕한다면 그동안의 시간을 낭비하는 것입니다. 우리 모두의 하루는 24시간으로 동일합니다. 시간의 소비는 곧 내 에너지의 소비입니다. 여러분의 에너지는 오롯이 공부하는 데 쓰여야 합니다. 우리 각자의 경험과 선호도는 다릅니다. '주변 사람이 이렇게 하니까 나도 해야지'라는 생각은 공부를 망치는 지름길입니다. 시행착오를 거쳐 빨리 여러분의 능력치를 최대한으로 끌어낼 수 있는 최적화된 공부 환경을 만드십시오.

최적의 공부 환경은
초기에 세팅해야 한다

공부가 잘되는 환경은 분명히 있다

공부가 잘되는 환경이 있을까요? 물론 있습니다. 여기서 환경은 절대적인 것과 상대적인 것으로 구분됩니다. 절대적인 환경은 누구나 집중이 잘되는 곳입니다. 이것은 물리적인 요소라기보다는 에너지처럼 추상적인 개념입니다. 상대적인 환경은 개개인의 특성이 반영된 것으로, 상황에 따라 다릅니다. 저의 예를 들어보겠습니다.

편입 후 수업을 처음 들을 때 든 생각은 '나도 할 수 있다'라는 것이었습니다. 이 느낌은 결코 학교의 차이에서 오는 것이 아닙니다. 제 느낌은 아마도 학생들의 자세와 에너지에서 분출되는 기운이었던 것 같습니다. 이 '나도 할 수 있다'라는 긍정적인 기운에는 저도 한몫 했습니다. 당시 저는 법학이 적성에 맞다고 생각하고 사법시험을 보기로 결정한 상태였습니다. 그리고 붙을 수 있다는 어렴풋한 느낌이 있었습니다. 저를 둘러싼 다른 학생들도 비슷한 태도를 가지고 있었습니다. 이 긍정적인 기운들이 모여 '기세'가 되고 그 기세에 휩싸여 있는 우리들은 자신감이 충만하고 집중과 몰입이 잘되었습니다. 그때의 감정은 방향을 잡지 못하고 미래를 의심하며 우왕좌왕하는 것이 아니라 목표를 향해서 돌진하는 느낌이었습니다. 고대 법대의 이러한 분위기는 절대적으로 공부가 잘되는 환경이라고 할 수 있습니다. 그곳에서는 대다수 학생이 공부에 몰입했고, 방황하는 학생은 소수에 불과했습니다.

고대로 편입한 이후, 저는 집이 서울임에도 법대에서 도보 5분 거리에 하숙집을 얻었습니다. 재건축을 앞둔 빌라인 하숙집은 허름하고 시설도 열악하였을 뿐만 아니라 빈집이 많고 외진 곳에 위치하고 있었습니다. 에어컨도 없고 겨울에는 주인 아주머니가 난방도 잘 해주지 않았으며 천정에는 쥐가 돌아다녔습니다. 덕분에 아침과 저녁 식사를 포함한 하숙비가 다른 곳보다 저렴했습니다. 여자인 제가 이 하숙집을 선택한 데는 여러 이유와 노림수가 있었습니다. 첫째, 법대에서 도보로 5분이라는 점, 둘째, 법대 선배들이 많이 살아서 사법시험을 준비하는 하숙생이 많다는 점, 셋째, 법대 선배들의 생활 태도를 포함해 공부에 대한 직간접적인 노하우를 배울 수 있다는 점, 넷째, 시골에서 올라온 대다수 하숙집 선배들이 특히 공부를 열심히 한다는 점 등입니다. 하숙집의 법대 선배들은 고향에서 어릴 때부터 수재 소리를 들으며 자란 사람들로, 자기만의 공부법을 터득한 사람들이었습니다. 그 하숙집은 그야말로 공부를 하기에 천혜의 환경이었습니다. 당시 저는 본래 스카이 출신인 사람에 대한 약간의 위화감을 느꼈습니다. 그런데 하숙집에서 최고 엘리트인 선배들의 일상을 직간접적으로 체험하면서 그 위화감을 자신감으로 바꿔나갈 수 있었습니다. 실제로 선배들에게 공부에 대한 도움도 많이 받았고, 합격한 선배의 책을 물려받기도 했습니다.

저와 편입 동기인 친구 한 명도 집이 서울이었지만 사법시험에 제대로 도전해 보기 위해 법대 근처에 방을 구했습니다. 그 친구도 같은 하숙집을 소개받았지만, 깨끗한 신축 원룸을 선택했습니다. 당시 원룸 월세가 50만 원 정도였는데, 그 친구는 두세 달 만에 약간의 우울증과 함께 집으로 돌아가는 선택을 합니다. 그 친구가 그 후 시험에 붙었는지는 잘 모르겠습니다. 제가 하숙집을 고른 이유는 상대적인 환경 때문입니다. 저라는 사람은 그런 환경에서 좀 더 공부가 잘 되기 때문입니다. 또 평소에 공부는 헝그리 정신이 필요하다는 생각을 하고 있던 터라 시설이 열악한 점이 별다른 장애 요소가 되지 않기도 했습니다.

고대 중앙도서관 1층 열람실의 넓은 책상은 칸막이가 없고 10명 정도가 앉아서 공부를 할 수 있었습니다. 저는 공부할 때 앞과 좌우에 칸막이가 없는 넓은 책상을 선호해서 이곳을 주로 이용했습니다. 이렇게 개방된 곳은 옆자리 사람이 무슨 공부를 하는지 알 수 있습니다. 또 고정적으로 이용하다 보면 항상 같은 자리에 앉는 사람들과

서로 말은 하지 않아도 마음속으로 안부를 묻는 사이가 됩니다. 어쩔 수 없이 공부에 매진하는 상태에서 저는 그런 인간관계도 좋아했습니다. 어느 날 내 자리 근처의 누군가가 나오지 않는다면 저는 궁금해 할 겁니다. 그 사람이 오후 늦게나 다음 날 나타나면 반갑습니다. 그것은 고대라는 울타리 안에서 이루어지는 일이라서 가능했을 수도 있는데, 저는 그런 소소한 신선함이 좋았습니다. 신림동의 독서실은 모두 칸막이가 쳐있고, 또 사람들이 다양하기 때문에 어쩔 수 없이 칸막이 있는 독서실에서 공부를 해야 했지만, 넓은 책상에서 공부가 더 잘되는 것도 상대적인 환경의 예입니다.

나만의 공부가 잘되는 환경 찾는 법

공부가 잘되는 환경은 결국 집중과 몰입이 잘되는 환경을 의미합니다. 집중과 몰입을 잘하기 위해서는 '내가 어떤 기세 속에 있느냐'라는 절대적인 환경과 각자의 특성에 맞는 상대적인 환경이 모두 최적의 상태여야 합니다. 최적의 환경은 공부하는 여러분 각자가 만들어야 합니다. 누군가에게 공부가 잘되는 환경이 나에게는 안 맞을 수 있습니다. 최적의 환경을 만들기 위해서는 각자 크고 작은 공부를 하며 자신의 선호도, 징크스 등의 특성에 대해 잘 파악해야 합니다. 공부가 잘되는 환경을 몰라서 적극적인 환경 조성이 어렵다면 일단 내 공부를 방해하는 환경을 피하십시오.

최적의 환경은 공부 초기에 세팅되어 있어야 합니다. 그래야 끝까지 흔들리지 않고 자신 있게 나아갈 수 있습니다. 시험 막판까지도 안정된 공부 환경을 조성하지 못하고 우왕좌왕한다면 여러분은 경쟁자에 비하여 시간과 에너지와 돈을 낭비한 것입니다. 그리고 무엇보다도 붙을 수 있다는 믿음이 심각한 타격을 입게 됩니다. 무엇을 하든 자기 자신에 대한 이해는 기본입니다.

시험은 빨리 붙는 것이다

시험은 스킬이다

우리는 최적의 공부 환경에 대해서 이야기하고 있습니다. 여러분의 마음가짐 역시 공부에 최적인 상태로 만드셔야 합니다. 공부하는 사람의 마음가짐은 어때야 할까요? 여러분은 공부를 왜 하십니까? 힘든 공부를 통해 얻고 싶은 것이 무엇입니까? 전공 지식인가요? 자기 자신과의 싸움인가요? 아니면 공부 그 자체로 만족하시나요?

여러분이 인생의 많은 부분을 희생하며 공부를 하는 이유는 목표하는 시험에 붙기 위해서입니다. 그렇다면 그 시험에 최단 시간에 붙어야 합니다. 시험은 여러분의 지식을 테스트하는 도구가 아닙니다. 시험이란 제도는 굉장히 기술적입니다. 여러분은 각각의 시험이 요구하는 사항을 최대한 빨리 알아내서 그에 맞는 기술을 연마하셔야 합니다. 어떤 시험의 합격에 필요한 수준 이상으로 공부를 한 사람, 그 수준 이하로 공부를 한 사람 모두 실패입니다. 첫 번째 사람은 설령 합격을 했다 하더라도 필요 이상의 많은 공부를 했기 때문에 실패입니다. 인생에서 내가 가진 시간, 돈, 에너지, 체력 등 모든 것은 자원이기 때문에 첫 번째 사람은 자원을 낭비하였습니다. 두 번째 사람은 아마도 불합격했을 것이기 때문에 실패입니다.

시험공부는 오래 하는 것이 아니다

시험을 위한 공부는 오래 하는 것이 아닙니다. 여러분의 마음가짐도 '이 시험에 최단 시간에 붙는다'여야 합니다. 사법시험을 준비하는 학생이 시험에 붙으면 법조인으로서의 삶을 시작하게 됩니다. 그런데 고시공부를 오래하는 것이 이 학생의 법조인으로 갖출 경력이나 자질에 좋은 영향을 줄까요? 서면을 더 잘 쓸까요? 법리를 더 잘 알까요? 전혀 그렇지 않습니다. 사법시험은 법조인의 자질이나 전문 지식을 배양하는 제도가 아닙니다. 그런 실전 지식은 사법연수원에서 배웁니다.

시험의 보는 이유는 바로 필요한 사람보다 그것을 필요로 하는 사람이 많기 때문입니다. 즉 시험이란 수요보다 공급이 많은 상황에서, 보다 공정하게 필요한 수요를 공급받기 위한 장치에 불과합니다. 이를 선착순으로 정할 수는 없는 노릇이니까요. 사법시험이란 그저 법조인으로 진짜 공부를 할 수 있는 자격을 부여하는 것입니다. 모든 시험의 목적은 똑같습니다. 다만 사법시험은 공급이 수요보다 압도적으로 많기 때문에 시험의 기술적인 부분들이 점점 더 난해해지는 것입니다. 공부 기간이 늘어나면 법률지식은 배양될 수 있겠지만 그것이 합격으로 이어지지는 않습니다. 다시 말해 지식과 시험 합격은 전혀 별개의 문제입니다.

저는 신림동에서 수많은 장수생을 보았습니다. 그들은 거의 모든 학설과 판례에 통달했고, 어떤 문제도 막힘없이 풀어냅니다. 그룹스터디의 장으로서 이제 막 공부를 시작한 고시생에게 신과 같은 존재입니다. 멘탈이 굉장히 강하고 여유도 있습니다. 장수생이지만 공부하는 절대시간도 상당합니다. '저 정도인데도 아직 시험에 못 붙었다니? 도대체 얼마나 더 공부를 해야 하지?' 웬만한 법대 교수님보다 뛰어난 지식을 갖춘 그분들을 보면서 자괴감에 빠진 게 한두 번이 아닙니다. 하지만 이상하게도 그분들은 정작 시험에 붙지 못합니다. 저렇게 모든 것을 다 알고 있는 사람이 도대체 왜 못 붙을까? 저는 그분들이 시험을 기술적인 문제로 보지 않고 학문으로 접근했기 때문이라는 결론을 내렸습니다. 특히 사법시험에서 그런 우를 범하기 쉽습니다.

합격에 필요한 최소한만 공부하라

　우리나라에 로스쿨이 생기기 이전의 법대 교수님들은 대부분 학자의 길을 선택하여 그대로 석·박사 학위를 받아 교수가 되었습니다. 당대의 기라성 같은 교수님들도 모두 마찬가지입니다. 이것은 사법시험에 못 붙어서, 또는 사법시험이 어려워서가 아닙니다. 사법시험에 합격하는 것은 머리가 좋고 나쁨의 문제가 아닙니다. 원래 기술을 요구하는 시험공부와 학자의 공부법은 그 공략법이 완전히 다른 것입니다. 시험공부는 이해를 바탕으로 한 암기가 핵심인 반면 학문은 끊임없는 의문과 탐구가 핵심입니다. 그러니까 법조인이 아닌 학자의 길을 선택한 사람이 굳이 결이 다른 사법시험을 공부하느라 아까운 시간을 낭비할 필요가 전혀 없는 것입니다. 사법시험은 법학자로서의 어떤 능력도 배양해 주지 않습니다. 마찬가지로 고시생이 학자와 같은 자세로 공부를 해서도 안 됩니다.

　목적에 맞는 공부법을 찾아야 합니다. 시험은 최단기간에 붙는 것이 목적입니다. 남들이 하면 나도 그 기간 안에 할 수 있습니다. 합격에 필요한 최소한의 것만 공부하십시오. 시험을 철저히 기술적인 것으로 취급하십시오. 그리고 여러분의 마음가짐을 이런 목적에 최적화되도록 다지십시오.

공부하는 사람의 식사법

밥은 먹고 공부하니

사람은 살기 위해서 먹어야 합니다. 모든 에너지를 공부에 쏟아부어야 하는 사람도 먹지 않고는 버틸 수가 없습니다. 공부하는 사람에게 식사는 대단히 중요한 문제입니다. 어떻게 하면 가장 효율적으로 식사를 할 수 있을까요? 어떤 사람은 하숙집에서, 어떤 사람은 매식을, 어떤 사람은 도시락을 선택할 것입니다. 형태야 어떻든 식사를 하는 데 최소한의 에너지만 쓰기 위해서 내가 아닌 다른 누군가의 노력으로 준비된 밥을 먹어야 합니다.

당시 신림동에서는 학생 대부분이 매식집에 식권을 끊어 밥을 먹었습니다. 수요가 임청났기 때문에 밥집들 사이의 경쟁도 치열해서

가성비가 최고인 밥집이 넘쳐났습니다. 고기 반찬도 빠지지 않고 나왔는데 월요일은 소고기, 수요일은 돼지고기, 금요일은 닭고기가 나오는 식이었습니다. 바쁜 고시생들이 식사하기에 최고의 환경이었습니다. 저는 아침, 점심, 저녁을 가능하면 다른 집에서 먹었습니다. 밥집과의 거리도 독서실에서 가까운 곳과 약간 먼 곳으로 나누었습니다. 아무래도 한 곳만 가면 질리기 쉽고, 너무 이동이 없는 것도 건강에 썩 좋지는 않기 때문입니다.

고시생들은 마음의 여유가 없습니다. 밥도 후다닥 먹고 별로 쉬지도 않은 채 바로 독서실로 가서 공부를 하는 경우가 종종 있습니다. 제가 다녔던 매식집 중 한 곳은 신림동의 메인 스트리트에서 100미터 정도 떨어진 곳이었습니다. 장수생들이 많고 비교적 한산한 편이었습니다. 대규모 식당이 아니고, 신발을 벗고 들어가야 하는 좌식 식탁에 서너 명이 둘러앉아 먹어야 하는 구조가 불편했기 때문입니다. 하지만 저는 그런 가정집 같은 분위기가 좋았고, 모르는 사람과 한 식탁에서 먹는 것을 전혀 개의치 않았기 때문에 그 집을 선호했습니다.

신림동에는 참 슬프면서도 재밌는 일화가 많습니다. 위에서 언급한 좌식 구조의 밥집에 삼겹살이 나오는 날이면 서너 명이 한 테이블에 둘러앉아 삼겹살을 구워 먹었습니다. 생판 모르는 사람들끼리 삼겹살을 구워 먹는다는 것은 참 이례적인 일입니다. 평소 삼겹살을 구워 먹는 풍경을 상상해 보십시오. 분명히 누군가는 고기를 굽느라 잘먹지 못합니다. 가족이나 친구와 같이 가까운 사이라면 모를까, 나도 밥을 먹으러 온 손님인데 모르는 사람의 삼겹살을 구워주느라 제대로 먹지 못한다면 얼마나 화가 나겠습니까? 게다가 촌각을 다투는 고시생들에게 남을 위해 삼겹살을 구워주는 선의는 기대할 수 없습니다. 아니나 다를까 삼겹살이 나오는 날엔 여기저기에서 크고 작은 분쟁이 일어났습니다. 굽는 사람은 계속 굽고 먹는 사람은 계속 먹는 일이 생기면 굽는 사람이 지금 밥을 빨리 못 먹었기 때문에, 밥 먹는 데 너무 많은 시간을 허비했기 때문에 공부가 안되는 것처럼 상황을 극단적으로 몰아갔던 것입니다.

공부하는 사람의 식사법 4원칙

여러분, 장기전 시험 준비는 물론 시간을 효율적으로 활용해야 하지만 촌각을 다툴 정도까지는 아닙니다. 여러분의 인성을, 인간으로서의 기본적인 교양을 내팽개칠 만큼 중요한 공부는 이 세상에 없습니다. 중요한 것은 나한테 최적화된 공부 방법을 찾아서 일정하게 반복하는 것입니다. 남들과 비교해 남보다 조금이라도 더 오래 공부하는 것이 합격하는 방법이 아닙니다. 그런 면에서 공부는 자기 자신과의 싸움이라고 할 수 있습니다. 마음의 여유를 가지십시오. 쉬운 일은 아닙니다. 마음의 여유는 각자의 공부 방법에 자신이 있어야 가능한 일이기 때문입니다.

식사도 마찬가지입니다. 식사 시간을 줄이고 과도하게 공부에 매진하는 것은 장기전에서 결코 올바른 방법이 아닙니다. 스스로 그렇게 숨이 막히는 환경을 만들면 결국 질식하는 것은 자기 자신입니다. 장기전에 뛰어든 사람이라면 밥을 차리는 시간을 아껴 그 시간을 효율적으로 사용하는 것은 맞습니다. 하지만 차려진 밥을 먹고 소화시키는 과정을 나에게 또 다른 의미가 있는 시간으로 만들 수 있습니다. 그 시간에 오전 또는 오후 동안 공부에 지친 자신을 리프레시해야 합니다. 그냥 맛있는 음식을 먹으며 그 순간을 즐기십시오. 다만 식사 시간에 주변 사람들과 과도하게 떠들어 에너지를 낭비하지 않도록 조심할 필요는 있습니다. 그리고 식사 후에는 가벼운 산책을 추천합니다. 그것은 여러분에게 허용된 작은 일탈입니다. 이런 작은 일탈로 일상이 되어버린 공부에 지친 자신을 달래주지 않으면 여러분은 공부에 치명적일 수 있는 큰 일탈을 하게 될지도 모릅니다. 점심 식사 후 20~30분의 낮잠은 뇌를 쉬게 해주고 지루한 공부의 활력소가 됩니다.

1. 식사 시간을 즐겨라.
2. 에너지를 낭비하지 마라.
3. 식사 후 산책하라.
4. 점심 식사 후 낮잠을 자라.

제가 매식집을 바꿔가며 가능하면 세 끼를 다른 집에서 먹으려고 노력했던 것, 식사 시간을 충분히 가졌던 것, 식사 후 항상 산책을 했던 것들은 모두 공부가 일상이 된 생활에서 조금이나마 벗어나기 위함이었습니다. 또한 내 자신이 고시생이기 이전에 한 명의 인간이라는 점을 느끼고, 숨이 막히는 신림동의 분위기에 압도당하지 않기 위한 작은 저항이었습니다.

  아는 변호사

공부하는 사람의 4가지 식사법 | 밥은 먹고 공부하십니까? | 오래 공부하는 사람은 밥 먹는 방법이 달라야 합니다

공부할 때 연애하지 마라

공부할 때 연애하면 안 되는 이유

우리는 나의 능력치를 최대한으로 끌어낼 공부 환경에 대해서 이야기하고 있습니다. 이번에는 연애에 대해 얘기하려고 합니다. 도대체 공부 환경과 연애가 무슨 연관이 있을까요? 여러분, 공부할 때 연애하면 됩니까? 안 됩니까? 공부할 때 연애하는 거 아닙니다. 여기서 공부는 평생학습을 얘기하는 것이 아니고 2~3년 정도의 시간을 쏟아부어야 하는 장기전 시험 공부를 말합니다. 사실 우리 인생을 놓고 봤을 때 연애 경험도 공부 못지않게 중요하기 때문에 3년 넘는 기간까지 연애를 하지 말라는 의미는 아닙니다.

공부하는 사람이 연애하면 안 되는 이유는 무엇일까요? 바로 연애가 내 마음을 동요시키기 때문입니다. 장기전에서는 내가 공부에 몰입할 수 있는 환경을 만드는 것이 몹시 중요합니다. 어떤 사람은 최적인 환경을 만들기 위해 신림동이나 절을 선택하기도 합니다. 왜 그럴까요? 절이 좋아서? 아니면 신림동이 살기 좋은 동네이기 때문일까요? 아닙니다. 신림동이나 절 같이 극단적인 환경을 선택하는 이유는 내 공부를 방해하는 모든 외부요인을 물리적으로 완벽히 차단하기 위해서입니다. 왜? 바로 원하는 시험에 붙기 위해서입니다. 원하는 시험에 붙기 위해 그 모든 불편을 감수하고 나의 욕망을 희생하고 들어가는 것입니다.

그런데 연애를 한다는 것은 무엇입니까? 신림동이나 절이라는 환경에서 우리는 비교적 쉽게 공부에 방해가 되는 외부요인을 차단할 수 있습니다. 그런데 감정은 어떻습니까? 감정은 물리적인 공간에 갇혀있는 것이 아닙니다. 지금도 여러분의 감정은 전 우주를 떠돌아 다닐 수 있습니다. 그렇게 우주를 떠돌아다니던 감정은 어떤 사소한 것에 영향을 받고 동요를 일으키거나 요동치기도 합니다.

연애를 한다고 가정해 볼까요? 그러면 어떻게 됩니까? 여러분의 몸은 비록 신림동에 있지만, 연애를 하는 순간 굳이 신림동에 들어온 이유가 없어지게 됩니다. 환경이 나한테 영향을 줄 수 있는, 내 감정에 기복을 줄 수 있는 외부요인을 여러분 스스로 만드는 것입니다. 공부하는 사람이 연애를 한다는 것은 공부를 안 하겠다는 것입니다. 그런 사람은 굳이 신림동에 들어갈 필요가 없습니다.

감정의 동요를 막아라

저는 신림동에서 공부하던 3년 동안 다행히 이상형을 만나거나 죽고 못 살 정도로 좋아할 만한 사람을 찾아볼 수 없었습니다. 신림 9동의 거주자 대부분이 공부를 하러 왔으므로 편한 복장에 꾸미지 않고 다니기 때문에 멋있는 사람이 없다는 것이 장점이기도 합니다. 그 덕분에 공부에 더 몰입할 수 있었던 것은 행운이라고 생각합니다.

어느 날 제가 다니던 검도 도장에 제 또래의 키가 작은 남학생이 새로 왔습니다. 저는 막 호구를 쓰고 대련을 시작하는 단계였고, 그 친구는 신입 회원으로 하얀색 도복을 입고 자세 연습을 하는 단계였습니다. 운동을 함께 하는 것도 아니고 제 스타일도 아니였지만 정기적으로 가는 검도장에 비슷한 또래의 이성이 있다는 사실만으로도 모르는 사이에 그 남학생을 눈여겨보게 되었습니다.

신경질이 날 정도로 공부가 안되는 날이 찾아왔습니다. 집중해 보려고 애를 쓰다가 마침내 책을 다 덮고 신림동 거리를 배회하게 되었습니다. 사실 오후 2시 이후에 독서실이 아닌 신림동 길바닥을 돌아다니는 사람은 어딘가에 문제가 있다고 볼 수 있습니다. 그렇게 정신 없이 걸어다니다가 편의점 앞에서 음료수를 마시면서 친구랑 얘기를 하고 있는 검도장의 그 남학생과 순간적으로 눈이 마주쳤습니다. 그 남학생을 좋아한 것도 아닌데 그냥 같은 또래의 남자와 눈이 마주친 것만으로도 그날 하루 종일 공부가 되지 않았습니다. 상태가 좋지 않은 상황에서 우연히 그 남학생을 만났다는 사실이 저를 더 화나게 만들었습니다. 아무튼 그 일로 저는 이삼일을 계속 고생했습니다. 연애를 한 것도, 썸을 탄 것도 아닌데 감정이란 대단히 복잡미묘해서 어디에 어떤 영향을 줄지 도무지 예측할 수가 없는 존재입니다. 그러니까 여러분, 연애는 공부할 때 하는 것이 아닙니다.

애인이 있다면 굳이 헤어지지 마라

만약 어떤 시험공부를 시작하려고 하는데 이미 애인이 있다면 어떻게 해야 할까요? 이럴 때는 굳이 헤어지지 마십시오. 연애를 하는 것은 누군가가 내 일상에 들어왔다는 것을 의미합니다. 이별이라는 이벤트를 통해 그 누군가를 일상에서 제거하는 것은 매우 힘들고 고통스러운 일입니다. 그런 고통을 겪으면서까지 이미 있는 애인과 이별할 필요는 없습니다. 하지만 연애의 패턴을 바꿔야 합니다. 그 변화는 자신이 눈치채지 못할 만큼 서서히 조금씩 이루어져야 합니다. 이때 그 변화로 일상이 달라지지 않도록 유념하십시오. 모든 것은 여러분이 공부를 잘하기 위해서 도와주는 요소가 되어야 합니다. 애인이 있다면 그 존재가 내 공부를 도와주게 만들어야 합니다. 그 존재가 내 공부를 망치고 있다면 두말할 필요도 없이 당장 헤어지십시오. 우리가 가진 모든 것은 자원입니다. 여러분의 모든 자원을 공부에 도움을 주는 요소로 만드세요. 그 자원을 잘 활용하셔야 합니다.

공부하는 사람의 연애법

그렇다면 어떻게 공부에 적합한 연애를 할 수 있을까요? 애인이라는 존재가 여러분의 공부를 도와주게 만들어야 됩니다. 공부하는 사람은 이기적인 연애를 해야 합니다. 이기적인 연애를 하려면 어떻게 해야 할까요?

인간은 원래 이기적이지만 시험 합격이라는 뚜렷한 목표를 세우고 공부에 매진하는 사람들은 특히 더 이기적입니다. 왜냐하면 그야말로 살인적인 스케줄을 소화해 내야 하기 때문입니다.

여러분이 그 스케줄을 따라가지 못하면 여러분도 나가떨어지게 됩니다. 다른 사람을 신경 쓸 겨를이 없습니다. 친한 선후배와 스터디를 해도 결국 내 이름이 합격자 명단에 있는지에 모든 것이 달려 있습니다. 합격자 명단에 이름이 있는 사람과 없는 사람은 인생의 희비가 완전히 엇갈립니다. 시험공부를 하는 사람들은 합격자 명단에 내 이름이 들어가게 하기 위해 노력하는 집단입니다. 엄밀히 말하면 집단도 아닙니다. 이런 시험공부는 여럿이 함께 한다고 어떤 시너지 효과가 나기 어렵습니다. 어차피 각자 공부를 해야 하기 때문입니다.

이처럼 공부하는 사람들은 굉장히 이기적입니다. 저도 마찬가지입니다. 딱히 누구를 괴롭혀서가 아니라 공부하는 동안 다른 사람을 돌볼 겨를이 없기 때문입니다. 그러니까 연애를 할 때도 이기적으로 해야 합니다. 최소한 내가 공부를 할 때는 상대방이 나한테 맞춰야 합니다. 상대방이 내 공부 스케줄에 맞추고, 나를 위해서 헌신해야 합니다. 군대에 간 사람의 여자친구가 휴가 나온 군인의 시간에 모든 것을 맞추는 것과 동일합니다. 그렇게 할 수 없다면 헤어져야 합니다. 정말 시험에 붙고 싶다면 이기적으로 연애하십시오.

여러분은 여자친구, 남자친구를 위해서 희생할 여력도 없고 그래서도 안 됩니다. 공부하는 동안 여러분 자신도 희생을 하고 있다는 사실을 잊지 마십시오. 여러분은 하고 싶은 것, 놀고 싶은 것, 먹고 싶은 것 다 포기하고 공부하고 있습니다. 가족들도 알게 모르게 여러분을 위해서 희생하고 있습니다. 애인이 희생하는 것을 그냥 받아들이십시오. 상대방의 헌신적인 사랑을 받으세요. 시험에 붙고 나서 시험에 붙을 수 있게 도와준 그 애인에게 고마워하면 됩니다. 헌신적인 사랑을 받았다면 합격의 영광을 애인에게 돌리세요.

시험에 붙고 나면 더 넓은 세계가 보이고 마음이 바뀔 수도 있습니다. 연애 관계에서 사람의 마음이 떠나는 것은 어쩔 도리가 없는 일입니다. 하지만 헤어지더라도 시험 합격의 영광을 애인한테 돌리고 품위 있게 헤어지십시오. 그것이 고시공부를 헌신적으로 뒷바라지 해 준 사람에 대한 최소한의 예의입니다. 이기적으로 연애하고 철저히 도움을 받으십시오.

애인은 외로움을 달래주지 못한다

장기간 공부를 하다 보면 외로울 수밖에 없습니다. 하지만 공부를 하기 때문에 외로운 것이 절대로 아닙니다. 착각하시면 안 됩니다. 이 부분은 자유와 관련된 문제로, 뒤에서 따로 다루겠습니다. 우리가 공부를 할 때 '외롭다', '애인이 없어서 외로운가 보다'라고 생각할 수 있지만 절대로 애인이 외로움을 달래주지 못합니다. 여러분이 외로운 것은 애인이 없기 때문이 아닙니다.

원래 공부에 몰입한 사람은 사막의 수도승처럼 혼자 있는 것입니다. 그런데 그 혼자 있다는 사실에 외로움을 느낀다면 여러분이 공부에 몰입해 있지 않다는 의미입니다. 공부하는 여러분이 혼자라서 외롭다고 느끼고 '아, 누군가 옆에 있으면 좋겠다'라는 생각이 든다면 지금 몰입하지 못하고 있다는 신호로 받아들여야 합니다. 외로움을 애인이 없기 때문이라고 돌리지 마시기 바랍니다.

  아는 변호사

1. 공부할 때 연애하면 안 됩니다(사례포함 필독)
2. 공부할 때 연애 곧 죽어도 하겠다면 | 이기적인 연애를 하세요

합격을 부르는 책상과 의자의 위치

기의 흐름에 맞는 책상 위치는 따로 있다

공부하는 사람에게 제일 중요한 도구는 무엇일까요? 바로 책상과 의자입니다. 공부가 일상인 사람에게 책상과 의자는 공부를 잘되게 할 수도 있고 안되게 할 수도 있는 가장 큰 변수입니다. 우리는 계속 공부에 최적화된 환경에 대해서 이야기하고 있습니다. 이번에는 '책상과 의자는 어떤 것을 골라야 할까? 책상은 어디에 놓아야 할까?'라는 굉장히 중요한 문제에 대해서 이야기해보려고 합니다.

여러분, 기氣를 믿으십니까? 도道가 아니고 기입니다. 저는 기를 믿습니다. 기라고 하면 뭐가 생각나시나요? 아마도 풍수風水가 생각나실 겁니다. 중국 칭화대학교에서 석사유학을 할 때 중국문화에 대한 교양수업을 서양 학생들과 함께 들었습니다. 그 수업은 중국문화에 대한 다양한 주제를 선정하여 조별로 발표를 하는 방식으로 진행되었습니다. 저는 동양인이고, 중국문화에 조예가 깊었기 때문에 99퍼센트의 서양 학생들을 대상으로 하는 기초 중국문화에 대한 강의가 마음에 들지 않았지만 선택할 수 있는 것이 마르크스주의와 이 과목 뿐이어서 어쩔 수 없이 영어로 진행되는 이 수업을 듣게 되었습니다. 유쾌하고 재기 넘치는 서양 학생들은 그들이 신기하다고 생각하는 다양한 중국문화, 건축물, 전지공예, 캘리그라피 등에 관해 발표했습니다. 한 학생이 '펑쉐이FengShui'에 대해 발표를 하고 있었는데, 도무지 '펑쉐이'의 뜻을 알 수가 없었습니다. 한참을 듣다가 그 단어가 풍수風水를 의미한다는 것을 알았습니다. 놀랍게도 서양 사람들이 동양의 풍수에 대해 관심을 갖고 이를 생활 속에 접목하고 있었습니다. 그 학생은 사무실에 풍수를 적용했을 때 책상을 어디에 놓아야 하고, 물의 기운을 가진 어항을 어디에 배치해야 하는지 등을 발표했는데, 그녀의 발표에는 사업에 성공하는 풍수, 운을 부르는 풍수 등 간단한 생활 팁이 넘쳐났습니다. 그제야 제가 그동안 공부하면서 막연히 느꼈던 것, 어떤 특정한 환경에서 왜 집중이 좀 더 잘되었는지에 대해 깨달을 수 있었습니다.

공부할 때 환경은 굉장히 중요합니다. 그중에서도 공부 장소인 책상의 위치는 정말 중요합니다. 공부를 하면서 느낀 점은 저한테 맞는 책상 위치가 있다는 것입니다. 그리고 이것은 우리를 둘러싼 기의 흐름과도 관련이 있다는 것이 저의 느낌입니다. 그렇다면 너무나도 중요한 책상을 어디에 배치해야 할까요? 아마 여러분들도 직감적으로 다 아실겁니다. 그런데 여러분들의 책상 위치를 다시 살펴보십시오. 아마 막연히 알고 있는 것과는 다르게 배치되어 있을 가능성이 큽니다. 특히 책상을 벽에 붙이고 뒤에 문을 등지고 앉는 형태의 배치가 많을 것입니다. 하지만 절대로 그렇게 배치하시면 안 됩니다. 이것은 어떤 논리적인 근거는 없지만 저의 경험에서 말씀드리는 겁니다.

코맨드 포지션

여기 아담한 방이 있습니다. 여러분을 책상을 어디에 놓으시겠습니까? 일단 책상 배치를 고민하기 전에 방을 깨끗하게 정리해야 합니다. 책상 위에 공부와 관련 없는 것들이 올라가 있으면 안 됩니다. 방을 깨끗하게 치우십시오. 정리하십시오. 저는 책상에 책을 막 쌓아놓고 공부하는 사람인데, 그래도 작업을 하는 공간Work Place과 책을 쌓아두는 공간은 반드시 분리를 하셔야 합니다. 책상을 봤을 때 최소한 책을 펴서 공부할 수 있는 공간은 항상 깨끗하게 확보되어 있어야 합니다. 공간을 남겨두십시오.

다음으로 책상은 벽에 붙이는 물건이 아닙니다. 책상을 벽에 붙이고 문을 등지고 앉게 되면 뒤에 신경이 쓰이고 기를 뺏기게 됩니다. 책상은 내가 앉았을 때 문을 바라봐야 합니다. 문을 내가 볼 수 있어야 합니다. 이것을 공간을 통제하는 위치, 코맨드 포지션Command

Position이라고 합니다. 반드시 코맨드 포지션에 내 책상과 의자를 놓아야 합니다. 거기에 앉아서 방을 장악해야 합니다. 집이나 독서실에서 내 책상의 위치가 어디에 있는지 확인해 보십시오. 우리는 습관적으로 책상을 벽에 붙이는 것이 안정적이라고 생각하지만 절대 옳은 배치가 아닙니다. 논리적으로 설명할 수는 없지만 공부가 잘되는 책상 위치는 반드시 있습니다. 그리고 그런 것이 있다면 그것이 기의 흐름이건 무엇이건 간에 우리는 반드시 그렇게 해야 합니다.

공부가 잘되는 의자

의자도 몹시 중요합니다. 독서실을 고를 때도 의자를 중요한 요소로 생각했습니다. 제가 선호한 의자는 바퀴와 목받이, 팔걸이가 없고 등만 메시 소재, 듀오백으로 되어있는 소박한 의자였습니다. 그런 의자가 편하고 좋았습니다. 오래 앉아서 공부를 할 의자는 허리를 잘 받쳐주면 됩니다. 마음에 드는 의자를 골랐다면 의자에 옷이나 지저분한 것들을 걸어두지 마십시오. 이것 역시 기의 흐름과 관련이 있습니다. 공부가 잘되는 환경을 만들 때 제일 중요한 것은 마음에 들어야 한다는 점입니다. 공부가 일상인 사람들은 평소에는 상상할 수도 없는 사소한 것에 기분이 많이 좌우됩니다. 그리고 그 나쁜 기분이 불가항력적으로 내 공부를 망칩니다. 각자에게 맞는 공부를 잘할 수 있는 환경을 만드십시오.

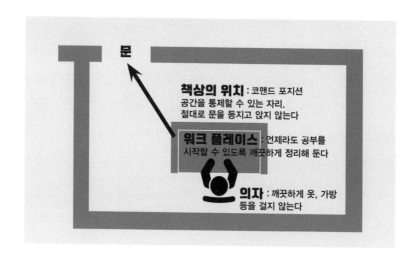

1. 책상을 깨끗하게 정리한다.

2. 책상은 반드시 문을 바라본다 : 코맨드 포지션에 배치한다.

3. 책상 위 작업 공간은 분리하여 깨끗하게 확보한다.

4. 나에게 맞는 의자를 찾는다.

5. 의자에 옷이나 다른 물건들을 걸어놓지 않는다.

 ▶ 아는 변호사

공부 명당 | 혹시 이상하게 공부가 안된다면

직장인 공부법

7가지 요소를 갖추기 어려운 직장인

평생직장은 이제 호랑이 담배 피우던 시절의 이야기가 되었습니다. 직장은 더 이상 안정을 가져다 주지 않습니다. 공무원이 되기 원하는 것도 이런 현상을 반영한 것이라고 할 수 있습니다. 우리는 불안정한 미래를 대비하여 좀 더 단가가 높은 일을 하거나, 아니면 내가 정말 좋아하는 일을 하려고 합니다. 이런 여러 가지 목적 또는 욕망에 의해서 우리는 결국 공부를 해야 합니다. 아마도 공부는 죽을 때까지 계속될 수도 있습니다. 그런데 바쁜 직장인이 공부를 하려면 어떻게 해야 할까요? 직장인의 공부는 어떤 모습이어야 할까요?

공부에 반드시 필요한 요소는 동기, 환경, 시간, 정리, 체력, 멘탈 고독입니다. 직장인이 이 7가지 원칙을 만들고 지킬 수 있을까요? 하나씩 살펴 보겠습니다. 먼저 공부할 환경은 어떻습니까? 직장인은 기본적으로 출퇴근을 해야 하기 때문에 공부 환경 조성이 어렵습니다. 그러면 절대시간을 확보할 수 있을까요? 이 역시 어렵습니다. 물리적인 근무시간으로만 8시간이 날아갑니다. 여기에 출퇴근 시간을 더하고 퇴근하고 나서도 회사 일이라는 게 끝이 아니기 때문에, 누구나 가지고 있다는 하루 24시간 중 절반 이상은 이미 내 시간이 아닙니다. 다음으로 정리와 반복은 어떨까요? 열심히 하면 되겠지만 역시 시간과 관계가 큰 부분이라서 쉽지 않습니다. 그렇다면 운동은 어떨까요? 운동은 앞의 요소들을 원활히 수행하기 위한 방편이지 그 자체가 목적은 아닙니다. 공부해서 정리하고 암기할 시간이 없다면 당연히 운동할 시간도 없습니다. 이런 최악의 상황에서 직장인은 도대체 어떻게 공부를 해야 할까요?

직장인은 공부 조건이 아주 불리합니다. 회사를 다니면서 자격증 시험을 준비한다면, 그래도 합격률이 높은 시험은 열심히 하면 충분히 붙을 수 있습니다. 하지만 세무사, 회계사 등 직장에 다니지 않고 공부해도 합격하기 어려운 시험을 직장인이 합격하려면 더 열심히 하는 수 밖에 없습니다. 7가지를 갖출 수 있는 조건에 있는 사람보다 열심히 해야 합니다. 답은 그것밖에 없습니다. 더 열심히 해야 합니다. 하지만 불가능한 일은 또 아닙니다. 많지는 않더라도 분명히 해내는 사람들이 있습니다. 그러니까 여러분도 할 수 있습니다.

공부를 할 수 없는 환경은 없다, 의지만 있다면

저는 군법무관 5년차 때 교육과학기술부에서 주관하는 국비유학 시험을 보기로 결정합니다. 공무원도 자체적인 해외연수와 유학 제도가 있지만 무언가에 계속 도전을 하는 성향의 소유자였기 때문에 국비유학 시험을 준비합니다. 제가 가고자 했던 나라는 중국이라 국비유학 1차 시험을 통과하기 위해서는 구 HSK 8급과 한국사능력검정시험 3급 이상의 점수가 필요했습니다. 한국사능력검정시험은 그렇게 어렵지 않은 시험이라서 EBS 교재를 보고 기출문제를 풀어 3급 이상의 점수를 받을 수 있었습니다. 하지만 구 HSK 8급은 9급보다 더 어렵다고 할 정도였습니다. 그때의 근무지는 서울이 아니고 강원도 양구였습니다. 양구가 얼마나 험지냐면, '인제 가면 언제 오나, 원통해서 못 살겠네, 양구보다 낫겠지'라는 말이 있을 정도였습니다. 그 시절 양구에는 중국어 학원이 없었고 중국어를 공부하는 사람도 없었습니다. 중국어 공부 자료를 파는 서점도 없었습니다. 공부를 하려고 해도 환경이 안 되는 곳이었습니다. 저는 한 달에 두 번 정도 서울에 갈 때마다 서점에 들러 HSK 8급과 관련된 교재를 모두 샀습니다. 다양한 학원에서 나오는 교재를 거의 다 보고 가끔 모의고사도 풀어 보았습니다. 제가 잘나서가 아니라 그렇게 해서 HSK 8급을 땄고 그 해에 바로 국비유학 시험에 합격하였습니다. HSK 시험이 별로 어렵지 않다고 한다면 할 말이 없지만, 의지만 있다면 공부를 할 수 없는 환경은 없습니다.

직장인 공부의 3요소
① 공부한다는 사실을 절대로 주변에 알리지 마라

사실 직장인이 공부를 하기 위해서는 더욱 중요한 것이 3가지 있습니다. 첫째, 공부를 하고 있다는 사실을 절대로 주변에 알려서는 안 됩니다. 이순신 장군님께서 나의 죽음을 적에게 알리지 말라고 하신 것과 똑같습니다. 여러분이 공부를 하고 있다는 사실을 회사의 그 누구도 알아서는 안 됩니다. 아무리 마음에 들지 않는 회사라도 회사에 다니는 사람들은 회사 일에 집중해야 합니다. 일반적으로 공부를 하는 직장인들은 회사 일도 열심히 하지만, 회사는 전혀 관련 없는 자기계발을 위해 공부를 하는 사람은 회사 일에 소홀할 것이라고 생각합니다. '쟤는 회사 일은 안 한다'라고 판단합니다.

퇴근 후의 자유로운 시간에 자기계발을 하고 공부를 하겠다는데 왜, 라고 생각하겠지만 조직이라는 이름으로 대별되는 인간관계는 굉장히 복잡다단합니다. 우리가 퇴근 후에 술 마시고 노래방에 가고 게임하는 것은 그 누구도 뭐라고 하지 않습니다. 그것이 회사일에 영향을 준다고 생각하지 않습니다. 그런데 여러분이 공부를 하잖아요? 그러면 얘기가 달라집니다. '얘가 공부를 하니까 회사 일에 소홀하구나'라고 생각합니다. 가장 절친한 동료에게도 공부한다는 사실을 말하지 않아야 합니다. 그 사실이 알려지는 순간, 동료 집단에게 따가운 시선과 시샘을 받을 가능성이 크기 때문입니다. 여러분이 아무리 일을 열심히 해도 더 이상 그것은 좋게 평가되지 않을 것입니다. 또한 공부를 한다면 업무에 있어서도 천의무봉天衣無縫해야 합니다. 다른 사람에게는 용납되는 실수도 공부하는 직장인에게는 허용되지 않습니다. 공부하는 직장인에게는 훨씬 더 가혹한 잣대가 적용됩니다. 왜냐하면 그 사람은 공부할 시간이 있기 때문입니다.

직장인이 공부를 한다는 것은 무슨 의미일까요? 그 사람은 이루고 싶은 꿈이 있다는 것입니다. 이 세상에 꿈을 향해 매진하는 사람은 생각보다 많지 않습니다. 특히 직장인이 된 나이라면 더욱 그렇습니다. 사회에서 직장인은 더 이상 꿈을 좇는 존재가 아닙니다. 직장인은 낮에는 회사 업무에 매진하고 저녁에는 사람들과 만나서 술을 마시고 함께 어울리고 놀아야 합니다. 현실에서 열심히 일하고 미래에 은퇴 후의 멋진 삶을 꿈꾸는 것이 직장인의 일반적인 삶입니다. 그런데 어떤 직장인이 자기계발을 끊임없이 하고 계속 발전을 해 나가면 어떻게 되는 줄 아십니까? 주변 사람들이 불편해합니다. 자기들도 하면 되는데 막상 하기는 싫거든요. 나는 하기 싫은데 쟤는 합니다. 그러면 그걸 하는 놈이 이상한 놈이 됩니다. '어, 쟤가 왜 하지? 나는 할 시간이 없는데?' 사실 시간이 없는 것이 아니라 하기 싫어서 안 하는 거지만, 사람들은 그렇게 자기기만을 합니다. 결국 그들의 사고는 '나는 회사 일 하느라고 바빠 죽겠는데 쟤는 어떻게 공부까지 하지? 쟤는 회사일을 제대로 안 하는구나'로 흘러갑니다. 그리고 그런 소문은 더 빨리 퍼집니다. 그렇기 때문에 아직 몸담고 있는 조직에서 굉장히 위험해질 수 있습니다. 여러분이 능력이 없어서가 아니라 단지 새로운 것을 꿈꾸었다는 사실 때문에 말입니다. 사람들은 하향 평준화를 좋아합니다. '내가 안 돼? 너도 하지 마!'입니다. '나는 못 하지만 너라도 열심히 해서 능력을 개발하고 네가 원하는 바를 이뤘으면 좋겠다'라고 생각하지 않습니다. 내가 못 하는 것은 남도 못 해야 됩니다. 그렇기 때문에 직장인 여러분은 공부한다는 사실을 회사에 절대로 발설하시면 안 됩니다. 이 점을 명심하시기 바랍니다.

직장인 공부의 3요소
② 절대시간을 확보할 근거를 마련하라

두 번째는 시간 확보입니다. 직장인의 공부는 무엇보다도 시간 확보가 관건입니다. 절절한 마음으로 시간을 확보하십시오. 나에게 월급을 주는 회사 일에 충실한 것은 기본입니다. 따라서 직장인이 확보할 시간은 결국 퇴근 후의 시간을 의미합니다. 퇴근 후 내 시간을 최대한 확보하십시오. 잠을 줄이십시오. 잠잘 것 다 자고 할 수 없습니다. 직장인이 퇴근 후의 시간을 오롯이 내 것으로 확보하려면 어떻게 해야 할까요? 일단 약속을 하면 안 됩니다. 친구들과의 약속을 거절하는 것은 그나마 쉽겠지만 회사 사람들과 어울리는 모임은 어떻게 해야 할까요? 한두 번은 몰라도 매번 빠질 수는 없습니다. 사회생활을 유지하면서 약속에 계속 빠지려면 이유가 있어야 합니다. 그렇다면 어떤 이유가 나의 직장생활도 안전하게 만들면서 나에게 안정적인 시간을 확보해 줄까요? 여러 가지 사유가 있을 수 있지만 가장 좋은 것은 '집안의 누가 아프다', '돌봐줘야 한다'입니다. 말 그대로 선의의 거짓말입니다. '나도 좋고, 쟤도 좋고', '나는 가서 공부해서 좋고, 쟤는 배 안 아파서 좋고'입니다. 그리고 가족 중 누군가가 아파서 병간호를 해야 되는 상황은 주변 사람들의 동정심을 불러일으킵니다. 직장 동료들이 '회사생활도 바쁘고 힘들 텐데 퇴근 후에도 누군가를 돌봐야 하다니 정말 안됐군'이라고 생각하는 것이 훨씬 좋습니다. '공부를 해야 해서 회식에 참여할 수 없습니다'라고 말하는 순간 여러분은 '이기적이네', '조직 생활을 못하네', '일을 안 하네' 등의 비난에 직면하게 됩니다. 공부하는 직장인이라면 절대시간을 확보할 충분한 근거를 마련하십시오.

직장인 공부의 3요소
③ 공부의 맥을 끊지 마라

마지막으로 주의할 점은 '맥이 끊기면 안 된다'는 것입니다. 공부는 맥입니다. 저는 고시공부를 할 때 10시간 일과표를 적용했습니다. 이 10시간에는 아침, 점심, 저녁 공부시간이 골고루 있었습니다. 어느 한 시간대에 아예 공부하지 않는 경우는 없었습니다. 아침이 제일 확보되지 않는 시간대였는데, 기상 후 점심 먹을 때까지 확보할 수 있는 시간이 최대 3시간이었습니다. 만일 이 시간에 운동을 하면 아침 시간에는 공부는 아예 안 하게 됩니다. 그러면 공부의 맥이 끊기는 것입니다. 공부를 계속 하다가 잠깐이라도 공백이 생기면 흐름이 끊기고, 앞뒤 연결이 되지 않습니다. 굉장히 사소해 보여도 심리적으로 많은 영향을 미칩니다. 특히 직장인은 공부할 때 절대로 맥이 끊기지 않도록 해야 합니다. 이틀 열심히 공부하고 사흘 노는 것보다는 차라리 닷새 동안 조금씩 하는 것이 더 낫습니다. 공부는 꾸준함입니다. 아예 공부하지 않는 날이 있어서는 안됩니다.

'내가 이걸 왜 하지?'라는 질문에
대답할 수 없으면 공부하지 마라

직장인은 모든 시험에 통용되는 7가지 공부 요소를 갖추기가 어렵습니다. 아주 좋지 않은 조건이지만 여러분이 선택하신 거라 어쩔 수 없습니다. '이 직장이 정말 마음에 안 들어', '다른 자격증을 갖거나 공부해서 이직을 할 거야'라는 마음이 확고하다면 솔직히, 직장을 다니면 안 됩니다. 그럼에도 불구하고 직장에 다니며 공부하겠다는 것은 불안한 마음의 표현입니다. 공부했는데 안될 수도 있고, 이 직장이 지금 나에게 안정적인 급여를 주니까 이것도 놓기 싫고, 또 다른 것은 하고 싶은 상황입니다. 그러니까 월급을 받으면서, 직장을 다니면서 공부를 하는 것입니다. 당연히 조건이 안 좋을 수밖에 없지만 처한 조건이나 환경에 불만을 가질 필요는 전혀 없습니다. 월급 없이 가진 돈 써가면서 공부하는 학생들보다 출발선이 뒤인 것을 받아들이세요. 하지만 충분히 극복할 수 있습니다. 극복하려면 앞에서 말씀드린 3가지 주의사항을 숙지하셔야 하고, 강인한 의지를 가져야 합니다.

제가 아는 어떤 분은 가정이 있는 직장인이었는데, 미국 유학을 가기 위해 토플 점수가 필요했습니다. 아이들 때문에 공부에 매진하기 어려운 환경에서 이 분은 퇴근하고 집에 가면 아이들을 재우고 난 뒤 일어나서 다시 공부를 했다고 합니다. 또 새벽에 일어나 출근 전에 학원을 다녔습니다. 다들 알다시피 사람이 한번 잠이 들면 다시 일어나기가 정말 어렵습니다. 그런데 이 분은 그것을 해냈습니다. 아이를 재우고 다시 일어날 수 있으면 됩니다. 직장인이 공부하려면 잠들었다가 다시 일어날 수 있는 의지가 필요합니다.

그리고 제일 중요한 것은 바로 동기부여입니다. '내가 이걸 왜 하지? 그냥 여기서 적당히 일하고 월급 받으면 되는데 이거 왜 하지?'라는 질문에 답을 할 수 없다면 공부하지 마십시오. 하지만 그 질문에 대해 명확한 답을 할 수 있다면 공부해야 합니다. 할 수 있습니다.

 ▶ 아는 변호사

직장인 공부법 | 이거 모르고 공부하다가 죽습니다 | 국비유학시험 준비사례

3장

시간

**"공부를 잘하건 못하건
하루는 24시간이다."**

평범한 내가 절대시간을 확보한 방법

나만의 공부 스타일을 찾아라

하루는 모든 사람에게 공평하게 24시간입니다. 공부를 잘하는 사람이나 못하는 사람이나 모두 24시간을 가지고 있습니다. 장기전에서 잠을 줄이는 데는 한계가 있기 때문에 자는 시간도 비슷합니다. 그렇다면 공부하는 절대시간을 최대한으로 확보하고 그 시간 만큼은 집중적으로 공부를 해야 합니다. 제 경험칙상 사람이 하루에 효율적으로 공부에 몰입할 수 있는 시간은 10시간입니다. 10시간을 오롯이 공부에 쏟아붓는 것이 관건입니다. 공부시간이 10시간이라고 하면서 그 시간에 다른 짓을 하면 안 됩니다. 지금부터는 자투리 시간을 없애고 공부하는 절대시간을 확보하는 방법에 대해 설명하겠습니다.

우선 각자의 공부 스타일을 찾는 것이 굉장히 중요합니다.

공부의 순서는 이해→정리→암기입니다. 먼저 이해를 위해서 강의를 듣는 방법은 실제 강의(실강), 인터넷 강의(인강), 강의 테이프 등 다양하고 각각의 방법마다 장단점이 있습니다. 신림동의 고시생들이 가장 선호하는 방법은 실강입니다. 학원이 물리적으로 가깝고 가장 최신의 강의와 정보를 접할 수 있기 때문입니다. 하지만 저는 시간이 너무 아까웠고 비효율적이라고 생각해 학원을 선호하지 않았습니다. 일단 아무리 가까워도 시간을 내서 가야 하고, 인기 강의는 미리 가서 자리를 맡아야 합니다. 자리를 맡으려면 1시간 전에 가서 가방이라도 놔두어야 합니다.

실강의 가장 치명적인 단점은 다른 사람과 함께 수업을 들어야 한다는 점입니다. 강의를 듣는 학생의 수준은 천차만별입니다. 나는 이해가 안되었는데 그냥 넘어갈 수도 있고, 반대로 나는 이해했는데 강사가 계속해서 설명을 하기도 합니다. 두 경우 모두 시간 낭비입니다. 또 다른 큰 단점은 실강은 정리하면서 수업을 들을 수 없다는 점입니다. 예를 들면 2시간 동안 쉬지 않고 강의를 들으면서 들은 것만 그대로 적을 수 있습니다. 내가 이해를 제대로 했는지 체크하면서 강의를 들을 수 없습니다. 그리고 독서실에서 다시 강의를 들으면서 필기했던 노트를 꺼내놓고 다시 이해하고 이해한 것을 교재에 정리하는 시간을 또 투자해야 합니다. 이는 시간이 2배로 들어가므로 실강의 치명적인 단점입니다. 마지막으로 강의는 비효율적입니다. 강의 도중 잠깐 집중력이 분산될 수도 있고 졸음이 올 수도 있습니다. 하지만 단체로 듣는 수업이기 때문에 그로 인한 피해는 오롯이 내가 감당해야 합니다. 수업시간에 듣지 못한 부분은 다시 들을 길이 없습니다. 수업이 끝나면 아무래도 돌아오는 길에 어디라도 들르게 되고, 친구들과 이야기라도 하면 또 시간과 에너지가 소모됩니다. 의도하지 않은, 별것 아니라고 생각했던 자투리 시간을 합치면 결코 무시할 수 없는 시간이 됩니다.

실강의 단점 1. 자투리 시간을 많이 뺏긴다.
실강의 단점 2. 수준이 다른 학생들이 함께 수업을 듣는다.
실강의 단점 3. 별도의 시간을 투자해 정리해야 한다.
실강의 단점 4. 비효율적이다.
실강의 단점 5. 에너지 소모가 크다.

강의 테이프 공부법

체력이 보통인 저는 학원에 가서 실강을 듣는 것이 피곤했고, 강의를 듣고 난 후 독서실에 오면 그때부터 할 일이 너무 많아 항상 시간이 부족하다고 느꼈습니다. 그래서 고민 끝에 강의 테이프를 선택했습니다. 강의 테이프는 실강보다 3~4개월 정도 늦게 나왔지만 법학 기본 원리를 이해하는 데는 아무런 문제가 없었습니다. 독서실에 앉아서 강의 테이프를 1.5배로 듣다가 집중이 안 되면 끄고 바람을 쐬고 옵니다. 이미 이해한 부분은 빨리 넘기고, 이해하지 못한 부분은 바로 돌려서 2번씩 다시 듣습니다. 그리고 한 주제에 대한 설명이 끝나면 테이프를 끄고 제가 제대로 이해했는지 체크했습니다. 그렇게 이해한 것을 정리해서 교재에 반영합니다. 이 작업이 다 끝나면 다음 주제에 대한 강의 테이프를 듣습니다.

이렇게 하면 이해와 정리를 한꺼번에 처리할 수 있어 시간을 비약적으로 줄일 수 있습니다. 학원에서 강의를 듣고 독서실에서 다시 이해하고 정리를 하는 것보다 많게는 절반까지 시간을 줄일 수 있습니다. 시간은 물론 학원을 오가며 낭비하는 에너지를 축적할 수 있어 몹시 효율적입니다. 다 들은 강의 테이프를 서점에 가서 중고로 되파는 소소한 재미도 있었습니다. 요즘은 인강이 많은데 저에게는 테이프로 강의를 듣는 오디오식 수업이 집중이 더 잘되고 효과가 있었습니다.

내가 어떤 조건에서 집중을 잘하는지, 어떤 때에 가장 효율적인지 여러분 스스로 찾으셔야 합니다. 그런 것은 누가 가르쳐 주는 것이 아니고, 분명히 사람마다 다릅니다. 저도 신림동에 처음 입성했을 때는 친구들을 따라 학원을 다녔습니다. 하지만 곧 학원이 저에게는 비효율적이라는 것을 깨달았습니다. 부단하게 다른 방법을 강구하다가 가장 최적화된 방법을 찾을 수 있었던 것입니다.

필요한 부분을 취하라

그런데 아무리 학원을 싫어하더라도 실강을 들어야 할 때도 분명히 있습니다. 시험이 임박해 오면 학원가에는 최신판례 정리, 요점 정리, 예상문제를 활용한 모의고사 등의 강의를 합니다. 저는 가급적 자료를 입수해서 보았고, 반드시 실강을 들어야 할 경우에는 되도록 일타 강사가 아닌 이타 강사의 수업을 선호했습니다. 저한테는 그 방법이 맞았습니다. 특히 2차 시험이 다가오면 모의고사를 보는데, 보통 시험장과 동일한 조건에서 예상문제를 출제합니다. 이런 학원 모의고사를 두세 번 보았는데, 저에게는 역시나 시간 낭비였습니다. 예상문제를 보고 목차와 쟁점만 뽑으면 나머지는 글씨 연습을 하는 것 이상의 의미가 없었습니다. 마침 선배 중에 매일 그 모의고사를 보는 분이 계셔서, 학원가에서 도는 예상문제와 모범답안을 얻을 수 있었습니다. 덕분에 공부할 시간을 벌 수 있었습니다.

부화뇌동하지 마라

스스로 생각해서 '나는 모의고사를 볼 필요가 없다', '나는 이것을 연습할 필요가 없다'라고 판단되면, 필요한 부분만 취하십시오. 물론 시험 막판에 학원가에서 도는 예상문제는 나도 알아야 합니다. 남들은 다 준비하는 부분을 나만 모르면 안 되기 때문입니다. 학원가에서

도는 자료는 무조건 알아야 하지만 그 내용을 어떻게 효율적으로 나한테 흡수시킬 것인지 구체적인 방법은 여러분 스스로 결정하고 선택해야 합니다. 그래서 모두에게 주어진 똑같은 공부시간을 가장 효과적으로 활용할 수 있는 방법을 스스로 찾으셔야 합니다. 그 방법을 찾고 반복하면 여러분은 원하는 모든 시험에 붙을 수 있습니다. 중요한 것은 절대로 부화뇌동하면 안 된다는 것입니다.

 ▶ 아는 변호사

나만의 시간 확보 노하우와 과감한 실행 | 효율적인 시간관리가 관건

그룹스터디 안 해도 된다

최적화된 공부법을 찾는 유일한 방법, 시행착오

최고의 공부법은 '나'라는 사람에게 가장 잘 맞는 공부법입니다. 그렇기 때문에 우리는 각자 나만의 공부 방법을 찾아 헤매고 다니는 것입니다. 나만의 공부 방법을 태어날 때부터 아는 사람은 없습니다. 실제 공부를 하면서 찾아가야 합니다. 빨리 찾는다면 원하는 시험에 빨리 붙을 수 있을 것이고, 늦게 찾으면 그만큼 합격하는 시간이 늦어질 것입니다. 여기서 중요한 것이 시행착오trial and error입니다. 시행착오란 '문제 해결을 위해 어떤 행동을 반복하는 과정에서 발생하는 오류를 수정해 나감으로써 점차 최적의 방법을 적용하는 것'입니다. 나만의 최적화된 공부법을 찾는 유일한 방법은 시행착오입니다.

실패를 두려워해서는 안 됩니다. 시행착오 없이는 나만의 공부법을 찾을 수 없기 때문입니다. 실패가 주는 창조력을 믿고, 일단 머릿속으로 생각하고 있는 그 공부법을 시작하십시오. 제 시행착오와 그 결과 찾은 최적화된 공부법에 대해 설명하겠습니다.

1차 시험 합격을 부른 시스템 구축

본격적으로 고시공부를 시작하려고 학교를 휴학하고 신림동에 입성해 8개월 만에 1차 시험에 붙었으니 빨리 붙었다고 할 수 있습니다. 1차 객관식 시험을 볼 때 저는 아무런 동요를 하지 않았습니다. 주로 혼자서 공부했고, 학원도 웬만해서는 가지 않았습니다. 강의 테이프를 사다가 독서실에서 제 계획에 맞추어 들었습니다. 거의 매일을 제가 작성한 일과표대로 생활했습니다. 저의 특성을 반영한 일과표는 최선이라고 자부했습니다. 일과표를 100퍼센트 신뢰했고 아무런 불안감도 없었습니다. '공부를 더 해야 하지 않나? 공부하는 절대시간이 부족하지는 않은가?'라고 의심하지 않았습니다. 제 체력에 비추어 볼 때 더 이상은 짜낼 시간이 없다는 것을 잘 알고 있었기 때문입니다. 검도도 열심히 해서 호구를 착용하고 대련을 할 정도의 수준이 되었습니다. 물론 가끔 공부가 되지 않을 때도 있었고, 시험에 임박해서는 괴로운 순간도 있었지만 전체적으로 보면 평온한, 별로 긴장하지 않은 상태로 공부에 매진했습니다. 공부에 자신이 있었습니다. 이렇게 하면 붙는다는 자신감보다는 공부하는 스타일이나 시간 안배에 대해 자신만만했고 어떤 의혹이나 의심을 하지 않았습니다. 1차 객관식 시험에 대한 나름대로의 공부법을 찾은 것입니다.

2차 시험, 시스템 붕괴

문제는 2차 주관식 시험 때부터 시작됩니다. 1차 합격의 기쁨도 잠시, 후4법(행정법, 상법, 민사소송법, 형사소송법) 순환이 돌아가기 시작했습니다. 행정법, 상법, 절차법 등 모든 과목이 생소했습니다. 그래도 동차 합격을 꿈꾸며 친구들과 함께 학원에 등록했습니다. 저만의 공부법을 찾아야겠다는 생각은 하지 못했습니다. 다들 학원으로 2차 강의를 들으러 갔고, 저도 당연히 그렇게 했습니다. 행정법부터 순환이 돌기 시작합니다. 행정법은 총 17회 강의로, 하루에 학원에서 나간 진도는 100쪽 정도였습니다. 학원 강의를 4시간 들으면 독서실에 가서 복습하면서 이해하고 교재에 정리하는 데는 보통 그 두세 배의 시간이 걸립니다. 하루 10시간 공부를 하던 저는 강의를 이해하고 정리하는 것이 물리적으로 불가능했습니다. 학원을 왔다 갔다 하면서 소모되는 시간과 에너지도 고려해야 했기 때문입니다. 저를 더욱 힘들게 한 것은 내일 또 다른 100쪽의 진도를 나가야 한다는 사실이었습니다. 그렇다면 행정법 17회 강의가 모두 끝나면 전체를 리뷰하면서 복습할 시간이 있느냐? 없습니다. 바로 새로운 과목으로 넘어갑니다. 매일매일 새로운 진도가 나갑니다. 복습은 꿈도 못 꾸고 계속 새로 진도 나가는 거 이해하고 정리하기에도 급급합니다.

모든 과목의 1순환이 끝나면 곧이어 2순환이 시작되는데 2순환 때는 한 과목당 공부하는 시간이 반으로 줄어듭니다. 어느 순간도 찬찬히 복습할 시간은 없습니다. 저는 멘붕에 빠졌습니다. 호랑이 등에 올라탄 저는 내리지도 못하고 혼비백산이 된 채 앞으로 달릴 뿐이었습니다. 한창 순환이 돌 때는 마치 소가 도살장에 끌려가는 느낌이었습니다. 가기 싫은데 질질 끌려가는 듯한 하루하루가 반복되었습니다. 고시공부를 시작하고 처음으로 '할 수 있을까?'라는 강한 의문이 들었습니다. 인생 처음으로 우울감을 느꼈습니다.

불안감에 부화뇌동하다

그룹스터디도 했습니다. 다들 그룹스터디를 했기 때문에 혼자서 안 할 수 없었습니다. 그런데 학원 수업도 듣고 그룹스터디도 하면 벌써 오후시간이 다 날아갑니다. 저녁을 먹고 나서 학원 수업을 이해하고 정리하고 또 다음 그룹스터디를 준비하는 것은 불가능했습니다. 하지만 2차 시험에 대한 나름의 공부법이 없던 저는 남이 하는 것은 다 해야 했습니다. 그것만이 불안감을 없애줄 수 있는 유일한 방법이었습니다. 멘탈이 약한 친구들은 이 과정을 견디지 못하고 무너져 내렸습니다. 함께 그룹스터디를 했던 친구는 심각한 우울증에 빠저서 헤어 나오지 못했습니다. 결국 부모님까지 총출동하여 겨우 시험장에 들어갔고, 시험에서 좋은 성적을 거두지 못했습니다. 2차 시험 기간 내내 우왕좌왕했던 저 또한 보기 좋게 떨어지게 됩니다. 복학해서 마지막 학기를 다니던 저에게 불합격 소식은 청천벽력과도 같았습니다.

패인을 분석하다

마음을 추스르고 기말고사를 모두 마친 12월, 저는 다시 신림동으로 들어가서 코앞에 닥친 1차 시험을 준비합니다. 그리고 다행히 군법무관 임용시험 1차에 합격하게 됩니다. 당시에는 사법시험과 군법무관 임용시험이 합쳐져 동일한 시험 절차로 선발을 했습니다. 이제 다시 2차 시험을 볼 기회가 주어졌습니다. '어째서 지난 2차 시험 당시 정신을 차리지 못했을까?', '왜 나는 나만의 공부법을 밀고 나가지 못하고 다른 사람들에게 부화뇌동했을까?'에 대해 곰곰이 생각해보았습니다. 1차 시험을 준비하면서는 저만의 공부법을 터득하고 있었습니다. 저는 동기부여가 비교적 잘돼 혼자서도 계획적으로 꾸준히 공부를 할 수 있는 사람입니다. 그리고 혼자 공부하는 것이 효율적인 사람입니다. 1차 시험 때 밀고 나갔던 공부법을 2차 시험 때는 과목의 생소함과 그 공부량에 지레 겁을 먹어서 실행하지 못하고 남들이 하는 대로 따라 했던 것입니다. 그래서 학원도 다니고 그룹스터디도 하다 보니 제가 제일 중요하게 생각하는 이해와 정리를 할 시간이 절대적으로 부족했습니다. 패인을 분석한 저는 2차 공부 계획을 다시 짰습니다.

그룹스터디를 하지 않고 학원도 다니지 않았습니다. 학원 강의 시간표를 보고 저한테 필요하지 않은 것은 거들떠보지도 않았습니다. 스스로 공부하는 시간을 확보하는 게 더 중요했습니다. 그리고 자신 있게 밀고 나갔습니다. 재시 때 충분히 학원 수업을 듣고 그룹스터디를 해본 것이 계기가 되었습니다. 그 시행착오를 통해 스스로 이해하고 정리하여 내 것으로 만들지 않으면 아무 필요가 없다는 것을 깨달았기 때문입니다.

그룹스터디가 성공하기 어려운 이유

스스로 공부하는 시간을 확보하는 것이 정말 중요합니다. 그룹스터디를 하지 않은 이유도 바로 이것 때문이었습니다. 성공적인 그룹스터디는 구성원 중 누군가가 실력이 뛰어난 장수생이거나 모든 걸 다 이해하고 있는 사람이어야 합니다. 그 우수한 구성원이 지도를 해줘야 합니다. 모두 고만고만한 수준의 고시생들끼리 각각 파트를 나눠 정리해서 알려주는 것이 효과가 있을지 회의적이었습니다.

수준이 비슷한 사람들끼리의 그룹스터디가 왜 효과적이지 않을까요? 기본적으로 내가 모르는 것은 쟤도 모릅니다. 쟤가 이해한 게 맞는지 모릅니다. 이해를 못한 사람이 설명을 하면 내용이 더 난해해지는데, 계속 물어보기도 어렵습니다. 여럿이 하는 스터디라 한 사람이 많이 질문하면 모두의 시간을 빼앗기 때문입니다. 그룹스터디에 가서 시간을 쓰느니 그냥 내가 이해하는 게 시간을 줄일 수 있습니다. 또 내가 발표를 맡은 파트는 책임감으로 정리에 필요 이상의 시간이 듭니다. 최소한 이 부분만큼은 다른 사람들한테 쉽게 알려줘야 한다는 그런 책임감 때문입니다. 이런 여러 가지 이유로 그룹스터디는 효율적이지 않습니다. 물론 스터디는 공부를 하도록 강제해주는 장점이 있습니다. 하지만 시간을 알아서 활용할 수 있는 정도의 자기 통제력이 있는 사람에게는 필요 없는 장점입니다. 저는 학원과 그룹스터디 대신 모든 시간을 단권화에 투자했습니다. 다른 책들을 참고하여 제가 선택한 교재의 부족한 부분을 뜯어서 붙이는 작업을 하면서 교재를 정리해 나갔습니다. 저만의 단권화를 완성하게 된 것은 그때였습니다. 그 무엇에도 부화뇌동하지 않았습니다. 스스로 공부하는 절대시간을 확보한 저는 학원에서 나눠주는 정보도 입수해가면서 뒤처지지 않게 공부할 수 있었습니다.

비로소 밑 빠진 독에 물이 채워지다

단권화가 완성되니 드디어 밑 빠진 독에 물을 채우는 것이 가능해졌습니다. 교재를 한 장씩 넘기면서 목차를 보면 그 내용이 생각납니다. 처음에는 테스트를 합니다. 목차를 펼쳐보고 그 내용을 떠올립니다. 키워드와 내용이 떠오릅니다. 이런 연상 작용을 위해 두문자를 따서 외웁니다. 학원에서 따주는 두문자 이상으로 필요한 것은 직접 따서 정리합니다. 암기하는 데 도움이 된다면 어떤 것이든 해야 합니다. 그렇게 해서 내용이 논리적으로 생각이 나면 '아, 내가 제대로 알고 있구나' 하고 다음 부분으로 넘어갑니다. 이렇게 테스트 해가면서 책장을 넘기는데 정말 술술 넘어가는 것을 체험했습니다. 안정적인 단권화가 되었을 때 비로소 저는 '시험에 붙을 수 있겠군'이라는 생각을 하게 되었습니다. 더 이상의 불안은 없었습니다. 이것은 시행착오 끝에 발견한 저만의 공부법입니다.

여러분도 각자에게 맞는 공부법을 찾으십시오. 스터디가 맞는 분들은 스터디를 하셔야 합니다. 스터디가 안 맞는다고 생각하시는 분들은 하시면 안 됩니다. 그저 불안하니까, 남들 다 하니까 해서는 안 됩니다. 부화뇌동하면 안 됩니다. 절대로 휩쓸려 다니지 마십시오. 그것만 조심하시고 자신만의 공부법을 찾으세요. 그러면 어떤 시험을 준비하던 간에 좀 더 빨리 합격에 가까이 갈 수 있습니다.

▶ 아는 변호사
시행착오 끝에 발견한 공부법 | 핵심은 부화뇌동하지 않는 것 | 그룹스터디 무용론

누구나 할 수 있는 10시간 공부법

1. 오전 공부

저는 아침잠이 매우 많은 사람으로, 아침에 어떤 활동을 하면 굉장히 피곤합니다. 공부를 할 때는 아침 7시에서 7시 반에 일어났습니다. 일어나서 씻고 아침밥을 먹은 뒤 독서실에 도착하여 공부 준비가 완료되는 시간은 9시입니다. 그러니까 아침 공부를 시작하는 데 1시간 30분이 소요된 것입니다. 여기서 아침 9시는 달릴 준비를 모두 마친 시간입니다. 9시에 독서실에 도착한다는 의미가 아닙니다. 독서실에 도착해서 가방을 풀고 화장실도 다녀오고 잠시 자리 정돈을 하고 의자에 앉아서 책을 펴고 공부를 바로 시작할 수 있는 시간이 9시인 것입니다. 9시부터는 오롯이 공부만 했습니다.

9시에 시작해서 12시까지 아침 공부를 합니다. 이렇게 하면 아침에 최대한 공부할 수 있는 시간은 3시간입니다.

2. 오후 공부

신림동 매식집에서 점심을 먹고 소화를 시키기 위해 동네를 한 바퀴 산책합니다. 그 당시 신림동에는 자판기 커피가 많았는데 자판기마다 커피 맛이 다릅니다. 맛있다고 소문이 난 자판기는 멀리서도 찾아올 정도였습니다. 저는 자판기 커피를 매우 좋아해서 맛있다고 소문난 자판기가 있는 곳까지 산책을 가곤 했습니다. 그리고 커피를 사서 다시 독서실로 돌아오는데 가끔 서점이나 문구점에 들릴 때도 있습니다. 점심 먹고 산책하는 데 1시간이 소요됩니다. 그리고 다시 독서실에서 오후 공부를 시작합니다.

오후 공부를 하기 전에는 독서실 책상에 엎드려 최대 30분까지 낮잠을 잤습니다. 엎드려서 잠을 자면 좋지 않다고 하지만, 고시생이라 다른 방법이 없었습니다. 저는 일과 중에 반드시 낮잠을 자는데, 밥 먹고 들어온 직후가 아니면 공부를 하다가 14시나 15시쯤 졸릴 때 엎드려 잠을 청했습니다. 낮잠을 자면 피로가 가시고 오후 공부가 더 잘됩니다. 그렇게 18시까지 오후 공부를 계속합니다. 낮잠 자는 시간 30분을 빼면 오후 공부 시간은 4시간 30분 정도가 됩니다.

3. 저녁 공부

이제 저녁을 먹으러 갑니다. 저녁을 먹고 나서는 운동을 했습니다. 운동에는 씻는 시간을 포함해서 최대 2시간을 사용합니다. 저녁 먹는 시간까지 포함하면 2시간 30분 정도가 됩니다. 그리고 나서 저녁 공부를 시작합니다. 운동으로 땀을 흘리고 샤워까지 하고 나면 기분이 너무 상쾌해서 공부가 저절로 됩니다. 저녁 8시 30분에서 9시 사이에 독서실에 앉아서 공부를 시작하면 정말 시간 가는 줄 모르고 공부를 했습니다. 또 저는 저녁에 생체 에너지가 활성화되는 저녁형 인간이 었기 때문에 저녁 시간이 너무 즐거웠습니다. 저녁 11시나 11시 30분 까지 공부를 하면 최대 3시간 공부를 할 수 있습니다. 그리고 돌아가서 잠을 자는데 가끔 자기 전에 떡볶이나 컵라면 등 야식을 먹었습니다. 취침하는 시간은 자정이었고 늦어도 밤 12시 30분은 넘기지 않으려고 노력했습니다. 저는 최소한 하루 7시간 잠을 잤습니다.

일과표의 앞뒤로 30분 정도는 유동적입니다. 일과표에 따르면 최대 공부시간은 아침 3시간, 오후 4시간 30분, 저녁 3시간으로 하루에 10시간 30분입니다. 하지만 이것은 이상적인 시간 계산입니다. 우리는 인간이기 때문에 중간에 쉬어야 하고 나도 모르게 소비되는 시간이 있을 수밖에 없습니다. 이런 시간을 제외한다면 오롯이 공부에만 몰두할 수 있는 시간은 10시간 정도입니다. 운동을 매일 하지는 않았고, 검도를 할 때는 월, 수, 금요일에 했으니 평균 10시간은 공부했습니다.

시간	하루 일과
07:30	기상
07:30 ~ 09:00	세수 및 아침 식사
09:00 ~ 12:00	아침 공부 (3시간)
12:00 ~ 13:00	점심 식사 후 산책
13:00 ~ 13:30	오수
13:30 ~ 18:00	오후 공부 (4시간 30분)
18:00 ~ 18:30	저녁 식사
18:30 ~ 20:30	운동 및 샤워
20:30 ~ 23:30	저녁 공부 (3시간)
00:00 ~ 00:30	취침

이 일과표를 보면 그렇게 어려워 보이지 않습니다. 잠도 하루에 7시간 자고, 식사 시간도 각 1시간, 오수도 취할 수 있고, 운동하는 시간도 2시간이나 책정되어 있습니다. '이 정도면 쉽게 할 수 있지 않나?'라고 생각할 수 있습니다. 하지만 여기서 무엇보다도 중요한 점은 절대시간을 확보한 뒤에는 집중력 있게 공부에 몰입해야 한다는 사실입니다. 오전 공부시간이 3시간이면 중간에 누수되는 시간을 빼더라도 최소 2시간 30분은 전심전력으로 공부에 매진해야 합니다. 그냥 형식적으로 앉아있는 시간이 절대 아닙니다. 한번 공부를 시작하면 2시간 정도는 쉬지 않고 하셔야 합니다. 그것이 어렵게 확보한 절대시간을 낭비하지 않는 방법이자 절대시간 확보의 핵심입니다.

10시간 동안 온전히 몰입하라

각자의 공부시간표를 짤 때 한 가지 유념해야 할 점이 있습니다. 바로 '흐름'입니다. 공부는 맥입니다. 특히 장기전에서 공부는 계속되어야 합니다. 중간에 쉬는 시간이 공부하는 시간을 압도해서는 안 됩니다. 반드시 오전, 오후, 저녁 공부를 골고루 하실 것을 추천드립니다. 예를 들어 아침에 7시 30분이 되어야 기상하는 제가 아침 시간에 운동을 넣어버리면 오전에 공부할 시간이 1시간밖에 되지 않습니다. 그렇게 되면 공부에 몰입하지 못하고 그 1시간을 낭비할 확률이 굉장히 큽니다. 이런 식으로 오전 공부를 날려버리면 어제 저녁까지 한 공부의 맥이 끊깁니다. 단순히 오전 1시간을 날린 것과는 비교할 수 없을 만큼 큰 타격입니다. 장기전에서 공부는 일상이 되어야 하고, 물 흐르듯이 흘러가야 합니다. 따라서 여러분이 각자의 시간표를 짤 때 가급적 모든 시간대에 적정량을 공부할 수 있도록 편성하십시오. 내가 공부를 하고 있다는 사실을 잊으면 안 됩니다.

 ▶ 아는 변호사

누구나 쉽게 할 수 있는 10시간 공부법 | 수험생 실전 시간표

주말과 명절 연휴 활용법

주말 활용법
① 한 주의 끝을 알리는 의식을 행하라

장기전에서는 주말과 명절 연휴 기간을 어떻게 보내야 할지 고민이 됩니다. 장기전에서 중요한 것은 공부하는 만큼 잘 쉬는 것입니다. '잘 쉰다'는 점을 절대로 간과하면 안 됩니다. 저는 토요일 오전까지 신림동에서 공부를 했습니다. 그리고 주말을 알리는 신호탄으로 특식을 먹었습니다. 신림동에 '꼬마 파스타'라는 상호의 음식점이 있었는데, 그 집 메뉴 중 상하이 파스타를 너무나 좋아했지만 절대로 평일에는 먹지 않았습니다. 평일에는 항상 신림동 매식집에서 밥을 먹었고 상하이 파스타는 꼭 토요일 오후에만 먹었습니다. 어떻게 보면 별 의미 없는 행동으로 보일 수 있지만, 이것은 나름대로의 의식이었습니다. '상하이 파스타'는 일종의 보상인 것입니다. 일주일을 열심히 공부한 저 자신에게 주는 보상이 바로 상하이 파스타였습니다. 그러니까 일주일을 공부하지 않은 상태에서는 주어져서는 안 되는 것입니다. 여러분도 이렇게 아무렇지 않은 것 같지만 각자의 일상에서 쉽게 줄 수 있는 보상에 대한 확실한 원칙을 세워두셔야 합니다. 만일 이런 작은 보상을 남발하면 다음에 나를 채찍질하기 위해서는 더 큰 보상을 준비해야 합니다. 일반적으로 공부하는 환경을 크게 흩트리지 않고 더 큰 보상을 주기는 쉬운 일이 아닙니다. 일주일을 열심히 일과표대로 공부한 자신에게 상하이 파스타를 사주는 것은 별도의 시간과 노력이 필요하지 않지만, 대단히 효과가 있는 보상이었습니다.

주말 활용법
② 쉴 때 공부하지 마라

토요일 점심의 상하이 파스타는 저에게 한 주의 공부가 마무리됨을 알리는 의식이었습니다. 즐겁게 점심을 먹고, 저는 오후 2시경 집으로 향했습니다. 그리고 토요일 저녁과 일요일 저녁까지 가족들과 시간을 보냅니다. 함께 밥을 먹고 바람을 쐬러 가기도 하고 친척 모임에 참석하기도 합니다. 아무런 일정 없이 집에만 있기도 합니다. 절

127

대로 책은 가져가지 않습니다. 쉬러 간 것이기 때문에 책을 가져갈 필요가 없습니다. 장기전에서 쉴 때 공부를 하면 안 됩니다. 그러면 둘 다 놓치게 됩니다. 그렇게 잘 쉬고, 일요일 저녁에는 가족들과 저녁을 먹고 신림동으로 출발합니다. 가끔 마음이 조급할 때는 저녁을 신림동에 돌아와서 먹기도 했는데, 일요일 저녁을 신림동에서 먹으면 기분이 가라앉곤 했습니다.

주말 활용법
③ 공부 감각을 되살려라

신림동에 돌아오면 일요일 저녁 8시 정도입니다. 그러면 바로 원룸으로 가지 않고 독서실로 향합니다. 공부의 흐름을 찾기 위해서입니다. 하루 동안 공부에서 떠나 있었기 때문에 내 몸을 다시 공부 모드로 돌려놓아야 할 필요가 있습니다. 공부 감각을 다시 살리는 것입니다. 이 시간은 딱히 어떤 공부를 특별히 하지 않더라도 반드시 필요합니다. 이런 시간 없이 월요일에 바로 공부를 시작하면 공부의 맥을 찾느라 귀중한 월요일 오전 공부시간을 날려버릴 수도 있습니다. 잘 쉬고 온 일요일 저녁 시간은 독서실에서 내일부터 해야 할 공부가 무엇인지 계획을 세우고 마인드컨트롤을 하십시오.

저는 일요일 저녁 신림동 독서실에서 〈개그콘서트〉를 보곤 했습니다. 그러니까 저에게 〈개그콘서트〉는 주말이 끝났음을 알리는 신호였습니다. 누군가는 〈개그콘서트〉가 주말과 주중을 나누는 기준이라고 하지만 고시생들에게 〈개그콘서트〉는 재미있지만 다시 한 주의 공부가 시작된다는 점에서 애증의 프로그램이었습니다. 저뿐만 아니라 독서실에서 함께 〈개그콘서트〉를 보던 수많은 고시생도 비슷한 감정을 느꼈을 것입니다.

주말 활용법
④ 단기전에는 모든 것을 쏟아부어라

그렇다면 언제까지 주말에는 철저하게 쉬어야 할까요? 주말의 휴식은 장기전 시험에서만 적용됩니다. 장기전에서는 공부가 일상이기 때문입니다. 모든 장기전은 단기전 모드로 전환될 때가 있습니다. 그때가 오면 모든 것을 쏟아부어야 하므로 주말에도 쉼 없이 공부에 매진해야 합니다. 장기전이 단기전으로 전환되는 때는 여러분 자신만이 알 수 있습니다. 저는 단기전을 굉장히 짧게 설정했습니다. 괜히 주말에 쉬지 않았다가 다음 주 공부를 망치느니 주말에는 철저히 쉬자는 주의였습니다. 욕심내서 주말에 공부를 했다가 그다음 한 주가 다 무너지고 컨디션이 좀처럼 회복되지 않는 경험을 몇 번 했기 때문입니다. 그래서 저의 단기전은 시험 1주 전이었습니다. 시험이 다음 주면 이번 주부터 단기전에 돌입해서 주말에도 쉬지 않고 공부했습니다. 여러분의 장단기 기준을 세우시고 그에 맞게 공부하십시오.

명절 연휴 활용법
① 컨디션을 최상으로 유지하라

장기전 시험에서는 반드시 구정과 추석이라는 민족 최대의 양대 명절을 맞닥뜨리게 됩니다. 우리는 이 길고 긴 명절 연휴를 어떻게 보내야 할까요? 달력에도 빨간색으로 표시되어 있어 고시생의 마음을 심란하게 만드는 이 명절 연휴를 말입니다. 이 기간을 어떻게 보내야 성공적이라고 할 수 있을까요? 만일 이 기간에 빡세게 공부해서 남들보다 앞서 나가야겠다고 생각한다면 큰 오산입니다. 명절 연휴 기간에는 내 컨디션을 최상으로 유지하고 슬럼프에 빠지지 않기만 해도 크게 선방한 것입니다.

명절 연휴 활용법
② 명절 연휴의 공부는 에너지가 배로 소모된다

명절 연휴는 말로 설명할 수 없는 정서적인 부분이 많아서 이 기간에 열심히 공부하는 것은 평소보다 에너지가 두 배 정도 소모됩니다.

제가 사법고시 1차를 준비할 때 선택 과목은 국제법이었습니다. 당시 추석 연휴는 주말을 포함해서 나흘이었는데, 신림동 학원가에서는 명절 연휴에 맞춰 오전, 오후 강의를 통해 선택 과목을 완벽 정리하는 강좌가 넘쳐났습니다. 저는 정말 좋은 기회라고 생각하며 추석 연휴 동안 국제법 강의를 하루 5시간씩 들었습니다. 실강을 듣고 나서 독서실에 가서 다시 이해하고 정리하느라 하루 종일 공부에 매진했습니다. 추석 당일에도 집에 가지 않았습니다.

그렇게 추석 연휴를 보낸 저는 국제법을 완벽하게 정리할 수 있어서 기뻤을까요? 아닙니다. 반대로 굉장히 후회했습니다. '명절에 여기서 이러고 있다'라는 사실이 굉장히 디프레스했기 때문입니다. 다운된 기분을 다시 올리는 데 시간이 들었고, 휴일에 쉬지 못했다는 점이 스스로에게 그에 상응한 보상을 줄 것을 원했습니다. 연휴가 끝나고도 한참을 고생했습니다. 그리고 저는 '다시는 이렇게 하지 말아야지'라고 다짐했습니다. 그 뒤로는 기본적으로 명절 전날 저녁부터 시작해서 명절 당일, 그다음 날 아침까지는 쉬었습니다. 안 쉬어봤자 공부가 안되는 경험을 했기 때문입니다. 여러분은 각자의 경험과 내공이 다르기 때문에 자기에게 맞는 명절 연휴를 잘 보내는 법을 찾으셔야 합니다.

이때 중요한 것은 내 몸을 공부에 최적화된 상태로 유지하는 것입니다. 쉬는 시간이 너무 길어져 내 몸의 공부 적응력을 떨어뜨려서는 안 됩니다. 또한 너무 무리한 공부로 사기를 떨어뜨려서도 안 됩니다.

4장

정리

"누구든지 밑 빠진 독에
물을 가득 채울 수 있다."

밑 빠진 독에 물을 가득 채우는 방법

밑 빠진 독에 물을 채워라

고대 법대에 편입하고 3학기를 마친 후, 저는 여름방학 때 신림동에 입성해 사법시험에 매진했습니다. 1차 객관식 시험은 제 나름대로 공부법을 빨리 찾았고 모든 것이 순조로웠습니다. 학원 강의를 듣지 않고 강의 테이프를 들으며 시간을 확실하게 절약할 수 있었고, 꾸준한 운동, 매일매일의 자기 보상을 통해 힘들지 않게 공부를 했습니다. 물론 멘탈이 약해질 때도 있었지만 그런 고비들도 무난히 극복해 냈습니다. 그때 저는 공부에 반드시 필요한 7가지 요소를 그야말로 잘 실천하고 있었습니다. 8개월 만에 1차 시험에 붙었으니 수험생활은 대단히 성공적이었습니다.

그런데 문제는 2차 시험 때부터 발생합니다. 순환이 돌기 시작하면서 저는 소위 말해 멘탈이 붕괴되는 경험을 하게 됩니다. 2차 주관식 시험에 대한 대비가 전혀 되어 있지 않은 상황에서 저만의 공부법을 찾기는커녕 하루하루 수업 따라가기만 바빴습니다. 인생 처음으로 우울이라는 마음의 병이 찾아왔습니다. 독서실에 앉아서 제가 내린 결론은 '이것은 사람이 할 수 있는 일이 아니다'였습니다. 비슷한 시기에 신림동에서 행정고시를 준비하고 있던 친구가 저에게 이런 말을 해주었습니다. "그래서 밑 빠진 독에 물 붓기라잖아." 밑 빠진 독에 물 붓기라. 세상에 이보다 더 정확한 표현이 있을까요?

빠져나가는 속도보다 더 빨리 부어라

그렇습니다. 고시공부는 밑 빠진 독에 물 붓기입니다. 여러분이 준비하는 시험도 독의 크기가 다를 수는 있겠지만 모두 밑 빠진 독에 물을 붓는 것입니다. 그렇다면 밑 빠진 독에 물을 붓는 것이 가능할까요? 구박을 받던 콩쥐에게는 빠진 밑을 막아줄 두꺼비라도 있었지만 우리는 생짜로 밑 빠진 독에 물을 부어 채워야 하는 상황입니다. 그런데 여러분, 밑 빠진 독에 물을 부어 가득 넘치게 할 수 있습니다. 어떻게? 빠져나가는 속도보다 더 빨리 넣으면, 더 빨리 부으면 찹니다. 밑이 빠진 독은 물을 붓기 무섭게 빠져나갑니다. 그런데 그 빠져나가는 물보다 더 빠른 속도로 물을 쏟아 넣으면 결국 독은 찰 수밖에 없습니다. 그러니까 중요한 것은 속도입니다. 관건은 '얼마나 빨리 쏟아붓느냐'에 있는 것입니다. 그리고 여기서 속도를 좌우하는 요소는 바로 '단권화'입니다. 단권화는 항아리에 물을 붓는 바가지와도 같은 역할을 합니다. 큼지막하고 어디 하나 새는 구멍이 없는 그런 바가지를 가지고 있다면 밑 빠진 독이라도 순식간에 채울 수 있습니다. 그러니까 우리는 그런 강력한 바가지를 만들어야 합니다.

모든 일에는 순서가 있다

한 가지 명심할 것은, 나만의 바가지를 만들기 전까지는 쏟아부은 물이 그대로 빠져나가는 것에 연연해하면 안 된다는 점입니다. 빠져나가는 속도보다 더 빨리 물을 채울 수 없다면 애써 쏟아부은 물은 모두 빠져나가고 독 안에는 아무것도 남지 않습니다. 이것은 너무도 당연한 이치입니다. 지금 독에 물을 쏟아부으며 겨우 나만의 바가지를 만들고 있는 단계에서 자책하고 스스로를 의심하거나 회의에 빠지지 마십시오. 모든 일에는 순서가 있습니다. 아직 여러분은 자신의 바가지를 만들지 못했습니다. 밑 빠진 독에 물이 새는 것은 당연합니다. 본격적으로 독을 채우려는 시도도 하기 전에 포기하지 마시라는 것입니다.

그럼 이제부터 밑 빠진 독에 물을 채울 수 있는 방법, 즉 단권화에 대해서 구체적으로 설명하도록 하겠습니다.

합격을 부르는 단권화의 모든 것

관건은 단권화

'밑 빠진 독에 물 채우기'는 결국 단권화가 핵심입니다. 단권화에 대해 책을 한 권만 보겠다는 개념이라고 오해하기 쉽습니다. 그러나 제가 알려드리는 단권화는 '한 권의 책만 공부하겠다', '다른 책에 나오는 것은 포기하겠다', '버리고 가겠다'라는 것이 절대로 아닙니다. 단권화는 내가 선택한 책 한 권에 모든 것을 다 집어넣겠다는 의미입니다. 민법을 예로 들어보겠습니다. 저는 김형배 교수님의 요약서에 단권화를 하기로 결정했습니다. 이 책은 기본서가 아닙니다. 시험을 대비하기 위해 만들어진 수험서와 대학에서 학문을 탐구하기 위한 기본서는 목차 구성은 물론이고 그 내용과 양이 판이하게 다릅니다. 민법은 기본서로 정리하기에 적합하지 않습니다. 만일 민법을 곽윤직 교수님의 기본서로 정리하겠다면 민법만 해도 『민법총칙』, 『물권법』, 『채권총론』, 『채권 각론』, 『가족법』으로 5권이 될 것입니다. 그래서 민법같이 방대한 과목은 기본서로 정리하기가 수월하지 않습니다.

　제가 선택한 민법 교재는 요약서입니다. 요약서는 일단 양적인 면에서 많이 부족합니다. 그렇기 때문에 다른 수험생들이 보는 교재와 기본서를 나도 봐야 합니다. 보다가 내 책에 없거나, 있더라도 내용이 빈약하거나 판례나 학설, 아예 목차가 없는 경우를 발견합니다. 주제별로 어떤 교재는 학설이 잘 정리되어 있고 어떤 교재는 판례가 잘 정리되어 있습니다. 교재들을 비교해서 정리가 잘된 부분을 뽑아 내가 단권화하기로 결정한 책에 반영합니다. 간단한 것은 책에다 가필을 하면 되지만, 분량이 많다면 아예 다른 종이에 정리를 해서 해당 부분에 붙여 넣습니다. 이런 작업을 거치면서 내 책을 가장 완벽한 책으로 만드는 것입니다. 이것이 바로 단권화입니다.

단권화는 곧 완벽한 정리다

　단권화는 정리를 의미합니다. 많은 분량을 얼마나 보기 좋게 정리해 내는지가 밑 빠진 독에 얼마나 신속하게 물을 붓느냐를 결정합니다.

　다른 책에 있는 내용, 학원에서 나눠준 유인물을 필요하다면 내 책에 붙여가면서 나만의 단권화를 하십시오. 책을 한 권만 봐서는 안됩니다. 단권화를 처음 시작할 때는 먼저 보는 책의 양을 최대한 늘려야 됩니다. 그것을 모두 공부하겠다는 의지가 필요합니다. 최대한 많이 늘리고 그것을 내가 선택한 책에 모두 반영하는 것이 단권화 작업입니다. 그리고 단권화가 완성되면 그제야 신속하게 물을 붓는 작업인 반복이 가능해집니다. 그러니까 반복을 하기 위해서는 먼저 단권화가 되어 있어야 합니다. 단권화가 아주 잘되어 있어야 반복이 가능합니다. 그래야 시험공부 막바지에도 걱정 없이 '이것만 봐도 된다'는 믿음을 가질 수 있습니다. 다른 것을 보지 않아도 여기에 다 녹아들어 있다는 것을 내가 확신할 수 있어야 비로소 승산이 있습니다. 단권화란 공부 분량을 최대한 넓혔다가 단권화로 정리해 내고 그것을 보는 시간을 점점 줄여나가는 것이지 양을 줄이는 것이 아닙니다. 단권화는 오히려 양은 늘리는 것입니다, 최대한.

기본서와 요약서의 장단점

여기 기본서와 요약서가 있습니다. 여러분은 단권화 교재로 어떤 책을 선택하시겠습니까? 저는 단권화 교재로 기본서를 고집했습니다. 아무래도 기본서는 요약서보다 정공법에 속하고 조금 어렵게 가는 길입니다. 제가 기본서를 고집한 이유는 무엇일까요? 기본서에는 최소한 목차는 빠지지 않기 때문입니다. 법학 공부뿐만 아니라 모든 공부에서 목차는 굉장히 중요합니다. 목차는 내가 지금 어느 부분을 공부하고 있는지, 이것이 왜 문제가 되는지, 앞으로 어떤 내용으로 이어질 것인지를 알려주는 네비게이션 역할을 합니다. 기본서에는 그 과목의 체계를 알 수 있는 모든 목차가 다 들어가 있습니다. 하지만 최신판례가 없거나 시험용 쟁점이 잘 드러나지 않아 정리하기가 힘듭니다. 반면에 요약서의 목차는 체계적이지 않습니다. 요약서는 시험에 최적화되어 시험에 나올 수 있는 부분만 떼어냈기 때문에 원래 목차가 가지고 있는 방향등 역할을 전혀 할 수 없습니다. 요약서로 공부하면 혼란스러운 이유가 바로 이것입니다.

저는 1차는 요약서로, 2차는 대부분의 과목을 기본서로 단권화했습니다. 요약서를 단권화 교재로 사용할 때는 기본서의 목차를 복사해서 옆에 놓고 그 위치를 확인해 가면서 공부해야 합니다. 목차는 공부의 방향을 잃지 않게 해주고 정리를 잘되게 도와줍니다. 이는 결국 효율적인 암기로 이어집니다. 공부할 양이 많지 않다면 그냥 퍼부으면 암기가 됩니다. 하지만 공부할 분량이 많은 경우에는 논리적으로 이해하지 않으면 암기가 불가능합니다. '이해'는 인간이 할 수 없을 것 같은 분량도 암기를 가능하게 해주는 마법입니다. 기본서를 단권화 교재로 선택한 경우에는 어떻게 해야 할까요? 기본서는 두껍고, 부족한 부분이 많고, 요점이 잘 드러나지 않는다는 것이 약점입니다. 사실 그렇기 때문에 기본서야말로 정리의 맛을 느낄 수 있고, 그 과정에서 오히려 암기를 더 잘되게 도와줍니다. 즉 기본서의 단권화 작업은 '완벽한 정리'로 귀결됩니다.

단권화는 시간이 걸린다

단권화를 하기 위해서는 우선 정리를 깔끔하게 해야 합니다. 여러분은 단권화한 교재를 마지막 시험장에 갈 때까지 최소 6회독 이상은 해야합니다. 지저분하게 정리하면 안 됩니다. 회독 수가 늘어날수록 단권화는 정교하고 치밀하게 이루어져야 합니다. 그러기 위해서는 무분별한 내용 추가를 지양해야 합니다. 내 것으로 이해되지 않은 것은 단권화 교재에 함부로 끼워 넣지 마십시오.

1회독 때 단권화를 완성시킬 수는 없습니다. 단권화는 시간이 걸립니다. 지금은 이해가 우선입니다. 기본서가 산만하기는 하지만 빠진 내용이 없다면 색연필, 형광펜, 연필을 이용하여 최대한 부각시켜서 정리를 합니다. 기본서의 내용만으로는 도저히 정리가 불가능하다 싶을 때는 학원에서 나눠주는 정리가 매우 잘된 프린트를 갖다 붙입니다. 이도 저도 마음에 들지 않으면 직접 정리한 내용을 별지에 기재하여 붙입니다.

형법을 예로 들어보겠습니다. 저는 형법 2차를 이재상 교수님 저서로 단권화했습니다. 그 당시에는 '범죄피해자의 법적지위'에 대해서 기본서에 정리가 잘되어 있지 않았습니다. 기본서에서 도저히 이 주제에 대한 목차와 내용을 뽑을 수가 없었습니다. 그런데 학원가에서 이 주제에 대해 단문대비용 자료가 돌고 있었습니다. 이럴 때는 정리가 잘되어 있는 학원 교재를 기본서에 갖다 붙여야 합니다.

의심하지 말고 하라

기본서를 단권화하는 작업은 굉장히 손이 많이 갑니다. 그래도 저는 목차의 존재로 인해 '기본서가 더 좋다'라고 생각합니다. 목차라는 논리적 흐름으로 서술된 기본서는 보다 풍성한 답안을 쓸 수 있도록 도와줍니다. 기본서는 단권화만 잘한다면 남들보다 더 많은 논거를 쓸 수 있습니다. 안 될 것 같잖아요? 됩니다. 그리고 기본서는 스토리 텔링Story telling이 됩니다. 딱딱한 법학 내용이지만 그래도 기본서는 1쪽부터 100쪽까지 달달 암기해야 하는 지루하고 따분한 요약서와 달리, 기본서는 '알리고자 하는 바를 재미있고 생생한 이야기로 설득력 있게 전달'하고 있습니다. 이것은 이해와 암기로 연결됩니다.

사법시험 2차는 상법과 민법을 같은 날에 봅니다. 정찬형 교수님 상법이 2천 쪽, 김형배 교수님 민법이 요약서임에도 불구하고 1천 500쪽으로 합치면 총 3천 500쪽입니다. 전날 시험 끝나고 저녁 먹고 나서 공부를 다시 시작합니다. 고시공부는 대표적인 장기전이지만 시험 기간 동안은 초단기전입니다. 그래서 모든 것을 쏟아부으며 네다섯 시간만 자고 공부를 해야 합니다. 결국 고시생은 이것을 위해서 달려온 것이기 때문입니다.

모든 시험의 최종 단계에서는 시험 전날에 다음 날 시험보는 과목을 1회독하는 것이 목표입니다. 전날 1회독을 못한다면 시험 준비를 잘 못한 겁니다. 물리적으로 불가능해 보이시나요? 아닙니다, 됩니다. 인간이 할 수 없는 일이라고 생각했던 저도 했습니다. 의심하지 말고 목표를 향해서 열심히만 달려가면 모든 방법과 인프라는 다 구비되어 있습니다. 내가 안 해서 그렇지, 할 수 있습니다. 방법은 그만 찾으세요, 그냥 하세요.

 아는 변호사

1. 당신이 시험에 못 붙는 이유는 바로 이것 때문 | 단권화의 오해와 진실
2. 밑 빠진 독에 물 붓는 방법 | 빠지는 속도보다 더 빠르게 쏟아붓기 | 핵심은 단권화

내 책을 단권화하는 법 : 자료 이식

보기 좋은 떡이 먹기도 좋다

단권화는 결국 공부량을 엄청나게 늘렸다가 줄여나가는 과정입니다. 그러니까 종국적으로는 나만의 책 한 권이 탄생하는 것이고 이 안에는 다른 교재나 학원 자료 등이 모두 녹아들어가 있어야 합니다. 그렇다면 어떻게 여러 자료들을 내가 단권화 교재로 선택한 교재에 녹여낼까요? 어떻게 보기 좋게 끼워 넣을까요?

보기 좋은 떡이 먹기도 좋은 법입니다. 여러분이 선택한 단권화 교재는 시험이 끝날 때까지, 때로는 합격을 하고 난 후에도 참고로 봐야 할 책입니다. 수십 번을 봐야 하는 책인데 깔끔하게 정리되어 있지 않으면 보기 싫습니다. 이것이 몰입을 방해하는 또 다른 이유가 될 수 있습니다. 이제 자료를 내 교재에 보기 좋게 끼워 넣는 법에 대해서 설명하겠습니다. 이 부분은 실제 자료를 오려서 교재에 붙이는 과정에 대한 설명이라 가능하면 큐알코드를 찍어 '아는 변호사' 유튜브 영상을 반드시 참고하기 바랍니다.

준비물은 칼, 단단한 자, 딱풀입니다.

단권화 기본 원칙

1. 아무거나 갖다 붙이지 마라.

2. 정리가 잘 된 자료만 붙여라.

3. 마음에 들지 않으면 직접 타이핑을 쳐서 정리하라.

4. 정성을 다하라.

내 책 단권화하기

1. 필요한 자료를 교재에서 깨끗하게 잘 뜯어낸다.

내가 필요로 하는 부분이 다른 자료에 있는 경우입니다. 이때는 우선 다른 자료의 해당 부분을 잘라내야 합니다. 단권화 기술 중 중요한 부분입니다. 한두 장짜리 유인물이라면 책에 맞게 잘라내서 붙이기만 하면 됩니다.

여기서 중요한 것은 원자료가 찢어지거나 훼손되지 않게 잘 뜯어내는 것입니다. 우선 떼어낼 부분을 쫙 펴고 책을 최대한 벌립니다.

커터 칼로 자료의 접합 부분을 살살 그어 뜯어지기 쉽게 만듭니다. 이렇게 반복하면 내가 원하는 자료를 쉽고 깨끗하게 뜯어낼 수 있습니다.

2. 기본서로 사용하는 책에 붙일 위치를 선정한다.

불안하다는 이유로 아무 자료나 갖다 붙이면 안 됩니다. 내가 완벽하게 이해하고 내 방식대로 정리된 자료만 붙여야 합니다. 또 해당 내용과 관련 있는 부분에 정확히 끼워 넣어야 합니다. 쓸데없는 자료 이식은 하지 않는 것이 낫습니다.

3. 뜯어낸 자료 단면에 딱풀을 듬뿍 칠한다.

뜯어낸 자료의 모서리에 풀칠을 여러 번 하십시오. 이때 물풀은 안 됩니다. 붙이는 쪽 모서리에 정성을 들여 풀칠하세요. 다른 면에 풀이 묻지 않도록 조심하면서 원하는 곳에 풀이 충분히 묻도록 합니다.

4. 잘 밀어 넣어 붙인다.

한쪽 면에 풀이 잔뜩 묻어있는 원자료를 내 단권화 교재에 끼워 넣습니다. 자료가 최대한 안쪽으로 깊숙이 들어갈 수 있도록 밀어 넣어야 합니다. 원자료도 원래 교재의 일부분이었던 것처럼 만들어야 합니다. 그리고 양쪽을 손과 자를 사용해서 잘 끼워줍니다.

5. 자로 양쪽 면에 붙은 풀을 제거한다.

단권화 교재의 다른 면에 묻은 풀을 제거하기 위해 자로 떼어줍니다. 그리고 잘 붙었는지 확인하기 위해 자로 다져줍니다.

6. 책을 덮고 힘껏 누른다.

책을 덮고 정성을 다해 힘껏 눌러줍니다. 그다음 다시 책을 펴서 다른 면에 풀이 묻어있지 않은지, 깔끔하게 잘 붙었는지 확인합니다.

 ▶ 아는 변호사

합격을 부르는 단권화 | 세상에 이런 강의 또 없습니다 TT

공부에도 순서가 있다 : 이해→정리→암기

공부의 순서

우리가 시험 합격을 위해 하는 공부는 창의적인 공부가 아닙니다. 이 경우 법학을 포함한 대부분의 시험공부는 암기로 귀결됩니다. 우리가 그토록 찾아 헤매는 공부법이란 결국 암기를 잘하는 법입니다. 여러분, 공부에도 순서가 있습니다. 공부의 순서는 이해→정리→암기로 이루어집니다. 암기는 제일 마지막 단계입니다. 암기를 위해서는 이해와 정리 단계를 반드시 거쳐야 합니다. 이 순서를 지키지 못하고 뒤죽박죽되면 실패하게 됩니다. 하나씩 설명해 보겠습니다.

이해 : 인간이 할 수 없을 것 같은
분량의 암기도 가능하게 하는 마법

공부의 가장 첫 번째 단계는 이해입니다. 어떤 일에서든 이해는 기본입니다. 우리는 이해를 잘하기 위해 잘 가르친다는 선생님을 백방으로 찾고, 멀어도 마다하지 않고 학원을 다닙니다. 이해는 논리적으로 하셔야 됩니다. 이해가 되지 않은 상태에서는 정리도 암기도 이루어질 수 없습니다.

무협의 세계에 나오는 무공은 크게 내공과 외공인 초식으로 나뉩니다. 내공은 체내에 응축된 기의 흐름입니다. 논리적으로 이해를 하는 것은 내공과도 같은 것입니다. 이해력은 사람마다 다릅니다. 이해력은 여러분이 어떤 내공이 있는지에 따라 결정됩니다. 선천적으로 내공을 가지고 있는 사람이 있는가 하면, 후천적인 수련을 통해 내공을 쌓아가는 사람도 있습니다. 또 내공은 단련한 시간에 비례하지 않습니다. 5년을 공부했다고 해서 5년의 이해력이 쌓이는 것이 아닙니다. 이해는 얼마나 혼신의 힘을 다해서 몰입했느냐에 따라 결정됩니다.

정리하자면 논리적인 이해는 단련을 통해 충분히 배양할 수 있으며 사람마다 다릅니다. 그렇기 때문에 공부는 일률적으로 가르칠 수 없습니다. 나의 이해력이 어느 정도인지 알고 있어야 합니다. 나의 이해력에 맞는 공부법을 찾아야 합니다. 나는 이해력이 높은데 중간 수준에 맞추어 놓은 수업을 들으면 시간 낭비입니다. 저는 강의를 녹음한 테이프로 1차 시험을 공부했는데, 내가 이해를 못한 부분은 이해가 될 때까지 반복해서 들을 수 있고, 이해가 된 부분은 빨리 감기로 건너뛸 수 있기 때문입니다. 이해가 된 부분은 테이프를 끄고 바로 정리를 합니다. 빈 종이에 제가 이해한 대로 흐름과 논점을 적습니다. 그런 뒤에 기본서에 깔끔하게 정리합니다. 그리고 다음 강의를 듣습니다. 여러분의 이해력에 맞는 공부법을 찾는 것이 중요합니다.

정리 : 일관성 있는 정리는 이해하는 시간을 줄여준다

충분히 이해했다면 다음 단계는 정리입니다. 정리는 핵심 중의 핵심입니다. 정리는 내가 진짜로 이해했는지 확인해 줄 뿐만 아니라, 다음 단계인 암기를 가능하게 하는 마법입니다. 정리는 이곳저곳에 하는 것이 아니고 내가 시험장까지 가지고 갈 책에 하는 것입니다. 결국 정리는 단권화를 의미합니다. 단권화는 외형적인 초식의 영역이라 다른 사람의 경험을 충분히 참고할 수 있습니다. 정리를 잘하는 사람이 있으면 그대로 따라 하셔도 됩니다.

고대 법대로 편입을 하고 고시공부에 대해 어리버리한 상태에 있을 때도 저는 노트 필기만큼은 타의 추종을 불허했습니다. 고등학생 때도 시험 기간이면 제 노트를 빌려가려는 친구들이 줄을 섰습니다. 그만큼 저는 정리의 달인이었습니다. 비록 방 정리는 못하지만 말입니다. 그렇지만 고시 합격을 위해 기본서를 단권화하는 것은 노트를 정리하는 것과는 차원이 달랐습니다. 고시공부는 최소 3년에서 5년 정도 걸리는 장기전이기 때문입니다. 전체를 관통하는 일관적이고 체계적인 기준 없이 과목마다 또는 시간에 따라 정리하는 기준이 달라진다면 마지막 암기를 위해 달릴 수 없습니다. 단권화의 목적은 시험 전날 모든 과목을 1회독하는 것인데 정리에 일관성이 없다면 이는 불가능합니다.

저는 교재를 앞에 놓고 어디에 선을 그어야 할지, 무슨 색을 칠해야 할지 망설였습니다. 내가 정리한 것을 어떻게 교재에 구현해야 할지 몰랐던 것입니다. 그때 같은 하숙집에 살며 가끔씩 공부를 지도해주던 선배가 마침 사시 2차 시험을 끝내고 할일 없이 발표를 기다리고 있었습니다. 선배는 자기가 공부한 책을 몇 권 줬습니다. 김동희 『행정법』, 정찬형 『상법』, 권영성 『헌법』으로 기억합니다. 선배는 요약서를 싫어했는데, 아마 저도 그 영향을 약간 받은 것 같습니다. 보자기에 싸여진 선배의 손때 묻은 기본서를 받을 때 저는 무슨 무공 비법을 얻은 기분이었습니다. 다행히도 정리에 일가견이 있던 저는 선배의 기본서만을 보고 설명 없이도 어떻게 정리하는 것이 가장 효율적인지 알 수 있었습니다. 거기다 저에게 익숙한 방법을 가미하여 드디어 저만의 정리 원칙을 찾아냈습니다. 그 뒤로 모든 교재는 이 원칙에 따라 정리하였고, 그렇게 되니 이해할 때도 원칙대로 이해를 하게 되었습니다. 그제야 공부의 모든 단계가 하나로 연결되는 느낌이었습니다. 제가 사용한 정리의 원칙은 이후에 자세히 설명하도록 하겠습니다.

암기는 반복
: 필요한 것은 정리에 대한 믿음과 체력

이렇게 정리까지 끝나면 마지막 단계는 암기, 즉 반복입니다. 반복은 회독을 돌리는 것입니다. 공부는 이해하고 정리하고 반복하여 암기하는 것입니다. 회독하는 기간을 계속 단축시켜 결국은 시험 전날 1회독할 수 있도록 하는 것이 여러분 공부의 목표입니다. 합격은 그 다음의 문제입니다. 이것이 안 된다면 합격도 할 수 없습니다.

회독을 이렇게 하려면 가장 필요한 것 두 가지가 있습니다. 회독을 돌릴 수 있도록 하는 힘은 바로 자신감과 체력입니다. 자신감은 내가 단권화한 교재에 대한 믿음입니다. 이러한 믿음이 없다면 회독을 돌리면서 계속 의심하게 됩니다. '이렇게 한다고 될까?', '부족한 것 같은데', '학원을 다녀야 하는 것 아닌가?', '스터디를 해야 되나?'라는 꼬리에 꼬리를 무는 의심은 여러분을 반복할 수 없게 만듭니다. 밑 빠진 독에 물을 가득 채우려면 아무런 생각 없이 미친 듯이 들이부어야 합니다. 반복해서 물을 붓지 않고 한순간만 몽을 때려도 물은 순식간에 빠져나가 버리고 독에는 아무것도 남지 않습니다.

체력도 중요합니다. 아무리 바가지를 크고 튼튼하게 만들어 놨어도 막상 물을 퍼서 부을 힘이 없다면 마찬가지로 독에 물을 채울 수 없습니다. 튼튼한 바가지를 만든 노력도 모두 허망하게 끝나게 됩니다. 자신감은 멘탈과도 연결되는데, 그 전에 내가 한 공부에 대한 믿음이 있어야 합니다. 그리고 이 믿음은 내가 만든 바가지가 샐 틈이 없다는 것에서 옵니다. 물샐틈없는 바가지를 만들기 위해서 공부량을 최대한 늘려야 합니다.

여러분 공부는 순서가 있습니다. 그 순서는 이해, 정리, 암기입니다. 이 순서를 반드시 지키셔야 합니다.

 ▶ 아는 변호사

공부의 순서 | 이해-정리-암기 | 이 순서를 반드시 지키셔야 합니다

열심히 해도 암기가 안되는 이유

밑 빠진 독에서 물이 빠지는 것은 당연하다

"밑 빠진 독에 물을 붓는 것이 너무 어렵습니다", "암기가 잘 되지 않습니다", "한 번 책을 보며 1회독하고 다시 오면 기억이 하나도 안 납니다"라는 하소연을 종종 듣습니다. 여러분은 어떠신가요? 괴로우신가요? 너무 당연한 현상입니다. 오죽하면 '밑 빠진 독에 물 붓기'라는 표현을 하겠습니까? 머릿속에 그려보십시오. 밑 빠진 독이 뭡니까? 내가 물을 붓는 즉시 다 쏟아져 나온다는 겁니다. 하나도 남아있지 않습니다. 이것은 내 이해력이 떨어지거나 내 노력이 부족해서가 아닙니다. 원래 밑 빠진 독의 구조적인 특징입니다. 밑 빠진 독에 물을 붓는다는 것은 굉장히 어려운 일입니다. 어떻게 보면 불가능해 보일 수도 있습니다. 저도 처음에 그렇게 생각했습니다. 사시 2차 시험을 준비할 때 암기할 시간은커녕 이해할 시간도 없이 순환이 돌아갈 때 '이것은 인간이 볼 수 있는 시험이 아니다'라고 생각했습니다.

밑 빠진 독에 물을 부으려면 어떻게 해야 할까요? 빠지는 속도보다 더 빨리 부으면 '된다'고 말씀드렸습니다. 물이 빠지는 것을 걱정하지 마세요. 그것은 당연합니다. 밑이 빠져있으니까요. 노력과 비용과 시간을 들여서 한 공부가 내 머릿속에 남아있지 않은 것을 한탄할 필요가 없습니다. 여러분 조급해하지 마십시오. 그리고 그 현상을 인정하십시오. 자연의 섭리와 같은 것입니다. 밑이 빠져있는 독에 물이 찰 리가 있겠습니까? 이 점을 빨리 인정해야 합니다.

아직 암기할 때가 되지 않았다

뭐가 문제냐? 사실 아무런 문제가 없습니다. 여러분은 빠지는 속도보다 더 빨리 넣으면 되는데, 그 전에 정리가 되어 있어야 합니다. 정리가 안 되어 있는 상황에서 독에다 빨리 물을 부을 수 없습니다. 아마도 암기가 잘 안된다고 하시는 분들은 아직 정리하는 단계에 있을 확률이 큽니다. 그럼 정리에 매진하세요. 정리를 하면서 물을 부을 수는 없습니다. 그래서 정리하는 단계에서 '나는 암기가 안돼', '내가 공부를 제대로 안 하나', '도대체 뭐가 문제지', '공부를 너무 적게 하는 것 아닌가?'라고 고민하면서 공부시간을 늘려 하루에 15시간씩 공부를 하잖아요. 그러면 악순환이 시작됩니다. 제가 공부를 해봤을 때 장기전에서는 하루 10시간이면 충분합니다. 그 이상 하시면 안 됩니다. 탈이 납니다. 내일 공부를 못할 수도 있습니다.

정리하는 단계에서 암기가 안된다고 걱정하지 마십시오. 저도 그랬습니다. 저도 정리할 때 기억이 단 하나도 나지 않습니다. 이해하고 정리할 시간도 부족한데 암기까지 신경 쓸 수 있다면 그런 사람은 초인입니다. 우리 같은 범인과 다른 범주에 계신 분이니 비교할 필요가 없습니다. 여러분은 무엇에 신경을 써야 하냐면, 이해하고 정리하는 데 집중하십시오. 암기는 그다음입니다. 암기는 회독을 돌리면서 하는 것이지 이해하면서 암기하고, 정리하면서 암기하는 것은 있을 수 없는 일입니다. 물론 그런 역량이 되시는 초인들은 그렇게 하고 일찍 붙어서 나가면 됩니다. 이해할 때 암기할 수 없고, 정리할 때 암기할 수 없습니다. 이해할 때는 이해하는 것에만 신경을 쓰십시오. 정리할 때는 내가 다음번에 이 부분을 봤을 때 이해하는 데 또 시간이 소요되지 않도록 나의 사고와 언어로 깔끔하게 정리하면 됩니다.

사실 이해→정리→암기의 중간에 위치한 정리는 장기전 공부법의 핵심입니다. 장기전은 결국 이해와 암기하는 시간을 줄여나가는 것인데, 이것을 가능하게 해주는 것이 정리이기 때문입니다. 그렇게 몇 번의 회독을 통해 완벽하게 정리가 끝난 뒤 비로소 암기가 시작되는 것입니다. 바로 그때가 밑 빠진 독에 물을 부을 시간입니다. 그때가 오면 아무런 의심 없이, 아무런 생각 없이 들이붓기만 하면 됩니다.

여유를 가져라

지금 '암기가 안돼', '머리가 나쁜 것은 아닌지', '공부 방법이 잘못된 것이 아닌지' 걱정이 된다면 아직은 그럴 단계가 아니니까 안 되는 것입니다. 지금 자신이 공부의 순서에서 어느 단계에 있는지 살펴보십시오. 내가 지금 이해하는 부분에 있는지, 정리하는 단계에 있는지, 아니면 회독을 돌리는, 밑 빠진 독에 물을 붓는 단계에 있는지 먼저 파악을 하십시오. 그리고 그것에 맞게 공부하십시오. 절대로 조급해하지 마십시오. 장기전은 조급해한다고 될 일이 아닙니다. 마음이 조급해지면, 여러분은 스스로를 닦달하게 됩니다. 스스로를 조급하고 불안하게 만들면 대부분 공부시간을 늘리게 될 것입니다. 그러면 안 됩니다. 공부시간을 늘리는 것은 단기전에서나 가능한 일입니다. 장기 레이스에서는 시간을 다 쏟아부으면 안 됩니다. 오래가야 하기 때문에 체력을 안배해야 합니다. 그 점을 명심하시기 바랍니다. 조급한 마음이 들면 가끔 하늘도 보고 여유를 가지시기 바랍니다.

 ▶ 아는 변호사

열심히 해도 암기가 안되는 이유(밑 빠진 독에 물을 부을 준비가 되었나?) | 모든 것은 다 때가 있습니다 | 과거로 돌아간다면

하루에 여러 과목을 공부하면 안 되는 이유
: 간섭 방지

이제야말로 밑 빠진 독에 물을 부을 때

여러분이 내용을 이해하고 이해한 것을 단권화로 완벽히 정리했다면, 이제야말로 밑 빠진 독에 물을 부을 시간입니다. 즉 본격적으로 회독을 돌릴 때가 왔습니다. 우리는 이것을 위해서 오랜 시간 공부를 해온 것입니다. 지금은 없어진 사법고시를 예로 들면, 사법고시 2차 시험 과목은 총 일곱 과목입니다. 그중 1차 시험과 과목이 겹치는 헌법, 민법, 형법을 '기본 3법'이라고 하고, 2차 시험에서 추가되는 행정법, 상법, 민사소송법, 형사소송법을 '후 4법'이라고 합니다. 2차 시험은 모두 나흘 동안 진행됩니다. 첫날은 헌법과 행정법, 둘째 날은 민법과 상법, 셋째 날은 형법과 형사소송법, 넷째 날은 민사소송법입니다. 단권화를 통한 회독의 목적은 명확합니다. 최대 4시간 동안 한 과목을 돌리는 것입니다. 그렇게 해야 시험 전날 두 과목을 공부하고 들어갈 수 있습니다. 이 마지막 회독 과정은 굉장히 중요합니다.

간섭을 방지하라

그렇다면 정리와 회독의 순서를 어떻게 해야 할까요? 하루에 여러 과목을 보는 것과 일단 한 과목을 끝내고 나서 다른 과목으로 들어가야 할지 고민이 됩니다. 어떤 것이 더 효율적일까요? 저는 당연히 한 과목을 끝내고 다른 과목으로 들어가는 것이 효과적이라고 생각합니다. 공부량이 많지 않은 시험의 경우는 두 가지 방법이 크게 차이가 없을 수 있습니다. 하지만 공부량이 방대하다면 한 과목씩 공부해야 합니다. 여러 과목을 동시에 공부하면 '간섭interference'이 발생합니다. 간섭은 심리학적 용어로, '어떤 정보를 회상하려 할 때 다른 정보의 유입으로 정보들 간의 경합이 발생하며, 그로 인해 회상이 방해를 받는 것'이라는 의미입니다. 머리에 여러 가지 정보가 들어가면 이들 간에 경합이 발생해서 결과적으로 암기를 방해합니다. 새로 학습한 정보가 방해를 받거나 아니면 이전에 학습한 정보가 방해를 받아 암기가 되지 않습니다. 동시에 두 가지 외국어를 공부하다 보면 이런 현상을 종종 경험하게 됩니다. 저 역시 경험칙으로 이 간섭 현상을 확실히 느꼈습니다. 그렇기 때문에 한 과목을 모두 정리한 뒤 다음 과목으로 들어가는 것이 암기 측면에서 훨씬 효율적이라고 말씀드립니다.

한정된 시간을 여러 과목에 분산하지 마라

암기의 핵심은 논리적인 흐름입니다. 특히 법학 공부에서는 목차가 중요합니다. 공부할 때 기본서의 목차를 옆에 두고 내가 지금 공부하는 위치가 어디인지, 왜 이게 여기서 문제가 되는지, 앞으로 어떤 문제와 연결되는지에 대한 흐름을 잡는 것이 관건입니다. 흐름을 잡지 못하고는 암기를 할 수 없기 때문입니다. 그래서 법학 공부에는 고도의 집중력이 필요합니다. 시간을 쪼개서 여러 과목을 동시에 공부하는 것은 비효율적입니다.

예를 들어 헌법과 행정법은 둘 다 공법公法이기도 하고 같은 날 시험을 보니 동시에 공부해도 괜찮아 보입니다. 그래서 오전에는 헌법을, 오후에는 행정법을 공부한다고 가정해 보겠습니다. 이 방법이 효과적이려면 두 과목의 내용이 유기적으로 연결되어 있고 특히 내가 그날 공부하는 부분이 상호 연관되어 있어야 합니다. 하지만 두 과목은 서로 다른 논리적 흐름을 가지고 있고, 지엽적인 부분에서 연관된 개념이나 관련 문제가 있을 뿐입니다. 공부하는 부분도 서로 다릅니다. 내가 오전에 헌법에서 공부했던 개념과 연관된 개념이 오후에 행정법 공부를 할 때 바로 나오지 않습니다. 연관성도 별로 없습니다. 간섭이 발생하기 아주 좋은 조건입니다. 이것은 집중력을 떨어뜨릴

뿐입니다. 아니면 자기기만에 불과합니다. 공부에 몰입하지 않으면서 마치 공부를 열심히 하고 있다는 자기만족에 빠져있는 것은 아닌지 점검해 보아야 합니다.

저는 한 과목이 끝나고 나서 다음 과목을 공부했습니다. 밑 빠진 독을 채우는 가장 쉬운 방법은 독의 크기에 상응한 물을 단번에 쏟아붓는 것입니다. 이를 위해서는 반드시 회독 시간을 줄여야 합니다. 한 과목을 최소 4시간 안에 다 볼 수 있도록 단련해야 비로소 하루에 여러 과목을 공부할 수 있게 됩니다. 기적의 암기법은 결국 논리적인 흐름이라는 뼈대를 세워야 가능합니다. 과목마다 세워야 하는 뼈대는 다릅니다. 하나의 뼈대를 세울 때까지는 공부하는 온 시간을 그 과목에 몰입하십시오. 한정된 공부시간을 여러 과목에 분산하지 마십시오. 그것이 가장 효율적인 암기 방법입니다.

▶ 아는 변호사

회독의 순서

형광펜 3개, 색연필 3개, 연필 1개로 끝내는 기적의 정리법

이해한 것을 어떻게 정리할 것인가

장기전의 합격은 단권화의 승패에 달려있습니다. 그리고 성공적인 단권화의 핵심은 바로 '정리'에 있습니다. 지금부터는 정리법에 대해서 설명하겠습니다. 처음에 사법시험을 준비하면서 단권화 할 교재를 정하고 본격적으로 공부를 하면서 시작된 고민은 바로 정리였습니다. 내가 이해한 부분을 어떻게 교재에 구현할 것인가? 어떻게 하면 시행착오 없이 정리법을 찾을 수 있을까? 공부 잘하는 사람은 어떻게 정리를 했는가? 저는 한동안 교재에 별다른 정리를 하지 못하고 연필로만 밑줄을 긋고 가필을 해나갔습니다. 하지만 연필로만 정리된 책은 밋밋해서 입체적으로 눈에 들어오지 않았습니다. 이래서는 정리를 안 한 것과 다름없었습니다. 한 정리 한다고 생각했지만 암기할 분량이 너무 많은 사법시험 앞에서는 쩔쩔매게 되었습니다. 한 번 정리한 원칙은 시험이 끝날 때까지 유지해야 하기 때문입니다. 중간에 정리법을 바꾸면 많은 것을 낭비하게 됩니다. 다행히도 하숙집 선배의 기본서에 있는 선배의 정리법을 바탕으로 저만의 정리법을 단기간에 세울 수 있었습니다. 이 정리법은 여러분에게도 충분히 도움이 될 것이라 생각합니다.

정리는 처음부터 끝까지 일관되어야 한다

먼저 준비해야 할 것은 필기구입니다. 우리 주변에는 외관이 멋지고 성능이 뛰어난 필기구가 넘쳐납니다. 종류도 많을뿐더러 펜의 굵기도 천양지차입니다. 다양한 무기들 중에서 각자에게 편리한 필기구를 고르십시오. 반드시 명심할 것은 한 번 선택한 정리법을 단권화하는 동안, 그러니까 공부를 하는 내내 바꾸면 안 된다는 점입니다. 정리는 처음부터 끝까지 일관적이어야 합니다. 펜의 종류, 굵기, 색깔이 세 가지 요소는 시험이 끝날 때까지 동일해야 합니다. 오늘은 연필로 정리했다가 내일은 볼펜으로 정리한다면 장기전의 정리법으로는 실패입니다. 장기전에서 엄청난 양을 암기해내기 위해서는 수미首尾가 일관된 정리가 반드시 필요합니다. 제가 선택한 정리를 위한 최적의 필기구는 바로 연필, 색연필, 그리고 형광펜입니다.

기본은 연필

먼저 가장 기본이 되는 필기구는 연필입니다. 연필의 최대 장점은 지울 수 있다는 점입니다. 연필도 굵기와 강도가 제각각입니다. 정리할 때 너무 굵거나 약해도 좋지 않기 때문에 저는 HB 또는 2HB를 선택했습니다. 회독을 돌릴 때마다 중요하다고 생각되는 부분이 달라집니다. 아니면 이미 암기가 된 개념이라 더 이상 볼 필요가 없는 부분이 생깁니다. 따라서 밑줄은 언제든지 지울 수 있어야 합니다. 샤프는 별로 좋아하지 않았는데 잘 부러지기 때문입니다. 하지만 요즘은 좋은 샤프에 튼튼한 샤프심이 많아 마음에 든다면 샤프를 사용해도 괜찮습니다. 연필로는 밑줄을 긋거나, 공백에 목차나 중요 내용 등을 기재합니다. 연필 작업은 굉장히 기초적인 부분이지만 가장 중요한 부분이기도 합니다.

강조용 색연필 : 연두색, 하늘색, 빨간색

연필로 기본적인 정리가 끝난 뒤에는 중요한 부분을 강조해야 합니다. 저는 강조용으로 색연필을 사용했습니다. 색연필은 연필과 달리 지우는 것이 쉽지 않기 때문에 좀 더 심혈을 기울여 사용해야 합니다. 저는 동아에서 나오는 지워지는 색연필을 사용했습니다. 이 색연필은 책에 별다른 손상 없이 깔끔하게 지워져 장기전을 준비하는 고시생에게는 대단히 만족스러운 필기구입니다. 또 중요한 것이 색깔입니다. 색연필도 다양한 색상이 있습니다. 하지만 너무 많은 색을 사용하면 깔끔한 정리가 되지 않을뿐더러, 나조차도 그 색깔이 무엇을 의미하는지 헷갈리게 됩니다. 정리는 직관적으로 이루어져야 합니다. 우리는 색칠 공부를 하는 것이 아닙니다. 적절한 색깔을 사용하는 것이 중요합니다. 저는 연두색, 하늘색, 빨간색 이렇게 3가지 색을 사용하였습니다. 색깔이 너무 진해서 글씨를 가릴 정도면 안 됩니다. 반면 파스텔 톤은 너무 연합니다. 강도도 좀 있어야 무르지 않고 줄을 그을 수 있습니다. 제가 사용했던 동아 지워지는 색연필은 색깔, 강도, 진하기 모두 마음에 들었습니다.

색의 구분에 대해서 말씀드리겠습니다. 내용에 따라 정리할 색깔을 정해놓으면 정리가 깔끔하고 직관적인 정리가 될 수 있습니다. 연두색은 개념 정리입니다. 그러니까 연필로 밑줄 그은 부분 중 강조할 부분이 있을 때는 연두색을 사용합니다. 하늘색은 학설입니다. 모든 학설은 하늘색으로 밑줄을 긋고 강조합니다. 빨간색은 판례입니다. 이것은 제가 정한 규칙인데, 이렇게 직관적으로 정리를 해놓으면 다음에 책을 볼 때도 전체가 이미지로 다가옵니다. 그리고 이것은 암기를 돕습니다. 저는 3가지 색연필을 이렇게 사용하였습니다.

1. 연두색 : 개념 정리

2. 하늘색 : 학설

3. 빨간색 : 판례

최강의 형광펜 사용법
① 3가지 색으로 완벽하게 하이라이트

다음으로는 하이라이트의 대미인 형광펜입니다. 형광펜은 가장 강력한 강조이자 다시 지울 수 없다는 점에서 치명적입니다. 요즘 지워지는 형광펜이 나왔다고 형광펜으로 하이라이트를 하고 다시 지운다는 것은 책에 손상을 줄 수밖에 없어 미관상 좋지 않고, 형광펜의 원래 습성에도 맞지 않습니다. 저는 이런 이유로 정말 확실한 것에만 형광펜과 볼펜을 사용합니다. 하지만 형광펜은 반드시 사용하되, 특히 형광펜은 강력한 만큼 정교하게 사용해야 합니다. 형광펜의 용도는 하이라이트이지 밑줄 긋는 것이 아닙니다. 하이라이트는 중요한 부분에 하는 것입니다. 중요한 부분을 두드러지게 하는 것입니다. 가독성을 높이는 것이 형광펜을 사용하는 목적입니다. 저는 펜촉이 너무 두껍지 않고 잘 번지지 않으며 뒷부분에 얇은 펜촉이 따로 달려 있는 지브라 제품을 사용했습니다. 사용한 색깔은 노란색, 하늘색, 주황색 3가지로 가끔 연두색을 사용하기도 했습니다.

최강의 형광펜 사용법
② 형광펜 색깔의 규칙

각 색깔별 용도는 이렇습니다. 노란색은 가장 보편적이고, 쉽게 사용할 수 있습니다. 그래서 노란색은 개념과 관련된 것들에 사용합니다. 노란색과 함께 보조적으로 연두색을 사용하기도 합니다. 하늘색은 개념, 학설, 판례 상관없이 가장 중요한 키워드를 강조할 때 사용합니다. 그러니까 하늘색 형광펜은 키워드 중의 키워드로 마지막 시험 전날까지 봐야 하는 것입니다. 그리고 마지막 주황색은 문제의 제기, 즉 쟁점을 부각시키는 용도입니다. 요약서는 문제의 제기 자체가 한두 줄로 정리되어 있어 그다지 필요하지 않을 수 있습니다. 하지만 기본서는 수많은 설명 안에 문제의 제기, 즉 쟁점이 숨어있기 때문에 형광펜으로 부각시키지 않으면 한눈에 알아보기 힘듭니다.

1. 노란색 : 개념

2. 하늘색 : 중요 키워드

3. 주황색 : 쟁점

책의 내용 전부가 하이라이트가 된다는 것은 중요한 내용과 키워드를 뽑아내지 못하고 있다는 의미입니다. 곧 여러분이 아직 이해가 되지 않았다는 말입니다. 정확한 정리는 완벽한 이해에서 나옵니다. 어떤 펜으로, 무슨 색으로 정리하는지는 부차적인 문제입니다.

자기만의 정리 규칙을 만들어라

　지금까지 제가 실제 사용해서 도움을 받았던 정리법에 대해서 설명을 드렸습니다. 사실 대단한 것은 없습니다. 특수한 색연필이나 형광펜을 쓴 것도 아닙니다. 문구점에 가면 쉽게 구할 수 있는 제품을 사용하고, 정리할 때도 다들 쓰는 색을 사용했습니다. 차이점이 있다면 나름대로의 규칙을 만들어 사용했다는 점입니다. 이 원칙은 사람마다, 또 공부 내용에 따라 다릅니다.

　저는 지금은 특정한 시험을 목표로 하는 시험을 준비하고 있지 않습니다. 변호사의 업무는 주로 기록을 보는 것입니다. 보통 기록은 굉장히 두꺼워서 1천 쪽이 훌쩍 넘는 경우가 다반사입니다. 기록을 보는 목적은 중요 부분을 체크해서 빨리 찾기 위함이지, 정리를 깔끔하게 해서 회독을 돌리는 것과 다릅니다. 지금은 형광펜을 정교하게 사용하거나 색을 내용에 따라 여러 가지로 구분할 필요가 없습니다. 그냥 쭉쭉 그으면 됩니다. 이럴 때는 농도가 진하고 두껍게 잘 나오는 것이 최고입니다. 잉크가 그냥 막 차고 넘쳐도 괜찮습니다. 여러분의 공부에 맞는 정리의 규칙을 세우십시오.

▶ 아는 변호사
형광펜 3개, 색연필 3개, 연필 1개로 끝내는 정리법

객관식 공부의 핵심은 암기

객관식과 주관식의 공부 방법은 다르다

사람마다 각자 다 암기하는 방법이 있습니다. 하지만 아주 뛰어난 머리를 갖고 있지 않은 이상 많은 양을 암기하기 위해서는 기본적으로 정리를 잘해야 합니다. 정리를 깔끔하게 잘하고 반복해서 보는 수밖에 없습니다. 정리를 잘해야 책을 보고 싶습니다. 마법과 같은 일이 일어나지 않는 이상 이것은 진리입니다.

객관식과 주관식은 공부 방법이 서로 다릅니다. 객관식은 일단 암기가 되어 있어야 합니다. 법학시험에서 특히 법조문은 필수적으로 암기가 되어 있어야 합니다. 물론 2차 시험도 암기가 바탕이지만 2차 시험에서는 암기보다 '흐름'이 더 중요합니다. 논리적인 흐름이 확립

되어 있어야 비로소 암기가 가능합니다. 공부에서 제일 중요한 것은 '개념'입니다. 개념은 모든 교재의 가장 서두에 나오는데, 그것이 전체 법체계 중 어디에 위치하고 있는지, 왜 문제가 되는지, 어떤 부분이 문제가 되는지 등을 알아야 합니다. 하지만 객관식은 이런 흐름까지는 알지 않아도 됩니다. 단편적으로 어떤 개념이 딱 나왔을 때 그것에 대해서만 암기하고 있으면 됩니다. 물론 객관식도 주관식처럼 전체 체계를 알고 공부하면 좋겠지요. 하지만 시험공부는 합격이 목표고, 그렇다면 합격에 필요한 선까지만 공부하셔야 합니다. 학자처럼 질문하고 연구하는 자세는 시험공부 할 때 가장 경계해야 될 자질입니다. 하지만 주관식은 전체적으로 이해해야 합니다. 해당 개념이 나오게 된 맥락을 알고, 그 개념을 연관된 다른 개념으로까지 확장시켜야 합니다. 그래야 좀 더 풍부한 논거를 쓸 수가 있습니다. 그럼 객관식 공부법부터 설명을 드리도록 하겠습니다.

눈치 보지 말고 과감히 실행하라

저는 사법고시 1차는 2차와 달리 요약서로 단권화를 했습니다. 학원가에서 만든 요약서는 법학 전체의 맥락을 알 수 있는 목차가 없습니다. 빠질 수밖에 없습니다. 요약서는 교수님들의 기본서 중 시험에서 별로 중요하지 않은 부분들은 다 뺀 것이기 때문입니다. 1차 객관식은 주제별로 암기해도 무방하기 때문에 학원 요약서로 공부하는 것이 효과적입니다. 그래서 저는 헌법, 민법, 형법 모두 학원 요약서를 단권화 교재로 선택했습니다. 민법의 경우 김종원 편저 『민법』을 선택했고 김형배 교수님의 『민법』을 참고했습니다. 1차는 법조문을 암기하는 것에서 시작하기 때문에 법전을 정리해서 암기할만한 교재가 별도로 필요했습니다. 당시 신림동에는 이 문제를 해결하기 위한 다양한 보조 교재들이 넘쳐났습니다. 법조문만 읽어주는 테이프도 있었습니다. 우스워 보이지만 어떤 방법이 나한테 가장 효율적인지는 결국 여러분이 선택하실 문제입니다. 나한테 효과만 있다면 주변의 눈치를 보지 마시고 과감하게 실행하시기 바랍니다.

1. 민법

제가 선택한 법전 정리 교재는 『민법 부속법령집』입니다. 어느 날 점심을 먹고 산책 겸 서점을 구경하다가 우연히 발견하게 된 책이었습니다. 저는 책을 선택할 때 출판사도 중요하게 생각하는데, 처음 이 책을 보고는 이름도 들어본 적 없는 마이너 출판사의 책인데다가 그냥 민법전 조문을 조금 큰 글씨체로 적어놓은 것이 전부였기 때문에 '별 책이 다 나오네'라고 생각했습니다. 이 책이 잠깐이나마 흥미를 끌었던 이유는 왼쪽 면에는 법조문이 적혀있고 오른쪽 면은 여백이어서 핵심적인 사항을 정리하기 좋다는 점이었습니다. 하시만 당시 신림동에서 이 책으로 법조문을 정리하는 사람을 적어도 제 주변에

『민법 부속법령집』을 활용해 단권화한 모습

서는 보지 못했습니다. 그래서 사지 않고 돌아가기를 몇 번이나 했습니다. 그런데 법조문이 도저히 암기가 되지 않아서 고민이 되었습니다. 암기가 되지 않는다는 것은 제대로 정리가 되지 않았다는 이야기입니다. 결국 법조문도 전체적인 관점에서 정리가 필요하겠다는 생각이 들었습니다. 저는 오히려 이『민법 부속법령집』에 민법 요약서의 내용을 집어 넣어 단권화하겠다고 마음먹고 이 책을 구입합니다. 이『민법 부속법령집』단권화는 굉장히 효과적이었습니다.『민법 부속법령집』에 키워드를 하이라이트하고 공백에다 관련된 학설과 판례의 핵심을 적어 넣었습니다. 나름대로 조문의 스토리를 만들어 나간 것입니다. 수고스러울 수 있지만 이렇게 정리하면서 암기하는 것이 조문만 따로 주구장창 외우는 것보다 훨씬 효율적입니다. 이렇게 민법은 요약서, 부속법령집, 판례해설서 이렇게 세 권으로 1차용 단권화를 성공적으로 마칠 수 있었습니다.

2. 형법

형법은 이인규 선생님의 형법보충 강의안으로 단권화를 했습니다. 물론 이재상 교수님의 기본서도 참고했습니다. 신림동에서 이인규 선생님은 이타 강사지만, 강의 스타일이 저와 딱 맞았기 때문에 주저없이 이 수업을 들었습니다. 저는 형법전도 별도로 단권화를 했습니다. 형법 조문은 민법과 달리 양이 그다지 많지 않기 때문에 단권화의 필요성을 못 느낄 수도 있습니다. 실제 형법 조문까지 단권화를 한 고시생은 많지 않았습니다. 그렇지만 민법 조문을 정리하면서 단권화가 암기에 효과적이라고 느껴서 저는 형법 조문도 과감히

『판례 형법전』을 활용해 단권화한 모습

단권화를 진행하기로 결정합니다. 제가 선택한 책은 법률 다이제스트에서 출간한 『판례 형법전』입니다. 사실 판례는 별도로 봐야 하기 때문에 법조문만 나와 있는 것이 목적에 더 부합합니다. 하지만 형법전은 민법과 달리 별도로 정리되어 있는 책이 없었기 때문에 선택의 여지가 없었습니다. 이 책 역시 민법과 마찬가지로 왼쪽 면에 조문과 판례가 나오고 오른쪽 면은 공백으로 되어 있어 개별적으로 정리를 할 수 있게 구성되어 있습니다. 저는 사법시험 1차 형법을 요약서, 형법전, 판례해설서 이렇게 세 권으로 단권화를 했습니다.

3. 헌법

마지막으로 헌법입니다. 헌법은 지금도 활동하시는 황남기 『헌법』과 『헌법 부속법령집』으로 단권화를 했습니다. 기본서는 권영성 교수님 교재를 참고했습니다. 당시 황남기 선생님은 헌법 강사 중 떠오르는 샛별과도 같은 존재였습니다. 헌법은 특히나 부속법령이 많아서 이를 단권화하는 것이 핵심

『헌법 부속법령집』을 활용해 단권화한 모습

입니다. 헌법을 구체화한 다양한 법률들인 국회법, 공직선거법, 국적법, 국정감사 및 조사에 관한 법률 등 방대한 부속법령을 암기하기 위해 다양한 부속법령집이 많았습니다. 구조는 모두 비슷합니다. 왼쪽 면은 법조문, 오른쪽 면은 공백으로 되어 있어 단권화가 가능합니다. 저는 헌법 역시 요약서 한 권, 부속법령집 한 권, 판례해설서 한 권으로 1차 단권화를 마쳤습니다.

시도하라

식상한 말일 수 있지만 공부에 왕도는 없습니다. 시험공부를 하는 사람들은 그 내용을 머릿속에 차곡차곡 넣어야 합니다. 2차 시험도 물론 마찬가지입니다. 암기를 잘하기 위해서는 이해를 바탕으로 계속 보는 수밖에 없습니다. 그러기 위해서 결국 이해와 반복을 잇는 '정리'가 가장 중요합니다. 그래야 책을 보고 싶습니다. 여러분만의 정리법을 찾기 위해 모든 시도를 다 해보기 바랍니다. 시도를 하지 않으면 나에게 최적화된 정리법을 찾을 수 없습니다.

▶ 아는 변호사

객관식 공부법 | 법전 암기법 | 암기전에 제발 정리부터 하십시오

주관식 공부의 핵심은 흐름

정리가 되면 암기도 된다

사법시험 2차 주관식은 공부량이 방대합니다. 1차와는 비교할 수 없을 정도입니다. '과연 인간의 두뇌로 할 수 있는 것인가'라는 심각한 의문을 들게 만듭니다. 그래서 2차는 더욱 정리가 핵심입니다. 2차 공부야말로 정리의 꽃이라고 할 수 있습니다. 그리고 정리가 되면 암기도 됩니다. 이 사실을 믿으셔야 합니다.

이제 연필 1개, 색연필 3개, 형광펜 3개 정리법이 실제 교재에 어떻게 구현되는지에 대해서 설명해 드리겠습니다. 우선 이 방법은 기본서에 적합한 정리법입니다. 요약서는 다양한 기본서를 정리해 엑기스만 뽑아놓은 것입니다. 편저자가 이미 정리해 놓았다는 말입니다. 어느 하나 중요하지 않은 부분이 없습니다. 요약서는 공백없이 내용 전부에 밑줄을 긋고 하이라이트를 해야 합니다. 그런데 그렇게 정리하면 진도가 오히려 나가지 않고 암기에 효과적이지 않습니다. 제가 말씀드리는 정리법은 2차 주관식을 기본서로 할 때 최적화된 것입니다. 그리고 이것은 어디까지나 저의 방식이니까 여러분들이 취할 것은 취하고 버릴 것은 버리면 됩니다.

주관식 공부의 목표는 목차를 떠올리는 것이다

주관식은 크게 사례와 단문으로 나뉩니다. 사례는 쟁점만 뽑아내면 내용을 쓰는 것은 단문과 다르지 않습니다. 결국 주관식 시험은 단문을 대비하는 것입니다. 단문은 먼저 목차가 떠올라야 합니다. 그리고 머리에 목차가 떠오르기 위해서는 정리가 잘되어 있어야 합니다. 1순환을 돌릴 때 복습을 걱정하지 말고 정리하는 데에 모든 시간을 투자하십시오. 완벽하게 이해하고 정리하는 것에만 집중하십시오. 복습은 다음에 2순환 때 하고, 2순환 때 안 되면 3순환 때 한다고 생각하십시오. 솔직히 이해와 정리만 하기에도 시간이 빠듯합니다. 우리에게는 시간이 무한정하지 않습니다. 이제 실제 정리를 어떻게 하는지 설명하겠습니다.

목차가 저절로 떠오르는 정리법
① 체계상의 위치를 파악하라

형법총론의 미필적 고의에 대해 단문으로 대비한다고 가정해 보 겠습니다. 기본서는 이재상 교수님의 『형법총론』입니다. 미필적 고 의라는 개념이 갑자기 뚝 떨어지는 것이 아니기 때문에 고의가 형법 에서 차지하고 있는 체계적인 위치를 알아야 합니다. 기본서에는 고 의의 종류가 먼저 나옵니다. 그래서 목차를 보고 내가 어디를 공부하 고 있는지 반드시 확인하셔야 합니다. 미필적 고의는 고의에서 문제 가 되는 개념입니다. 그러니까 당연히 고의의 종류부터 머릿속에 생 각이 나야 합니다. 그래야 단문 답안을 남보다 풍부하게 쓸 수 있습 니다. 시험은 결국 다른 사람보다 1점이라도 더 높아야 합격합니다. 남과 똑같은 답안을 쓰면 안 되겠지요. 남과 비교했을 때 두드러지는 답안을 쓰기 위해 목차가 중요합니다. 이것이 제가 2차 시험 단권화 의 교재로 기본서를 선택한 이유입니다.

목차가 저절로 떠오르는 정리법
② 연필, 색연필, 형광펜으로 시각화하라

통설은 고의의 종류를 확정적 고의와 불확정적 고의로 구별합니 다. 학설이기 때문에 파란색 색연필로 밑줄을 긋고 통설이기 때문에 연필로 통이라고 표시합니다. 고의를 의도적 고의, 지정고의, 미필적 고의로 분류하는 견해도 있습니다. 우리는 통설의 견해를 따를 것이니 그냥 참고용으로 파란색 색연필로 밑줄을 그어놓습니다. 불확정적 고의는 다시 미필적 고의, 택일적 고의, 개괄적 고의로 나눕니다. 불확정적 고의의 개념에서 미필적 고의가 도출됩니다. 여기가 바로 미필적 고의의 형법 체계상 위치입니다. 이 부분은 개념이기 때문에 연두색 색연필로 밑줄을 긋습니다. 나머지 필요 없는 부분은 선을 긋지 마십시오. 그런데 정 '불안하다', '나는 이해하는데 이 말이 꼭 필요해'라고 생각한다면 연필로 살짝 밑줄을 긋는 정도는 괜찮습니다. 하지만 색을 마구잡이로 넣으면 안 됩니다.

이제 드디어 본격적으로 미필적 고의에 대한 단문 대비로 들어갑니다. '미필적 고의'를 단문으로 준비한다면 문제의 제기, 즉 쟁점에 사용하는 주황색 형광펜으로 하이라이트를 한 뒤 빨간색 색연필로 박스를 칩니다. 다음에 의의가 나옵니다. 의의는 개념이기 때문에 연두색 색연필로 필요한 부분만 밑줄을 긋습니다. 어차피 다 그어봤자 답안지에 쓸 수도 없고 키워드도 아닙니다. 정리는 나의 이해를 돕거나 답안지에 현출할 수 있는 것이 아니면 줄 긋는 부분을 최소화하십시오. 불안하다고 아무 곳에나 밑줄을 긋지 마십시오.

자, 이제 판례가 나옵니다. 판례는 굉장히 중요합니다. 교과서에 나온 판례라면 더더욱 그렇습니다. 당연히 알고 있어야 하고 답안지에 기술해 주면 좋습니다. 판례는 빨간색 색연필로 밑줄을 긋습니다. 다음으로 '미필적 고의'와 '인식 있는 과실'의 구별이 왜 문제가 되는지 쟁점이 나왔습니다. 쟁점은 주황색 형광펜으로 강조합니다. 두 개념을 어떻게 구분할 것인지가 문제입니다.

목차가 저절로 떠오르는 정리법
③ 키워드만 부각시켜라

　문제 제기의 핵심은 '이것이 왜 문제가 되는지'에 있습니다. 미필적 고의와 인식 있는 과실은 지적요소가 동일하다는 점에서 동일합니다. 그러면 어떻게 구별할 것인가가 관건인데 이에 대한 학설이 나옵니다. 먼저 개연성설이 나왔습니다. 파란색 색연필로 밑줄을 긋습니다. 학설도 키워드 위주로 중요한 부분만 그으셔야 합니다. 학설이라고 해서 다 파란색 색연필로 그으면 2회독할 때 아무런 줄이 없는 것보다 더 보기 싫습니다. 다 중요하다고 정리해 놓으면 안 됩니다. 기준은 논거 1개와 비판 논거 1개 정도입니다. 나중에 이해를 돕기 위해 내가 이해한 핵심을 여백에 가필하기도 합니다. 저는 개연성설에 대해 연필로 '지적요소의 정도로 구별'이라고 가필했습니다. 적절한 가필은 이해와 정리를 돕고 실제 시험장에서 해당 사항을 답안지에 구현할 수 있도록 해줍니다.

　다음 학설은 가능성설입니다. 가능성설은 학설이라는 것을 표시하기 위해 제목만 파란색 색연필로 밑줄을 긋고 키워드는 연필로 선을 그었습니다. 학설이기 때문에 파란색 색연필을 사용해야 하지만 학설의 내용이 너무 많고 주변에 다른 학설과 구분할 필요가 없기 때문에 연필로 했습니다. 이 학설의 핵심은 '지적요소의 유무'로 미필적 고의와 인식 있는 과실을 구별한다는 것입니다. 여기서 비판 논거는 무엇이냐, '결국 인식 있는 과실을 부정하지 않을 수 있게 된다'입니다. 이렇게 핵심에만 밑줄을 긋고 2순환 때도 밑줄 위주로 내용을 정리하십시오. 마지막 순환 때는 정말 목차만 딱딱 체크하면서 흘러가야 합니다.

세 번째 학설은 용인설입니다. 이는 통설과 판례이기 때문에 연필로 통通, 판判이라고 별도로 표시합니다. 그리고 학설의 핵심적인 부분을 파란색 색연필로 밑줄을 긋습니다. 누누이 강조하지만 밑줄을 긋는 기준은 '내가 답안지에 쓸 수 있는 키워드인가'입니다. 용인설에 대한 설명이 계속되고 판례가 나옵니다. 판례는 빨간색 색연필로 표시합니다. 판례가 나왔다고 전부 빨간색 색연필로 그으면 당연히 다음에 보기 싫습니다. 내가 이해해서 중요하다고 생각한 부분에만 빨간색 색연필로 밑줄을 그으십시오.

다음은 용인설에 대한 비판하는 의견입니다. 비판하는 논거 1개 정도를 파란색 색연필로 밑줄 긋습니다. 계속 용인설에 대한 비판이 나옵니다. 이재상 교수님은 감수설을 주장하고 있기 때문인데, 아무튼 통설 판례니까 더욱 강하게 비판을 해야 합니다. 저는 비판의 핵심을 '고의의 이중기능'으로 보고 연필을 해두었습니다. 다음에도 무관심설, 회피설, 위험설 등 여러 가지 학설들이 죽 나오지만 이런 학설들까지 답안지에 쓸 수는 없습니다. 그렇다면 1회독할 때 한 번 읽어보고 아예 건드리지 마십시오. 과감하게 넘기십시오. 기본서로 단권화를 할 때도 요약서는 참고로 보셔야 합니다. 그 이유는 요약서의 목차나 학설에 나오는 것이라면 반드시 기본서에도 표시를 해두셔야 하기 때문입니다. 만약에 회피설이 요약서에 나왔다면 여러분도 보셔야 됩니다. 그렇기 때문에 기본서로 공부를 하면 공부할 분량이 더 많아집니다. 그 대신 답안을 좀 더 풍성하게 쓸 수 있다는 장점이 있는 것입니다.

다음 페이지에 드디어 이재상 교수님이 지지하시는 감수설이 나옵니다. 감수설의 개념에 대해 필요한 부분만 파란색 색연필로 밑줄을 긋습니다.

목차가 저절로 떠오르는 정리법
④ 결론은 체계에서 나와야 한다

이제 결론으로 들어갑니다. 결론은 무엇으로 내줘야 하느냐, 다시 형법의 체계로 돌아갑니다. 결국 미필적 고의는 고의에서 나오는 개념입니다. 그래서 고의의 본질과 관련하여 결론을 내려야 합니다. 이것은 너무 당연하지만 굉장히 논리적인 결론입니다. 그런데 요약서에는 이렇게 자세한 설명이 나오지 않고 생뚱맞게 키워드 위주로만 나열되어 있기 때문에 사실 암기하기가 더 어렵습니다.

답안지는 풍부하게 꾸며라

솔직히 말해서 요약서는 분량이 적지만 목차 순서대로 일관성 있게 설명되어 있지 않고 주제들이 맥락 없이 나와 있습니다. 진짜 생으로 암기해야 하니 정말 어렵습니다. 기본서와 같이 체계 속에 서술형으로 나와 있는 것이 훨씬 암기하기 쉽습니다. 논리 흐름은 스토리입니다. 다름 아닌 스토리텔링 공부법이라고 할 수 있습니다. 마지막 결론은 정리 부분이기도 하고 개념과 관련된 것이기 때문에 형광색 형광펜으로 하이라이트를 했습니다. 그리고 다음에 나오는 것이 택일적 고의입니다. 저는 택일적 고의까지 단문으로 준비했습니다. 단문은 주황색 형광펜에 빨간색 색연필 테두리로 표시합니다. 만일 미필적 고의가 단문으로 나온다면 나는 택일적 고의까지 알고 있다는 것을 답안지에 현출하여 유효타를 추가할 수 있는 것입니다. 주관식 단문은 이런 목적의식을 가지고 공부하면 좋습니다.

2차 답안지를 작성할 때 중요한 것은 남들과 조금이라도 다르고 풍부하게 써야 한다는 것입니다. 논거 하나라도 남들보다 더 쓰고, 남들과는 다른 무언가를 쓰려고 노력하십시오. 그러기 위해서는 기본서에 나와 있는 스토리의 앞과 뒤를 연결해서 답안지에 드러내십시오. 질문과 직접적인 관련이 없더라도 말입니다. 이 문제가 법학 체계에서 어느 정도의 위치에 있다는 것을 내가 알고 있다는 사실을 드러내십시오. 분명 좀 더 풍성하고 멋진 답안지가 될 수 있습니다.

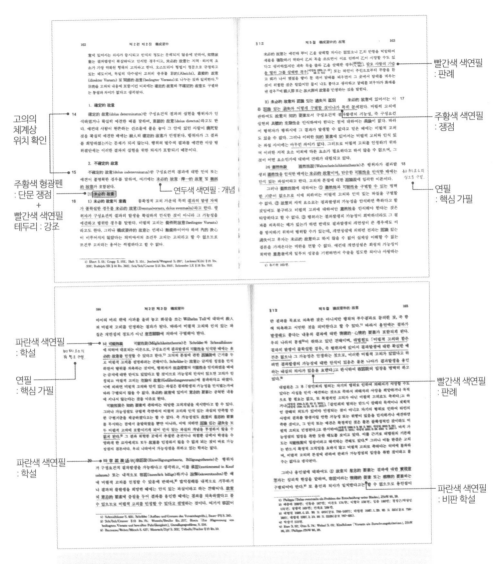

고의의
체계상
위치 확인

주황색 형광펜
: 단문 쟁점
+
빨간색 색연필
테두리 : 강조

연두색 색연필 : 개념

파란색 색연필
: 학설

연필
: 핵심 가필

파란색 색연필
: 학설

빨간색 색연필
: 판례

주황색 색연필
: 쟁점

연필
: 핵심 가필

빨간색 색연필
: 판례

파란색 색연필
: 비판 학설

『형법총론』을 다양한 필기구로 정리한 모습

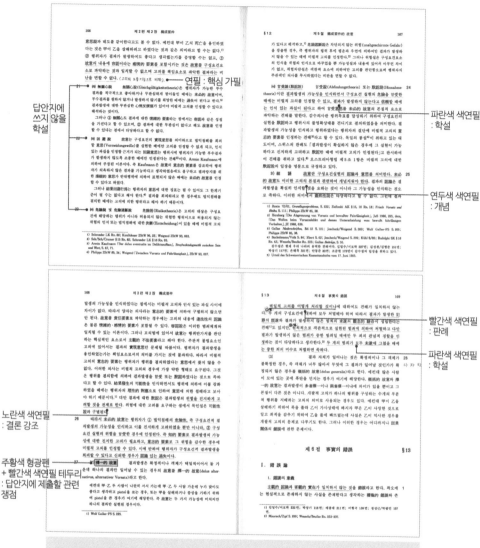

『형법총론』을 다양한 필기구로 정리한 모습

186

아는 변호사

주관식 공부법 | 핵심에 밑줄 긋는 법

5장

체력

**"체력 없이는
장기전에서 합격할 수 없다."**

가장 중요한 사실은 최상의 컨디션으로 레이스를 완주하는 것이다

장기전과 단기전의 구분

언제부터가 장기전일까요? 단기전과 장기전의 구분은 어떻게 되나요? 시험은 크게 장기전과 단기전으로 구분할 수 있습니다. 단기전인 시험에는 나의 모든 자원, 즉 시간, 비용, 에너지를 한 번에 쏟아부어야 합니다. 단기전에서는 한정된 시간에 누가 얼마나 많이 쏟아부을 수 있느냐가 관건입니다. 하지만 장기전인 시험에 나의 모든 자원을 단기전처럼 쏟아붓는 것은 망하는 지름길입니다. 100미터를 달리는 사람과 42.195킬로미터를 달려야 하는 사람의 체력과 준비는 당연히 다르겠죠? 공부도 마찬가지입니다. 장기전과 단기전의 공부 방법은 분명히 달라야 합니다.

장기전과 단기전은 어떻게 구분할 수 있을까요? 이 둘은 단순히 시간의 양으로 구분할 수 있는 것이 아닙니다. 단기전은 나의 온 일상을 오직 공부에 맞춰 놓을 수 있는 시간입니다. 단기전과 장기전의 구분 기준은, 공부를 최우선에 두어 다른 일을 모두 제쳐두고 잠도 줄인 채 주말도 쉬지 않고 운동도 하지 않으면서 공부를 할 수 있는 최대 한계점입니다. 즉 '나의 모든 것을 쏟아부으면서 버틸 수 있는 시간'까지가 바로 단기전입니다. 따라서 장기전과 단기전은 개인의 역량과 체력에 따라 다릅니다. 쉽게 말하면 시험을 며칠 앞두고 하는 벼락치기는 대표적인 단기전이라고 할 수 있습니다. 이처럼 단기전은 그야말로 비상 체제에 돌입하여 있는 것, 없는 것을 죄다 들이부어야 합니다. 반면에 장기전에서 이렇게 했다가는 시험장에 가기도 전에 방전되어 나가떨어지게 됩니다.

일단 결승점을 통과하라

여기 같은 시험을 준비하는 A와 B가 있습니다. 시험까지는 3개월이 남았습니다. A는 체력이 유난히 좋아서 3개월 동안 잠도 서너 시간씩 자고 주말도 없이 오로지 공부만 하면서 목표를 향해 달려나갈 수 있습니다. 이런 A에게 이 시험은 단기전입니다. 그런데 B가 모든 것을 쏟아부으면서 버틸 수 있는 기간은 일주일입니다. 그렇다면 B에게 이 시험은 장기전이 됩니다. A는 단기전의 공부법을, B는 장기전의 공부법을 적용해야 합니다.

우리의 당면 목표는 '열심히 공부한 것을 시험장에서 드러내는 것'입니다. 결과는 그 이후의 일입니다. 초반에 전력 질주를 하다가 레이스를 완주하지도 못하는 경우가 종종 있습니다. 그리고는 방황하고 괴로워하다가 심각한 후유증에 시달리기도 합니다. 우리는 그 선수를 경기장에서 영영 못 볼 수도 있습니다. 신림동 독서실의 제 자리 근처에 유난히 관심이 가는 고시생이 있었습니다. 시험 종류는 달라도 옆 사람이 무슨 공부를 어떻게 하는지 매우 궁금한지라 저는 그 친구를 유심히 관찰했습니다. 그때 저는 주중에 10~12시간 정도 공부하고, 주말에는 전혀 공부를 하지 않으며 휴식을 취했습니다. 물론 운동도 꾸준히 했습니다. 그 친구는 언제나 공부를 하고 있었습니다. 저는 그 친구가 저보다 먼저 독서실 자리를 뜨는 모습을 본 적이 없습니다. 마치 독서실의 풍경처럼 그 친구는 언제나 그 자리에서 공부를 하고 있었습니다. 나름대로 꾸준함에는 자부심이 있던 저는 속으로 참 대단하다고 생각했습니다. 그 친구의 존재는 저에게 일종의 채찍이 되었습니다. 그렇게 2개월이 지났습니다. 어느 날부터 그 친구가 자리를 비우는 시간이 많아졌습니다. 어떤 날은 점심때가 다 되어서 나타나기도 했고 어떤 날은 아예 독서실에 오지 않았습니다. 공부 시간이 불규칙하게 변해 버린 것입니다. 그렇게 1개월 정도가 지난 뒤 그 친구는 독서실에서 영영 사라졌습니다. 아마도 다른 독서실로 옮기지 않았을까 짐작해 봅니다. 그 친구가 새로운 환경에서 다시금 심기일전하여 레이스를 완주했는지는 모르겠습니다. 하지만 그 친구는 장기전에서 천금 같은 한 달을 불규칙하게 보냈습니다. 그 친구가 공부한 3개월 공부시간의 평균을 내보면 결국 평균 이하가 됩니다. 그 친구가 전력 질주한 2개월의 노력이 한 달의 불성실함으로 인해 허망하게 사라졌습니다. 더욱 심각한 타격은 공부의 맥이 끊겨버렸다는 점입니다. 저는 신림동에서 레이스를 완주하지 못하고 중도에 방전되어 뻗어버린 친구들을 종종 보았습니다. 이런 경우 대부분 다니던 독서실을 옮깁니다. 하지만 이미 레이스가 시작된 상태에서 공부를 하기 위한 새로운 환경을 조성한다는 것은 그 자체로 굉장한 에너지를 소비하게 만듭니다.

일단 결승점을 통과해야 한다는 것, 우리는 그 점을 많이 간과하고 무작정 달립니다. 결승점을 통과해야 겨우 살바를 잡을 기회가 부여됩니다. 최상의 컨디션으로 레이스를 완주한다는 것은 당장의 결과와 상관없이 매우 중요한 일입니다. 장기전에서는 절대로 무리하거나 욕심을 부려서는 안 됩니다. 장기전이 되면 잠도 충분히 자야 하고 충분히 쉬어야 합니다. 장기전에서는 나를 매일매일 최상의 컨디션으로 만드는 것이 관건입니다.

지금까지 공부에 반드시 필요한 동기, 환경, 시간, 정리에 대해 이야기했습니다. 그리고 나를 합격시키는 것은 결국 '밑 빠진 독에 물 붓기'에 있다고 강조 드렸습니다. 밑 빠진 독에 물을 붓기 위해서는 물이 빠지는 속도보다 더 빨리 부어야 합니다. 그러기 위해 필요한 것은 바로 체력입니다. 이제 공부에 반드시 필요한 7가지 요소 중 가장 중요한 운동에 대해 설명하도록 하겠습니다.

운동을 반드시 해야 하는 이유

일상이 되어버린 공부

학창 시절 저는 운동을 그리 좋아하는 학생은 아니었습니다. 아니, 오히려 운동과는 담을 쌓고 살아왔습니다. 초등학생 때 동네 친구들과 수영을 배우기는 했지만, 본격적으로 운동을 시작한 것은 대학생이 되고 나서였습니다. 고등학생 때 찐 살을 빼기 위해 즉, 다이어트를 위해 헬스클럽을 찾았고 그때 처음으로 운동은 규칙적으로 해야 한다는 사실을 알게 되었습니다. 하지만 머리로 아는 것과 몸으로 실천하는 것은 별개의 문제입니다. 저는 여전히 간헐적으로 등산을 다니는 정도의 운동만 했습니다. 고대 법대로 편입을 하고 나서 본격적으로 공부를 시작했는데, 공부의 양이 수능이나 전공 수업과 비교할 수 없을 정도로 엄청났습니다. 매일 공부량에 치이는 생활이 계속되었습니다. 이미 학교 근처에서 하숙을 하면서 모든 일과가 공부에 맞춰진 생활을 시작한 저에게 공부는 '일상'이 되어버렸습니다. 하루가 그냥 공부였습니다. 너무 힘들었습니다.

하루 종일 일정이 공부라니, 이래서는 장기전을 갈 수 없다는 결론을 내렸습니다. 일과에 공부가 아닌 무언가 다른 활동이 필요했습니다. 그러면서도 공부에 도움이 되고, 나 혼자 할 수 있는 활동을 기준으로 찾다 보니 자연스럽게 '운동'이 도출되었습니다. 어릴 때 배운 수영을 다니기 시작했습니다. 저는 운동 전문가는 아니지만 수영은 대단히 좋은 운동이라고 생각합니다. 수영장에 들어가서 10분 정도는 그냥 물속에서 놉니다. 걷거나 몸을 앞으로 최대한 웅크리고 힘을 빼면 부력에 의해 몸이 물 위에 둥둥 뜨는데, 물에 내 몸을 맡기고 떠다니면 심신이 리셋되는 기분입니다. 뒤틀려 있는 몸도 정상으로 돌아오는 느낌입니다. 이렇게 수영을 하고 난 뒤의 공부는 그야말로 꿀맛이었습니다. 수영으로 완전히 리셋이 된 몸과 마음은 공부마저 즐겁게 만들었습니다.

운동은 장기전을 가능하게 하는 절대조건이다

운동이 공부를 도와준다는 과학적인 근거가 있습니다. 뇌과학자들의 연구에 의하면 운동으로 뇌에 신선한 혈액이 공급되어, 뇌가 최고의 상태로 변한다는 것입니다. 이런 과학적인 근거와는 별개로 저는 경험칙에 의해 운동이 장기전을 가능하게 해주는 절대조건이라는 것을 깨달았습니다. 오죽하면 7요소 중 한 가지가 운동이겠습니까. 운동은 장기전이라는 그 긴 시간을 버텨낼 수 있게 해줍니다.

신림동에서 공부할 때는 검도와 헬스를 번갈아 가면서 했습니다. 넉넉히 정해진 분량을 소화할 수 있을 때는 검도를 했고, 2차 시험을 앞두고 시간에 쫓길 때는 헬스를 했습니다. 검도는 일주일에 세 번만으로도 충분합니다. 저는 아침형 인간이 아니기 때문에 운동 시간을 저녁에 배치했습니다. 아침형 인간이 아닌 사람이 아침에 몸을 쓰면 몸에 이상이 오기 때문입니다. 아침형 인간이 성공한다는 말에 넘어가 '나도 아침에 운동을 해볼까?' 하며 아침 7시에 운동을 한 날은 그날 바로 감기에 걸렸습니다. 그 뒤로 저는 절대 아침에는 몸 쓰는 일을 하지 않습니다. 운동의 종류나, 횟수, 시간대는 언제든지 변경이 가능합니다. 여러 가지를 시도해 보고 나에게 적합한 운동을 찾으십시오.

저는 저녁을 간단히 먹은 후 검도를 했는데, 샤워를 하고 다시 독서실로 돌아가 책상에 앉는 시간은 저녁 8시쯤이었습니다. 그때부터 3-4시간 정도 빡세게 공부를 했습니다. 그때의 기분이 정말 날아갈 것만 같았습니다. 원래 올빼미형인 데다가 운동으로 인해 기분은 업되어 있으니, 집중이 너무 잘되어 시간가는 줄 모르고 공부를 했습니다. 아침에는 아침이라서 공부가 잘되었고, 저녁은 운동 후라 집중이 잘되었습니다. 저에게 제일 힘든 시간은 오후 시간이었는데, 그래서 낮잠 30분을 배치했습니다. 일과표에 보상을 적절히 끼워 넣는 것입니다. 오후 공부가 끝날 무렵은 기다리던 운동을 할 수 있다는 생각에 힘을 내서 공부할 수 있었습니다.

이렇게 저는 오전·오후·저녁 공부를 큰 편차 없이 골고루 집중이 잘되도록 할 수 있었습니다.

운동하는 시간을 아까워하지 마라

장기전에서는 신체뿐만 아니라 정신 건강도 대단히 중요합니다. 정신 건강은 동기부여와 멘탈 관리를 통해 계속 다져주어야 하지만, 운동 역시 정신 건강을 단련시켜 줍니다. 장기전에서 운동은 절대로 시간낭비가 아닙니다. 운동은 그날의 공부를 가능하게 해주고, 여러분을 최상의 컨디션으로 시험장에 들어갈 수 있게 해줍니다. 공부와 함께 꾸준한 운동을 병행하십시오.

합격을 부르는
9가지 체력관리법

공부하는 사람의 운동법

장기전에서 운동은 필수입니다. 사실 운동은 공부하는 사람이 아니더라도 죽을 때까지 지속해야 합니다. 지금은 100세 시대라 아무리 죽고 싶어도 현대의 첨단 의료기술이 우리를 죽게 내버려두지 않습니다. 건강한 육체와 정신을 유지하는 것이 무엇보다도 중요한 일이 되었습니다. 어쩔 수 없이 100세까지 살아야 한다면 건강에 신경을 쓰지 않을 수 없습니다. 우리는 운동이 일상이 된 시대를 살아가고 있습니다. 저는 더 이상 어떤 시험의 합격을 향해 달려나가는 고시생이 아니고 변호사이지만, 여전히 운동을 하려고 노력합니다.

저는 수영을 최고의 운동이라고 생각합니다. 수영은 전신운동이고, 자유형은 어깨 운동, 배영은 허리 운동, 평영은 고관절 운동을 도와주고 제일 중요한 접영은 간지를 담당합니다. 최근에는 근력을 키우기 위해 헬스를 하고 있습니다.

그렇다면 운동은 언제쯤 하는 것이 좋을까요? 이것은 각자의 생활에 따라 다릅니다. 변호사가 된 후, 저녁시간에 운동을 계획하면 예기치 못한 약속이나 업무의 연속으로 운동을 못 하는 경우가 허다해졌습니다. 그래서 아침 출근 전 회사 근처에서 헬스를 합니다. 저는 건강한 삶을 유지하기 위해 운동을 반드시 해야 한다고 생각하지만 강도 높은 운동을 좋아하지는 않습니다. 수영을 할 때도 약간 힘이 들 정도의 강도로 40분 정도 수영을 합니다. 보통 1천 미터 정도를 수영하는데 애플워치로 측정해 보면 270칼로리 정도가 소모됩니다. 근력을 위한 헬스 역시 40분으로 족합니다. 운동은 그 강도보다 꾸준함이 훨씬 더 중요합니다.

장기전을 준비하는 학생은 반드시 운동을 병행해야 합니다. 운동은 여러분이 목표하는 시험에 합격할 수 있는 체력과 정신력을 제공합니다. 운동은 여러분의 공부를 방해하지 않으며, 결코 시간 낭비가 아닙니다. 지속 가능한 공부를 지속 가능하게 하기 위한 전제조건인 운동과 일상적인 건강을 위해 하는 운동은 그 방법과 형태가 다릅니다. 그럼 공부하는 사람의 운동법에 대해 하나씩 살펴보겠습니다.

1. 운동할 때의 마음가짐
: 공부가 주고 운동은 객이다

공부는 주主고, 운동은 객客입니다. 주와 객이 전도되어서는 안 됩니다. 모든 것은 공부가 잘되도록 도와주기 위해 존재하는 부수적인 것들입니다. 공부가 우선이고 운동은 이를 지원할 뿐입니다. 운동이 여러분의 공부를 방해하도록 내버려두어서는 안 됩니다.

2. 각자 처한 환경에 맞는 운동을 찾아라

운동은 여러분 각자가 처한 환경에 맞게 해야 합니다. 여기서 환경은 주변 환경은 물론, 개별적인 신체 상황 역시 포함합니다. 여러분의 신체 상황에 알맞은 운동을 해야 합니다. 만약 여러분이 몸이 좋지 않다면 또는 아파서 운동을 오랫동안 하지 못했는데 갑자기 무리해서 운동을 하면 어떻게 될까요? 아마 심신이 건강해지기는커녕 그 반대가 될 것이고 내 컨디션은 운동하기 전보다 더 나빠질 수도 있습니다. 항상 명심하셔야 할 것은 우리는 공부를 하기 위해서 운동을 한다는 사실입니다. 나에게 알맞은 운동을 찾는 것이 정말 중요합니다.

고등학생일 때는 저도 여느 고등학생과 마찬가지로 그냥 숨쉬는 운동만 했습니다. 하루 종일 야간 자율학습을 하고 집에 늦게 들어가는 일상이 반복되었습니다. 어느 날 부모님을 따라 헬스장이라는 곳을 처음으로 가게 되었습니다. 운동복으로 갈아입은 저는 가장 만만해 보이는 자전거를 탔습니다. 평소에 자전거를 좋아했기 때문에 아무런 주저함도 없었습니다. 그런데 한 20분 정도 자전거를 타던 저는 현기증이 나서 쓰러질 듯이 자전거에서 내려와야 했습니다. 평소에 운동을 안 하던 사람은 운동을 차근차근 시작해야 합니다. 몸에 무리가 가지 않도록 산책과 같은 가볍고 쉬운 것부터 시작해야 합니다.

3. 운동은 오래 하는 것이 아니다

운동 시간은 너무 길지 않아야 합니다. 실제 운동 시간은 40분, 준비운동과 운동 후 샤워하는 시간까지 포함하면 1시간 30분 정도가 적당합니다. 여기에다 운동 장소로 이동하고 다시 공부하는 공간으로 복귀하는 부수적인 시간까지 더해도 최대 2시간을 넘기지 않는 것이 좋습니다. 2시간이 넘어가면 공부의 맥이 끊깁니다. 맥이 끊어진 상태에서 공부 모드로 전환하는 것은 쉬운 일이 아닙니다. 공부가 일상이 되어버린 장기전에서는 공부의 흐름이 끊기지 않게 하는 것이 관건입니다. 매일매일 일정한 시간을 공부해야 하고 오전, 오후, 저녁 모든 시간대에 일정 시간 공부하는 것이 바람직합니다.

4. 운동이 공부의 맥을 끊으면 안 된다

운동 시간은 공부의 맥이 끊기지 않도록 각자의 생체리듬에 맞는 알맞은 시간대를 찾으면 됩니다. 만일 올빼미형 인간이라면 아침에 공부할 수 있는 절대적인 시간이 부족합니다. 그런데 운동을 아침 시간에 넣고 2시간 정도 운동을 하면, 그 사람은 오전 내내 공부를 하지 않게 됩니다. 이것은 공부의 맥을 끊는 대표적인 예라고 할 수 있습니다.

언제 운동을 하는 것이 나의 공부에 가장 효율적인지는 여러분만이 알고 있습니다. 내 공부에 도움이 된다면 새벽 5시에 운동을 하건 밤 11시에 운동을 하건 아무런 상관이 없습니다.

5. 운동으로 땀을 흘리고 샤워하라

공부하는 사람의 운동 강도는 어느 정도여야 할까요? 경험칙에 의하면 땀이 촉촉이 배어서 약간 흐르는 정도까지는 텐션을 주어야 한다고 생각합니다. 땀이 하나도 나지 않으면 그리 효과적이지 않다고 생각해도 좋습니다. 내가 운동을 해서 몸을 단련했다는 모종의 성취감을 느낄 수 있는 정도가 가장 좋습니다. 그렇다고 해서 땀이 흥건히 날 정도로 운동에 집중할 필요는 전혀 없습니다. 신림동에서 제가 선택한 검도는 땀이 흥건하게 나는 대표적인 운동입니다. 한 번 검도를 하고 나면 두꺼운 도복이 땀으로 범벅이 되곤 했습니다. 저는 그 정도도 괜찮았습니다. 그렇게 업이 된 상태로 샤워를 하고 독서실에 가면 다시 생생한 에너지로 초집중하여 공부를 할 수 있었습니다. 하지만 운동을 이제 막 시작하는 사람이라면 가벼운 운동부터 단계적으로 해나가야 하고, 그때는 땀이 나지 않아도 상관없습니다. 공부하는 학생의 운동 선택 기준은 단 하나, 나의 공부에 도움이 되느냐 뿐입니다.

6. 좋아하는 운동을 하라

장기전을 준비하는 사람은 어떤 운동을 하는 것이 좋을까요? 헬스, 요가, 수영, 스피닝 등 다양한 운동이 있습니다. 모든 운동은 일장일단이 있습니다. 위에서 설명한 것처럼 자신에게 주어진 환경과 체력에 맞게 선택하면 됩니다. 운동을 선택할 때는 내가 즐거운 것이어야 합니다.

제가 신림동에 있을 때 조건상 가장 적합한 운동은 헬스였습니다. 헬스는 내가 원하는 시간에 내가 원하는 강도로 운동을 할 수 있었기 때문에 장기전을 준비하는 사람에게는 최적화되어 있었습니다. 그렇지만 제가 헬스를 싫어한다는 치명적 단점이 있었습니다. 물론 운동은 내 공부를 지원하는 기능을 가지고 있지만 하기 싫은 것을 억지로 한다면 역효과가 날 뿐입니다. 여러분이 좋아하는 운동을 하는 것이 가장 좋습니다. 제가 선택한 운동은 검도였습니다. 예전에 검도를 해본 적도 없습니다. 처음에 신림동에 입성하면서 여기저기 둘러보다가 검도장을 발견하고는 검도를 선택했습니다. 장기전에서의 운동은 주어진 환경에서 내가 좋아하는 운동을 선택하는 것입니다.

7. 운동에 몰입하지 마라

운동은 공부를 도와주는 보조적인 수단에 불과합니다. 가끔 좋아하는 운동을 선택한 사람들 중 공부보다 운동에 몰입하는 경우가 있는 운동입니다. 예를 들어 검도는 그 치명적인 매력으로 마니아층이 있습니다. 다니던 도장의 남자 선배는 사법시험을 준비하고 있었습니다. 몸도 좋고 원래 검도를 했던지라 도장에 오면 운동의 강도가 대단했습니다. 이미 검도 유단자였기 때문에 가끔 사범님을 대신하여 운동을 지도했는데 그럴 때면 빠른 머리를 1천 개씩 치게 하곤 했습니다. 머글의 입장에서는 준비운동 때 하는 빠른 머리만으로 이미 녹초가 되어버립니다. 그런 일을 몇 번 겪고 나서 나중에는 그 선배가 오지 않는 시간대를 선택해서 도장을 가곤 했습니다.

운동이 공부를 도와만 준다면 개인의 체력에 따라 강도를 높이는 것도 괜찮습니다. 그런데 문제는 어떤 슬럼프가 찾아와 공부가 잘되지 않을 때입니다. 그 선배 역시 슬럼프로 공부가 잘되지 않을 때면 머리를 식히고 집중을 하기 위해 도장을 찾았습니다. 그 선배가 검도를 너무나 좋아한다는 것이 문제가 되었습니다. 공부가 안될 때마다 도장을 찾던 선배는 가뜩이나 검도를 좋아했는데 점점 검도에 할애 하는 시간이 많아지게 되었습니다. 공부하는 사람 입장에서 운동은 게임, 당구와 같은 일탈에 비하면 굉장히 건전하고 여전히 공부의 연 장선상에 있다고 생각하기 쉽습니다. 하지만 그 폐해는 동일합니다. 장기전을 준비하는 사람은 절내 운동에 몰입하면 안 됩니다. 그 후 그 선배를 신림동에서 볼 수 없었습니다.

8. 시험을 앞두고 익숙한 운동을 바꾸지 마라

장기전의 핵심은 레이스 내내 일정한 수준을 유지하다가 막판에 스퍼트를 확 올리는 데 있습니다. 시험이 얼마 안 남았다면 이제 막 판 피치를 급격히 올려야 할 때입니다. 결국 이것을 가능하게 하기 위해 그동안 꾸준히 운동도 해온 것입니다. 그런데 시험 기간 내내 운동을 하지 않았는데 시험을 얼마 남겨 놓지 않고 운동을 한다는 것 은, 레이스 내내 운동을 하지 않다가 육상 스타디움 트랙으로 들어와 서 운동을 하려고 고민하는 마라톤 선수와 같습니다. 운동을 안 하던 사람이 갑자기 운동을 하면 몸과 마음에 이상 신호가 올 수 있습니다. 내 공부 패턴이, 생활 패턴이 바뀔 수도 있습니다. 그 변화가 나에 게 어떤 영향을 미칠 수 있습니다. 따라서 이런 경우에 운동을 꼭 해 야할지는 여러 가지 실익을 따져 결정해야 합니다.

장기전을 이제 시작하는 분이라면 당연히 운동 계획을 세우고 일과표에 운동시간을 넣어야 하지만, 시험이 코앞이라면 이미 익숙해진 일상을 바꾸지 않는 것이 좋습니다. 시험으로 인한 긴장감을 해소하고 기분을 전환하기 위해 가볍게 산책을 하는 정도는 괜찮습니다. 운동을 하는 이유는 시험 당일 나를 최상의 컨디션으로 만들기 위해서라는 점을 명심하십시오.

9. 운동은 혼자 하는 것이다

공부를 혼자 하듯 운동도 혼자 하는 것입니다. 장기전을 준비하는 사람이 축구, 야구, 농구 같이 팀플레이를 요구하는 운동을 해서는 안 됩니다. 여기까지는 누가 그러겠냐고 할 수 있습니다. 그런데 헬스, 요가, 수영과 같이 기본적으로 혼자 하는 운동에서도 조심할 부분이 바로 사람입니다. 운동을 하면서 커뮤니티를 만들어 같이 밥을 먹는 등 친목을 도모하면 안 됩니다. 저는 자기주도적 학습이 가능한 사람에게는 득보다 실이 크기 때문에 그룹스터디도 필요 없다고 생각합니다. 여러분은 친구를 사귀기 위해 운동을 하는 것이 아니고, 외로움을 해소하기 위해서 운동을 하는 것도 아닙니다. 다른 사람은 어떻게 공부하는지, 어려운 시기를 어떻게 극복하는지 궁금하다면 관계에서 해소하려 하지 말고 온라인에서 해결하십시오. 인간관계에는 삼라만상이 들어 있습니다. 우주 속에 존재하는 온갖 사물과 현상을 갖고 있습니다. 그중에 어떤 것이 여러분의 안정적인 공부를 방해할지 알 수 없습니다. 공부할 때 인간관계는 최소화해야 합니다. 사람과 만나서 이야기를 하는 것도 에너지를 소모하는 일입니다.

 ▶ 아는 변호사

합격을 부르는 체력관리법 | 수험생 운동의 중요성 | 5개 운동 추천

6장

멘탈

"목숨을 걸다."

간절히 원한다면 역부족은 없다

실행할 힘이 없는 게 아니라
의지가 없는 것이다

　공자의 제자 중에 염구라는 사람이 있습니다. 공자는 질문을 한 사람의 자질에 따라 완전히 다른 느낌의 답을 주곤 했습니다. 그러니 공자와 염구의 문답을 보기 전에 우선 염구는 어떤 사람인지 살펴볼 필요가 있습니다. 염구는 자질이 뛰어난 제자는 아니었습니다. 당시 노나라의 대부 중 계씨季氏 가문은 대부임에도 불구하고 노나라를 쥐락펴락했습니다. 공자가 활약한 춘추전국시대는 지금으로 말하면 하극상과 같은 일이 벌어지고 있던 때였습니다. 염구는 바로 이런 계씨 집안의 가신이었습니다. 이런 염구가 어떤 마인드의 사람인지는 대

략적으로 짐작이 가능합니다. 또한 염구는 학생으로서의 자질도 그리 뛰어나지 않았던 것 같습니다. 염구는 성실하지도, 곧直지도 않은 그저 그런 수준의 제자인 셈입니다.

> 冉求曰 非不熱子之道이지만 力不足也입니다
> 염구왈 비불열자지도   역부족야
>
> 子曰 力不足者는 中道而廢하니 金女는 畫하는 것이다
> 자왈 역부족자   중도이폐   금녀   획
>
> 염구가 "저는 스승님의 도를 열렬히 좋아하지 않는 것은 아니지만 그것을 향해 나아가기에는 힘이 딸립니다"고 말하자 공자는 말했다. "힘이 부족하다고 말하는 자는 대부분 중도에 포기하는 자인데, 지금 염구 너는 스스로 자신의 한계를 긋고 있는 것이다."
>
> ―『논어로 논어를 풀다』(이한우, 해냄, 2012) 408쪽 중에서

어느 날 염구가 공자에게 묻습니다. "저는 스승님의 도를 좋아하지 않는 것은 아니지만" 여기까지가 그의 첫마디였습니다. 그런데 벌써 질문 자체가 이상합니다. 염구는 이중 부정을 사용하고 있습니다. 좋아하지 않으면 않는 것이지, '좋아하지 않는 것은 아니지만'이라고 합니다. 그다음은 '역부족'입니다. '그것을 실행하기에는 제 힘이 딸립니다'라고 합니다. 염구는 공자가 썩 마음에 들어 하는 제자가 아니었습니다. 공자는 그런 염구에게 바로 이렇게 일갈합니다.

"역부족이라고 하는 놈들은 다 중도에 포기하는 놈들이다. 너는 지

금 너 스스로 한계를 그은 것이다."

염구가 공자가 정말 아끼고 사랑하는 제자였다면 아마도 '지금은 잠시 그럴 수도 있어'라고 격려했을 것입니다. 그리고 이에 덧붙여 '그렇지만 너는 인성이 좋으니까, 학문에 자질이 있으니까 어려운 시기를 잘 극복하고 잘할 수 있을 거야'라는 식의 응원이 있을법도 합니다. 하지만 염구에게는 그것이 전부입니다.

'너는 너 스스로 지금 한계를 그은 것이다' 공자가 염구에게 한 이야기는 '네가 나의 도를 좋아한다고 하지만 네가 정말 좋아한다면 그것을 실행하지 않을 리가 없다'라는 것입니다. 공자는 또 '입이 고기를 좋아하듯이 좋아한다면 그것을 실행하지 않을 리가 없다'라고 표현합니다. 그러니까 염구는 실행할 힘이 없는 게 아니라 의지가 없는 것입니다. '너는 의지가 없는데 왜 힘이 없다고 핑계를 대느냐' 그리고 '너는 지금 네 스스로 한계를 그은 것이다. 그러니까 자기 스스로 한계를 긋고 "아, 나는 안 돼! 역부족이야" 그러면서 더 이상 앞으로 나아가지 않는다는 것입니다. 앞으로 나아가지 않는 것, 실행하지 않는 것, 그것은 의지가 없기 때문입니다.

고집불통 固執不通

공자는 역부족이라는 염구에게 왜 힘이 되는 이야기를 해주지 않았을까요? 공자가 염구의 용기를 북돋아 주는 뒷이야기를 하지 않은 이유는 이미 염구의 자질을 잘 알고 있었기 때문입니다. 아무리 이야기해 줘도 염구는 바뀌지 않을 것이고, 하지 않을 것을 공자는 꿰뚫어보고 있었습니다. 왜냐하면 염구는 핑계를 대고 있기 때문입니다. 염구는 의지가 없어서 안 하는 걸 힘이 없어서 못한다고 자기기만을 합니다. 요즘은 여러 가지 이유로 고기를 안 좋아하는 사람도 있지만 옛날에 고기는 누구나 다 좋아하는 음식이었습니다. 내일 먹을 수 있는 것이 아니기 때문입니다. '만일 입이 고기를 좋아하듯이 도를 좋아했다면 네가 안 할 리가 없다', 그러니까 뭡니까? 결국 좋아하지 않는다는 말입니다. '너는 뜻이 없다. 그리고 너는 앞으로도 바뀌지 않을 거니까, 너랑 더 이상 이 주제에 대해서 이야기할 필요가 없다'는 것입니다. 좀 섬찟하지 않나요? 공자는 이렇게 잔인한 팩폭과 일갈을 일삼는 인간적인 사람입니다.

또한 공자는 자신의 삶을 통해 학문學文을 강조했습니다.

"배우면 고집불통이 되지 않는다學則不固."

배운다는 것은 고집불통, 즉 자기만의 생각에 빠지지 않는다는 것을 의미합니다. 그런데 염구는 학에 자질이 없는 사람입니다. 그러니까 겉으로는 학을 한다고 하지만 매사에 고집불통에 빠져있는 것입니다. 그 상태에서는 아무리 이야기해 줘도 '내가 좋아는 하는데 말이야, 역부족이야'라는 고집스러운 생각을 바꾸지 않을 것입니다. 지인知人에 능통했던 공자는 염구의 그런 성격을 잘 파악하고 있었습니다. 그렇기 때문에 공자는 고집불통인 염구에게 더 이상의 가르침을 주지 않습니다.

여기서 고집불통이라는 것은 주역에 나오는 '궁하면 변하고 변하면 통하고 통하면 오래간다'와 일맥상통하는 부분이 있습니다.

우리의 인생은 무슨 일이든 일어날 수 있습니다. 상황이 궁하면 변해야 합니다. 하지만 변한다는 것은 결코 쉬운 일이 아닙니다. 아무나 변할 수 있는 것이 아닙니다. 학이 되어 있는 사람만이 상황에 맞게 변할 수 있습니다. 그럼 학이 없는 사람은 왜 변하지 못할까요? 바로 고집불통에 빠지기 때문입니다. 변해야지 통하고 통해야 오래가는데 고집불통에 빠진 사람은 변하지 않습니다. 변할 수 없으니 통할 수 없고, 결국 오래갈 수 없습니다. 여러분, 내가 무언가를 간절히 바라고 있는 것이 맞는지, 내가 의지가 있는 것인지 생각해 보십시오.

여러분은 힘이 부족한 것이 아닙니다. 실행할 힘이 부족한 것이 아닙니다. 없는 것은 의지입니다. 여러분이 인생에서 어떤 선택을 할 때 항상 먼저 생각해야 하는 것은 바로 이것입니다. 여러분은 의지가 있습니까? 역부족이라고 이야기하지 마십시오. 의지가 없는 것입니다. 그렇다면 내가 왜 의지가 없을까요? 내가 이것을 정말 좋아하지 않을 수도 있습니다. 그것은 잘못된 것이 아닙니다. 자기기만에 빠져 힘들다고 하소연하지 말고 내가 뜻이 있는 것, 좋아하는 것을 찾으십시오.

 ▶ 아는 변호사

당신은 간절함이 있나요? 당신의 가슴을 뜨겁게 하는 것을 찾으세요 | 논어

합격을 위한 3가지 법칙 : 경계를 넘어서

성공이란 경계를 넘는 것이다

얼마 전 '아난티 코브 가평'에서 숙박을 했습니다. 회원권이 없으면 숙박을 할 수 없는 고급 리조트인데, 마침 지인에게 회원권이 있어 숙박을 할 수 있었습니다. 저는 리조트 안에 구비된 꽤 큰 자쿠지에서 반신욕을 하고, 발코니에서 맥주를 한잔 마셨습니다. 발코니 바로 앞에는 파3 그린이 있어서 사람들이 즐겁게 웃고 떠드는 모습이 보였습니다. 가을바람이 기분 좋은 청명한 10월이었습니다. 무엇 하나 부족할 것이 없는 광경이었습니다. 너무나도 속물적인 곳에서 망중한을 즐기다 보니 자연스럽게 성공이라는 것에 대해 생각하게 되었습니다. 우리는 속세에 살고 있습니다. 종교인이나 구도자의 삶을 사는 것이 아닙니다. 철저하게 세속적인 삶 속에서 우리는 각자 성공을 추구합니다. '성공'이란 무엇일까요. 소로우의 말을 빌려보겠습니다.

> 나는 실험에 의하여 적어도 다음과 같은 것을 배웠다. 즉 사람이 자기 꿈의 방향으로 자신 있게 나아가며, 자기가 그리던 바의 생활을 하려고 노력한다면 그는 보통 때는 생각지도 못한 성공을 맞게 되리라는 것을 말이다. 그때 그는 과거를 뒤로하고 눈에 보이지 않는 경계선을 넘을 것이다. 새롭고 보편적이며 보다 자유로운 법칙이 그의 주변과 내부에 확립되기 시작할 것이다. 그렇지 않으면 묵은 법칙이 확대되고 더욱 자유로운 의미에서 그에게 유리하도록 해석되어 그는 존재의 보다 높은 질서를 허가받아 살게 될 것이다. 그가 자신의 생활을 소박한 것으로 만들면 만들수록 우주의 법칙은 더욱더 명료해질 것이다. 이제 고독은 고독이 아니고 빈곤도 빈곤이 아니며 연약함도 연약함이 아닐 것이다. 만약 당신이 공중에 누각을 쌓았더라도 그것은 헛된 일이 아니다. 누각은 원래 공중에 있어야 하니까. 이제 그 밑에 토대만 쌓으면 된다.
>
> -『월든』(헨리 데이비드 소로우 저, 강승영 역, 은행나무) 중에서

『월든』에 나오는 문구 하나하나는 저에게 원동력이 되고 힘이 되고 난관을 극복하게 해줍니다. 특히 성공에 대한 이 부분은 저를 움직이는 절대 명령과도 같습니다. 소로우가 생각하는 성공이란 경계선을 넘는 것입니다. 그리고 그 경계선은 눈에 보이지 않습니다. 그 경계선을 넘은 사람은 새로운 질서의 허가를 받아 살 수 있습니다.

그 경계선을 넘지 못한 사람들은 기존에 누군가가 부여해 놓은 질서 안에서 살아야 합니다. 하지만 그 경계선을 넘는 순간 그 사람에게는 새롭고 보편적이며 보다 자유스러운 법칙이 확립됩니다. 저는 이 부분을 이렇게 해석합니다. 경계선을 넘은 사람은 자기의 삶에 대한 질서를 스스로 부여할 수 있습니다. 그 질서는 기존에 없었기 때문에 새롭고, 사람이기 때문에 보편적이며, 개인적인 것이기 때문에 자유스럽습니다. 자유스럽게 내 삶을 살기 위해서는 보이지 않는 경계선을 넘어 성공해야 합니다. 나에게 적용되는 법칙을 내가 결정하기 때문에 고독해도 더 이상 고독이 아니고, 연약해도 더 이상 연약함이 아닌 것이 됩니다.

새로운 질서를 부여받다

성공한 사람을 부자라고 표현하겠습니다. 경제적으로 성공한 것만이 성공한 것이냐고 힐난할 수 있지만, 자본주의 사회에서 누군가가 성공했는지 안 했는지를 가장 명확하게 알 수 있는 기준은 돈입니다. 그것은 부인할 수 없습니다. 여러분, 돈을 무시하지 마십시오. 부자들 중에는 괴짜가 많습니다. 엄청난 부자인데 경차를 타고 다닌다거나, 검소해서 와이셔츠 손목이 해지도록 입고 다니는 사람들 말입니다. 다른 사람들이 보기에는 부자들이 그런 모습을 하고 다녀도 더이상 가난이 아니고, 고독도 고독이 아닌 것이 됩니다. 그 사람에게는 세속의 질서가 아닌 자신이 스스로 만든 질서가 적용되기 때문입니다. 그렇지 않더라도 묵은 법칙이 확대되고 보다 더욱 자유로운 의미에서 그에게는 유리하게 해석됩니다. 그러니까 똑같은 일을 해도 성공한 사람이 하게 되면 그 사람에게는 수많은 찬사와 다른 평가가 따라옵니다. 즉 성공하지 못한 사람이 하면 사회가 부여한 기준에 따라 비난을 받을 일이, 성공한 사람이 하게 되면 찬사를 받게 됩니다. 서로 다른 질서와 기준 속에 살기 때문입니다.

경계를 넘기 위한 3가지 법칙

성공의 보이지 않는 선을 넘는 것은 굉장히 중요합니다. 소로우는 자기가 바라던 꿈을 향해 나아가다 보면 자기도 모르는 사이에 그 선을 넘어 성공할 수 있다고 강조합니다. 여기에서 성공을 위한 3가지 법칙이 나옵니다. 첫째는 꿈을 품으십시오. 둘째는 그 꿈의 방향을 설정하십시오. 마지막으로는 그 꿈을 향해 주저 없이, 한 점의 의혹도 없이 자신 있게 나아가십시오. 여러분이 그리던 바를 생활하려고 노력하세요. 그러면 여러분은 보통 때는 생각지도 못한 성공을 맞이하게 될 것입니다. 그 꿈을 세우는 것도, 이루는 것도 모두 여러분 자신입니다. 성공은 간절히 기도하면 신이 주는 은총이 아닙니다.

1. 꿈을 세워라.

2. 방향을 설정하라.

3. 자신 있게 나아가라.

누각은 원래 공중에 있다

가끔 꿈을 너무 크게 꾸는 것이 좋은지에 대해 물어보시는 분이 계십니다. 참 재미있는 질문입니다. 내가 지금 상황에서 이룰 수 있는 만큼의 꿈 또는 내가 상상할 수 있는 한도 내의 꿈을 꿔서는 비약적인 성공을 맛볼 수 없습니다. 소로우는 심지어 공중에 누각을 쌓아도 헛된 일이 아니라고 강조하고 있습니다. 누각은 원래 공중에 있어야 하니까 이제는 그 밑에 토대만 쌓으면 됩니다. 여러분이 지금 나에게 허락된 조건과 주어진 환경에 맞는 꿈만 꿀 필요는 없습니다. 여러분은 자신이 변할 것이라는 것을, 그 가능성에 대해 생각을 하지 못하고 있습니다. 극한 상황에 도달하면 사람은 변하고 성장합니다. 그러니까 여러분이 진정으로 원하는 꿈을 꾸십시오. 꿈을 꾸고 그것을 이루기 위한 방법을 찾은 뒤, 돌진하십시오.

성공에는 여러 가지 의미가 있습니다. 가장 단편적으로는 돈을 버는 것이 성공입니다. 하지만 꼭 그것만이 성공인 것은 아닙니다. 여러분, 꿈을 찾고 그 방향을 잡은 뒤 그 꿈의 방향으로 자신 있게 나아가십시오. 여러분이 생각하는 성공이 무엇이든 간에 자신 있게 나아가고 항상 그런 생활을 생각하면 여러분도 모르는 사이에 그 보이지 않는 경계선을 넘게 될 것입니다. 그리고 자신이 생각하는 그 성공을 이룰 수 있습니다. 저도 그렇게 살려고 부단히 노력 중입니다. 이 땅에 태어나서 제가 바라는 성공을 이루기 위해 자신 있게 나아가고 있습니다. 물론 중간에 죽고 싶을 만큼 어려운 일도 겪었습니다. 하지만 저는 죽음이 아닌 성장을 선택했고, 지금도 끊임없이 전진하고 있습니다. 언젠가 우리는 우리도 모르는 사이에 보이지 않는 경계선을 넘어 더 높은 질서의 허가를 받아 자유롭게 살게 될 것입니다.

 ▶ 아는 변호사

성공하고 싶으세요? 그럼 이렇게 하세요 | 월든

무엇이 꿈을 이루게 하는가

진심으로 빈다는 것은 목숨을 걸고
그 꿈을 이루기 위해 노력한다는 뜻이다

2019년 7월 1일, 저는 변호사로서 새로운 인생을 시작하게 되었습니다. 변호사 사무실을 오픈하면서 정신없는 나날을 보내던 저는 어느 날 서재를 정리하다가 오래전에 쓴 일기를 발견했습니다. 초등학생 시절 쓴 빛바랜 일기장도 몇 권 있었습니다. 저는 제 마음 상태나 다짐들을 글로 남기는 것을 좋아합니다. 생각을 글로 적다 보면 그 과정에서 정리가 되고 상황이 명료해지는 경우가 종종 있습니다. 그것은 사실 우리가 자유의지로 선택할 수 있는 일이 생각보다 많지 않기 때문입니다. 어릴 때는 일기라는 형식으로 커서는 플래너라는 명목으로 이곳저곳에 참 많은 생각을 남겨놓았습니다. 초등학교 생활, 수능을 앞둔 고3의 심리 상태, 고대 법대에서의 마음가짐, 고시공부를 하면서 받았던 심리적 고통 등이 고스란히 글로 남아있었습니다. 다시 읽어보니 그때의 감정들이 새롭게 느껴졌습니다. '아, 옛날엔 내가 이렇게 생각했었구나', '20대의 나는 이렇게 생각했구나'. 시험을 목표로 공부하지 않더라도 무언가 목표를 위해서 매진하는 사람이라면 내면에서 일어나는 생각의 변화를 글로 남기는 것을 추천 드립니다. 그것은 어렵고 힘들 때 끊임없이 나를 채찍질하는 훌륭한 자극제가 됩니다. 저는 2001년 본격적으로 고시공부를 시작하며 이런 글을 적은 적이 있습니다.

진심으로 빈다는 것은
목숨을 걸고 그 꿈을 이루기 위해 노력한다는 뜻이다.
그것이 꿈을 이룰 수 있는 힘을 낳는 것이다.

무언가를 진심으로 원한다면 어떻게 해야 합니까? 목숨을 걸어야 합니다. 여러분 마음속에는 감히 '진심'이라는 단어를 쓸 수 있는 목표가 있습니까? 진심으로 원한다는 것은 그냥 막연히 '그랬으면 좋겠다'가 절대 아닙니다. 진심으로 빈다는 것은, 진심으로 원한다는 것은 내 목숨을 걸고 그것을 위해서 노력하는 것을 의미합니다. 무엇을 걸으라고요? 목숨입니다. 여러분이 목숨을 걸고 노력할 때에만 그 꿈을 이룰 수 있는 힘이 나옵니다. 이보다 더 강렬하게 내 결의를 보여

줄 수 있는 말은 없습니다. 또 내 의지를 설명하기 위해 중언부언할 필요도 없습니다. 이 말 한마디면 충분합니다. 이것은 소로우가 말한 '강인한 스파르타인처럼 살아 인생의 모든 골수를 빼 먹는다'는 말과 일맥상통한다고 할 수 있습니다. 스파르타인이 어떻게 생활했는지, 어떤 어린 시절을 겪고 성장해 나가는지에 대해 우리는 비록 체험하지는 않았지만 어느 정도 알고 있습니다. '강인한 스파르타인'이 어떤 느낌인지에 대해 우리는 잘 알고 있습니다. 그런 자세로 목표를 이루기 위해 노력하십시오. 여러분의 하나밖에 없는 목숨을 거십시오.

먼저 간절히 원하는 목표를 세워라

우리는 모두 단 한 번밖에 살 수 없습니다. 그동안 무언가 진심으로 원하는 목표가 있고, 그것을 이루기 위해서 내 목숨을 다해 노력하는 자세, 얼마나 멋있습니까? 인생은 폼생폼사입니다. 여러분은 하고 싶은 것을 해보고 싶지 않으십니까? 간절히 원하던 목표가 이루어지면 좋겠지만 설령 안 이루어진다고 하더라도 저는 그 자체로 멋진 삶이라고 생각합니다. 시도하고 도전하는 삶을 추구하십시오. 별똥별이 떨어질 때 소원을 빌면 이루어진다는 말이 있습니다. 여러분, 별똥별이 떨어질 때 소원을 빌어보신 적 있으신가요? 그런데 그 별똥별이 떨어지는 속도가 눈 깜짝할 새라는 것을 알고 계신가요? 만약 밤에 길을 걷는데 갑자기 하늘에서 별똥별이 떨어져 그 순간 소원을 빌어야 한다면 여러분은 그때 빌 수 있는 소원이 있나요? 별똥별이 떨어지는 그 순간에 간절히 원하는 소원을 빌지 못한다면 진심으로 원하는 것이 아닐 수 있습니다.

여러분, 무언가를 위해 간절히 원한다고 말하기 전에, 그것을 위해 노력을 하기 전에 먼저 확인해야 될 일이 있습니다. 여러분이 진심으로 원하는 것이 그것이 맞습니까? 진심으로 원한다는 것은 항상, 언제나, 늘 그것을 생각하고 있다는 것을 의미합니다. 한순간도 그것을 잊으면 안 됩니다. 내 목숨이 걸려있는 일이기 때문입니다. 일상에 젖어 다른 일을 하고, 다른 것으로 즐거워하고 슬퍼하는 삶을 살면서 진심으로 원하는 게 있다고 말할 수 있을까요? 그것을 위해서 매 순간 노력하고 있다고 말할 수 있습니까? 누군가가 아무리 노력을 해도 꿈을 이루지 못한다면 아마도 그 꿈이 그 사람에게 간절하지 않았기 때문입니다. 되면 좋지만 안 돼도 괜찮은 것입니다. 마음을 간절한 상태로 유지하는 것은 쉬운 일이 아닙니다.

꿈을 이루는 힘은 간절함에서 나온다

무엇이 꿈을 이루게 합니까? 여러분이 '간절히' 원하는 꿈이 있잖아요. 그리고 그것을 위해 기꺼이 목숨을 건다면 꿈은 이루어집니다. 여러분은 지금 힘이 없다고 생각합니다. '나 따위가 그것을 할 수 있을까?' 하는 의심이 듭니다. 하지만 매진하십시오. 노력하십시오. 그러면 그 꿈을 이룰 수 있는 힘이 나옵니다. 꿈을 이룰 수 있는 힘은 외부에서 오는 것이 아닙니다. 여러분 자신이 이미 갖고 있습니다. 그 힘을 잘 다루십시오. 그 힘을 끄집어내고 각성하십시오. 여러분 안에 잠들어있는 거인을 깨우십시오. 그러면 그 거인이 여러분이 진심으로 원하는 꿈을 이룰 수 있는 힘을 줄 겁니다. 꿈을 이룰 수 있는 힘은 이미 여러분 자신이 갖고 있다는 사실을 잊지 마십시오.

▶ 아는 변호사

무엇이 꿈을 이루게 하는가 | 최강 동기부여 영상(필독)

과정보다 결과가 중요하다

시험 일주일 전의 멘탈 관리

이 세상에는 다양한 시험이 있습니다. 시험을 보는 날도 다 다릅니다. 당장 시험을 며칠 앞둔 사람도 있고, 시험이 10개월 남은 사람도 있습니다. 아니면 1년 넘게 남은 사람도 있습니다. 그런데 어떤 시험이건 간에 여러분이 시험장에 가기 전에 반드시 들어야 되는 말이 있습니다. 제 경험에 비추어 보건대 시험 보기 딱 일주일 전에 들으면 가장 효과적입니다. 꼭 들으셔야 합니다. 이것은 저의 남동생이 저에게 직접 해준 이야기이기도 합니다. 우선 여러분 중에 나는 '심약하다', '흥분을 잘 한다', 아니면 '남의 말에 쉽게 멘탈이 나간다'라는 분은 듣지 않는 것이 좋습니다. 남의 말에 신경을 많이 쓰는 분, 노약자분들은 더 이상 읽지 마십시오. 읽지 않는 것이 정신 건강에 더 좋습니다.

　사법시험 1차를 보기 일주일 전이었습니다. 저에게 단기전이 시작되었습니다. 장기전에서 단기전 모드로 전환해서 주말에도 집에 가지 않고 신림동 독서실에서 공부를 했습니다. 하지만 공부가 잘되지 않았습니다. 시험을 앞두고 불안하기도 하고, 주말인데 독서실에서 공부를 하고 있다는 사실이 저를 우울하게 만들었습니다. 다음 주가 시험이니 당연히 해야 하지만 여러 가지 중압감으로 인해 기분이 가라앉는 것은 어쩔 수가 없었습니다. 결국 저는 가족들의 위안을 받기 위해 집으로 전화를 했습니다. 이럴 때 친구에게 전화를 하는 것은 그리 좋은 방법이 아니라고 생각합니다. 시험을 앞두고는 컨디션 조절이 제일 중요한데 친구가 어떤 말을 할지 알 수 없기 때문입니다. 사소한 말에도 큰 영향을 받을 수 있는 시기라서 친구는 별 생각 없이 한 말인데도 나는 크게 동요할 수 있기 때문입니다.

　공부에 방해되기 때문에 휴대전화를 가지고 있지 않았던 저는 독서실 앞 슈퍼 공중전화로 갔습니다. 줄을 서서 기다린 뒤 집에 전화를 했습니다. 신호음이 가는 동안 내심 반갑게 전화를 받아줄 엄마를 떠올렸습니다. 하지만 이때 전화를 받은 것은 집에 혼자 있던 남동생이었습니다. 그날따라 부모님은 모두 외출을 하시고 동생만 집에 있었던 것입니다. 저에게는 굉장히 안 좋은 일이었습니다. 실망한 채 일상적인 안부를 나누고 동생에게 이야기를 꺼냈습니다.

　"누나 다음 주가 시험인데 공부가 잘 안된다."

　그때 동생은 한창 게임을 하고 있던 것으로 기억합니다. 누나의 일에는 큰 관심 없다는 듯 시큰둥한 목소리로 제 동생은 이렇게 대답했습니다.

"과정보다 결과가 중요한 거 알지."

저는 이 말을 아직도 잊을 수 없습니다. 동생의 말을 듣는 순간 저는 '아, 끊어야겠다'라고 생각하고, 급히 전화를 끊고 독서실로 돌아갔습니다. 매정한 동생이 미우면서, 한편으로 곰곰이 생각을 하게 되었습니다. 그런데 맞습니다. 과정보다 결과가 중요합니다. 시험공부는 어떤 시험에 합격하려고 하는 공부입니다. 내가 그 과정에서 열심히 했다는 걸 보여주려고 하는 것이 아닙니다. 과정은 아무도 알아주지 않습니다. 여러분이 얼마나 열심히 준비했는지, 얼마나 많은 노력을 쏟아부었는지는 전혀 중요하지 않습니다. 결과가 불합격이면 떨어진 겁니다. 공부를 열심히 해서 떨어진 사람이나 놀면서 떨어진 사람이나 떨어졌다는 결과는 똑같습니다.

여러분, 일단 합격을 하셔야 합니다. 왜냐면 시험은 결과가 중요하기 때문입니다. 여러분은 그것을 알면서 그 시험에 뛰어들었으니까 합격을 해야 합니다.

시험의 유일한 보상은 합격이다

물론 여러분이 불합격하신다면, 그런 일은 없겠지만, 해드릴 말씀은 많습니다. 저는 '공부는 다른 거 할 거 없는 사람이 하는 것'이라고 생각하기 때문입니다. 그러니까 여러분이 지금 준비하는 시험에 떨어져도 괜찮습니다. 분명히 다른 길이 있습니다. 여러분이 가려고 노력하는 그 길이 전체 인생의 관점에서 평가하면 나에게 더 좋지 않은 것일 수도 있습니다. 하나의 문이 닫히면 다른 문이 열립니다. 이것은 진리입니다. 그리고 어떤 문이 나에게 더 좋은지는 끝까지 가보지 않으면 아무도 모릅니다. 하지만 여러분은 일단 시험을 보기로 결정했습니다. 여러분이 선택한 것입니다. 그렇다면 붙어야 합니다. 왜냐하면 과정보다 결과가 중요하기 때문입니다. 시험의 유일한 보상은 합격입니다. 꼭 붙으십시오.

 ▶ 아는 변호사

불안한 수험생을 단숨에 안정시키는 마법의 한마디 | 충격주의

시험은 스킬이다

시험의 목적은 수요와 공급을 맞추는 것이다

현실 세계에는 많은 시험이 존재합니다. 우리는 어릴 때부터 크고 작은 시험을 봐왔습니다. 어른이 된 지금도 각종 고시, 9급, 8급, 7급 등 다양한 공무원 시험, 회계사 시험 등 시험에서 완전히 자유로울 수 없습니다. 어른이 된 지금, 여러분은 시험을 왜 보나요? 여러분이 특정한 시험을 준비하는 이유는 시험의 종류만큼이나 다양할 것입니다. 어떤 사람은 공무원이 되고 싶어서일 것이고, 어떤 사람은 자격증이 있으면 조금 더 수월하게 돈을 벌 수 있을 것이라고 생각하기 때문입니다. 이와 같이 우리는 다양한 욕망과 사정으로 시험을 준비합니다.

그러면 출제 기관에서 그 시험을 보는 이유는 무엇일까요? 지금은 없어진 사법시험을 예로 들겠습니다. 사법시험 출제 기관은 법무부입니다. 법무부가 복잡한 사법시험을 통해 원하는 결과는 무엇이었을까요? 사법시험을 통과하면 법조인으로서 자격이 있다는 것을 보증하기 위해서인가요? 전혀 아닙니다. 사법시험은 그런 시험이 아닙니다. 사법시험을 보는 표면적인 이유는 그 사람이 사법연수원에 입소해서 수업을 잘 따라올 수 있는 수준이 되는지를 확인하기 위한 것입니다. 하지만 실질적인 이유는 연수원 입소 정원은 소수인데, 연수원 입소를 원하는 수요가 많기 때문입니다. 즉 시험이라는 과정을 통해 수요와 공급을 맞추는 것뿐입니다. 사법시험의 경우는 공급과 수요의 격차가 유난히 컸기 때문에 균형을 맞추기 위해 시험이 굉장히 어려웠던 것입니다. 그러니까 시험을 준비하는 학생이라면 당연히 딱 그만큼만 공부해야 합니다. 시험은 빨리 붙는 것입니다. 시험은 기술이고 기능입니다. 붙기 위한 공부가 아니라 떨어지지 않기 위한 공부를 해야 합니다.

장수생이 탄생하는 이유

시험공부를 하는 사람과 학자가 되려는 사람의 공부하는 방법은 엄연히 다릅니다. 같을 수가 없습니다. 시험공부의 목적은 합격입니다. 그렇다면 그 목적에 맞게 공부를 해야 합니다.

고대 고시반과 신림동에서 공부할 때 정말 많은 장수생 선배들을 보았습니다. 그 선배들의 법률 지식은 그야말로 차고 넘쳤습니다. 머리도 똑똑하고 법률적 소양이 풍부하며 인성조차 고매하여 당장 사법연수원에 간다 해도 모든 과목에서 우수한 성적을 받을 수 있습니다. 훌륭한 법조인이 될 자격이 넘치는 분들입니다. 그런데 그분들은 오랫동안 시험에 붙지 못합니다. 그 이유가 도대체 무엇일까요? 제가 내린 결론은 이것입니다. 그들은 해당 시험에서 요구하는 사항을 간과한 것입니다. 사법시험은 연수원 정원에 들 수 있냐 없냐만을 테스트하는 시험입니다. 자본주의 사회에서 모든 것은 수요와 공급 원칙이 결정합니다. 사법연수원 정원은 1천 명입니다. 그런데 들어가고 싶은 사람은 3만 명입니다. 그러면 어떻게 해야 합니까? 잘라내야 합니다. 사법시험은 잘라내기 위한 시험입니다. 그래서 딱 그만큼만 하면 됩니다. 사법시험을 통해 나의 법률적 소양을 높이겠다고 생각하는 순간 합격과는 멀어지게 됩니다.

어떤 장수생들은 실력이 매우 뛰어나서 물어보면 모르는 것이 없습니다. 웬만한 교수님의 뺨을 칠 정도이고 독자적인 학설까지 만드는 수준입니다. 이미 공부를 오래 해서 기출문제도 다 알고 모범 답안도 다 압니다. 하지만 실전 시험에서는 통하지 않았습니다. 반면에 이제 막 시험을 시작한 고시생이 간혹 동차로 시험에 붙기도 합니다. 사법고시는 1차와 2차를 모두 붙어야 최종 합격이 됩니다. 3차 면접이 있기는 하지만 형식적인 부분이니 논외로 하겠습니다. 사법고시는 그 양이 방대하기 때문에 1차와 2차를 같은 해에 붙는 것은 쉬운 일이 아닙니다. 그래서 1차를 붙으면 2차를 두 번 볼 수 있도록 해줍니다. 그러니까 1차를 한 번 유예해 주는 것입니다. 예를 들어 2015년에 1차를 붙으면 그해에 2차를 보고, 2016년 2차도 볼 수 있습니다. 1차를 다시 볼 필요가 없는 것입니다. 2015년 한 해에 1차와 2차를 동시에 붙는 것을 '생동차'라고 하고, 1차가 유예된 다음 해 2차 시험에 합격하는 것을 '동차'라고 합니다. 말도 안 되는 것 같지만 가끔 생동차를 해내는 고시생들이 있습니다. 이를 어떻게 설명할 수 있을까요?

장수생이 불합격하고 초짜들이 합격하는 일이 가능한 이유는 시험은 기술이기 때문입니다. 장기전은 밑 빠진 독에 물을 붓는 과정입니다. 시험공부에서의 기술이란 밑 빠진 독에 물을 빠르게 채울 수 있는 크고 새지 않는 튼튼한 바가지를 만드는 것입니다. 장기전은 나만의 바가지를 만들어서 막판에 이것을 이용해서 물을 들이붓는 과정입니다. 그리고 시험장에 들어갈 때는 그 독이 찰랑찰랑하게 차 있어야 합니다. 장수생이 그 뛰어난 실력에도 불구하고 매번 시험에 붙지 못하는 이유는 바로 밑 빠진 독에 물을 채우지 못하기 때문입니다. 장수생이 그 긴 시간에도 불구하고 매번 독에 물을 채우지 못하는 이유는 유효한 바가지를 만들지 못했기 때문입니다. 필요한 것은 새지 않는 1개의 튼튼한 바가지인데 장수생은 여러 개의 작은 바가지만을 만든 것입니다. 이런 바가지로는 때가 되었을 때 밑 빠진 독에 물을 채울 수가 없습니다.

합격에 필요한 공부를 하라

여러분의 시험공부 목표가 '합격'이라면 합격에 필요한 공부를 하십시오. 절대 학자가 되려는 사람처럼 공부를 하면 안 됩니다. 학자의 공부법은 호기심과 탐구가 중요한 요소로, 창의적인 발상이 필요합니다. 하지만 시험공부법에서 이런 요소는 해악입니다. 호기심과 탐구와 창의는 여러분을 장수생의 길로 이끌 것입니다. 시험공부법은 비판 없는 이해와 암기가 핵심입니다. 그리고 이것을 답안지에 적절하게 표현할 수 있는 스킬만 있으면 됩니다. 그리고 이 과정을 단기간에 해내야 하기 때문에 고도의 집중력이 필요합니다. '왜 그렇지?'라는 물음을 가지는 순간 주화입마走火入魔의 길로 들어서게 되는 것입니다. 학문적 호기심과 탐구에 열의가 기득한 분들은 학자가 되셔야 합니다. 시험은 기능입니다. 여러분이 지금 준비하는 시험이 어느 정도의 수준을 요구하는지 먼저 판단하세요. 그리고 딱 그만큼만 하면 됩니다.

시험은 최대한 빨리 붙는 것이다

만일 그 이상을 하면 어떻게 될까요? 물론 그 이상을 해도 시험에 붙을 수 있습니다. 하지만 그렇게 해서 붙는 것은 인생의 많은 자원을 낭비한 것입니다. 우리의 시간과 에너지는 한정되어 있습니다. 굳이

235

어렵게 공부를 해서 합격까지 시간과 에너지를 더 소비하였다면 나는 그만큼의 기회비용을 잃은 것입니다. 그 에너지를 다른 곳에 투입했으면 또 다른 성과를 낼 수도 있었는데, 기회를 날려버린 것입니다. 시험의 유일한 보상은 합격이고, 시험은 최대한 빨리 붙는 것입니다. 그리고 합격과 불합격의 차이는 천양지차天壤之差입니다. 보이지 않는 경계선을 넘느냐의 문제입니다. 특히나 시험공부는 목숨을 걸고 하는 것입니다. 여기저기 정신을 팔면서 여유를 부리면 안 됩니다. 나는 할 수 있다는 마음가짐을 가지십시오. 시험은 뭐라고요? 몇 년이라는 기간을 잡고 공부하는 것이 아닙니다. 최대한 빨리 붙으십시오.

 ▶ 아는 변호사

시험은 스킬이다 | 시험에 빨리 붙는 법 | 시험공부 언제까지 하실겁니까?

매일매일 최상의 상태를 유지하는 방법

일상에 급격한 변동을 주지 마라

우리가 지금 준비하는 시험은 장기전입니다. 장기전에서는 잘 쉬어야 합니다. 잠도 충분히 자야 하고 중간중간 휴식을 취해야 합니다. 운동도 꾸준히 해야 합니다. 공부할 시간도 부족한데 왜 이런 것들이 필요할까요? 우리가 시간 낭비라고 생각할 수 있는 이런 것들이 바로 공부를 계속할 수 있게 해주는 요소들입니다. 장기전에서는 매일매일 몸 상태를 최상의 컨디션으로 유지하는 것이 관건입니다. 공부와 아무런 상관이 없어 보이는 운동이 공부할 때 반드시 필요한 7가지 요소의 한 부분을 차지할 정도입니다. 잘 쉬셔야 합니다. 그렇다면 어떻게 하는 것이 잘 쉬는 것일까요? 쉬는 것도 일관적이어야 합니다.

공부를 하는 동안 내 일상에 급격한 변동이 있어서는 안 됩니다. 주말에도 분명히 쉬어야 합니다. 저는 토요일 오전까지 공부하고 토요일 오후부터 일요일 저녁까지 쉬었습니다. 토요일 오전까지 신림동에서 오전 공부를 한 뒤 맛있는 특식을 사먹고 집에 가서는 가족들과 함께 영화를 보거나 말 그대로 그냥 쉬었습니다. 별다른 활동을 하지 않았습니다. 다음 날 또 신림동에 들어가서 공부를 해야 하기 때문에 공부에 영향을 미칠 만한 변수는 최소화해야 하기 때문입니다. 공부할 책은 가지고 가지 않았습니다. 책을 가지고 가봤자 볼 수도 없고, 봐서도 안 됩니다. 쉬러 간 것이지 공부하는 환경을 바꾸러 간 것이 아니기 때문입니다.

매일매일 자기 보상을 줘라

아무리 목숨 걸고 공부를 하는 사람이라도 공부가 안될 때가 있습니다. 하루에 10시간씩 공부하는데 어떻게 매일매일 잘되겠습니까. 안되는 날이 분명히 있습니다. 우선 공부가 안되는 날을 최소화하기 위해서 자기 보상이 필요합니다. 저는 취미 생활로 운동도 했지만 하루하루 저에게 보상을 해줬습니다. '네가 열심히 공부를 했으니까 이런 보상을 줄 거야'라고 스스로에게 약속을 합니다. 당시 스스로에게 준 보상은 바로 '만화책'이었습니다. 신림동에는 만화방이 무척 많았습니다. 저는 만화책을 즐겨 보던 사람이 아니었기 때문에 볼 만화는 차고 넘쳤습니다. 유명한 만화는 대부분이 시리즈물인데, 하루에 한 권씩 봤습니다. 하루 공부를 마치고 밤 10시에서 11시경 독서실을 나서면서 만화방에 들러 한 권씩 빌립니다. 여러 권씩 빌려 가는 학생들이 많지만 반드시 한 권만 빌렸습니다. 그리고 자기 전에 읽습니다. 가끔 포장마차나 편의점에 들러 떡볶이나 컵라면을 사가기도 합니다. 떡볶이를 먹으면서 만화책을 본다! 저는 그 시간이 너무 행복했습니다. 그 30분 동안은 제가 고시생이라는 사실도, 내일도 고된 하루가 기다리고 있다는 사실도 모두 잊을 수 있었습니다. 그리고 다음 날 하루 일과를 무사히 마치고 또 스스로에게 보상을 줍니다.

장기전은 오래가야 하기 때문에 운동을 통해서 몸 상태를 최상의 컨디션으로 만드는 것이 중요하고, 스스로에게 계속 보상을 주어야 합니다. '너 이 시험 붙으면 보상을 줄게' 이건 안 됩니다. 보상이 너무 멀어서 매일매일을 버티는 힘이 되어주지 못합니다. 주어진 환경에서 작지만 행복한, 내가 정말 즐거워할 수 있는 상을 스스로에게 줘야 합니다. 저한테 유용했던 보상은 만화책이었습니다. 시간을 주도적으로 조정할 수 있고 많은 시간을 들이지 않으면서 즐거움을 얻을 수 있는 방법이었기 때문입니다.

스스로 절제하라

여기에서 주의할 점이 한 가지 있습니다. 보상 자체에 빠져서는 안

된다는 것입니다. 만화책은 굉장히 재미있습니다. 공부를 하다 만화책을 보면 얼마나 재미있겠습니까. 하지만 그 만화책에 빠지면 안 됩니다. 한 권만 읽어야 됩니다. 두 권을 읽으면 안 됩니다. 만약 공부로 심신이 지쳐있거나, 만화가 너무 재미있어서 다음 권을 읽지 않고는 도저히 공부를 못할 지경이라면 두 권까지는 괜찮습니다. 하지만 그 이상은 안 됩니다. 스스로 절제해야 합니다. 다음 권을 읽기 위해서 나는 다음 날 하루의 공부를 마쳐야 한다는 원칙을 세우고 지키십시오. 당근과 채찍을 스스로 줄 수 있어야 합니다. '자기 보상'에서 보상이란 어떤 행동에 대한 대가나 칭찬입니다. 보상을 받기 위해서는 그에 상응하는 행동을 하십시오.

누구나 공부가 안될 때가 있다

물론 이렇게 매일매일 자기 보상을 주더라도 공부가 안될 때가 있습니다. 장기전에서는 누구나 겪는 일입니다. 이럴 때 꾸역꾸역 책상에 앉아 있으면 안 됩니다. 효율이 오르지 않을 뿐더러 스스로를 질책만 하게 됩니다. 그러다가 이것이 자학과 우울증으로 연결되면 정말 큰일입니다. 이럴 때는 책을 덮으세요. 그리고 자기만의 휴식법을 찾으세요. 저는 신림동 거리를 산책하거나 서점에 가서 새로 나온 책이 있는지 이것저것 구경했습니다. 조금 더 심하면 성당을 찾았습니다. 다행히 신림 9동에서 걸어서 10분 정도의 가까운 위치에 삼성산 성당이 있어서 2주에 한 번 정도 성당까지 산책을 갔습니다. 불이 꺼진 성전에서 하느님께 붙게 해달라고 떼를 쓰기도 하고, 울기도 하고, 이런저런 생각을 합니다. 그리고는 성물聖物 쇼핑을 합니다. 성물은 작은 기념품으로, 왠지 갖고 있으면 공부가 더 잘될 것 같은 기분이 듭니다. 또 다른 즐거움은 문구점을 가는 것이었습니다. 문구점에 가서 새로 나온 펜도 살펴보고, 포스트잇도 좀 예쁜 것을 사며 기분 전환을 합니다. 우리는 버스를 타고 어디 멀리 갈 수가 없습니다. 월요일부터 토요일 오전까지는 무조건 신림동에 있어야 하고 거기서 모든 것을 다 해결해야 합니다.

소소한 일탈은 반복을 이끌어 내는 힘이다

소소한 일탈을 통해 스스로에게 보상을 주어 매일매일 최상의 컨디션을 유지하는 것이 장기전의 핵심입니다. 그것이 결국 반복을 이끌어 내는 힘입니다. 공부하실 때 힘들잖아요. 힘들면 억지로 하지 마세요. 너무 심하면 하루이틀 방황해도 괜찮습니다. 짧은 방황이 몸이나 정신이 아픈 것, 즉 우울증에 걸린다거나 걱정불안이 너무 심해서 절망감에 빠지는 상태가 되는 것보다는 훨씬 낫습니다. 특히 정신이 아프면 시험은 물론이고 인생 자체가 휘청거릴 수 있습니다. 그런 상태에 빠지지 않게 스스로 관리를 잘해야 합니다. 그리고 장기전에서는 무조건 잘 쉬어야 합니다. 절대로 무리하지 마십시오.

▶ 아는 변호사

장기전에서 매일매일 최상의 상태를 유지하는 방법 | 자기 보상 | 장기전과
단기전의 구분

시험이 코앞인데 집중이 안된다면

시험을 앞두고 엄습하는 불안감의 정체

공부 잘하고 계십니까? 공부든 뭐든 자신이 원하는 것을 위해 열심히 나아가고 계십니까? 오늘은 공부가 잘 안될 때에 대한 이야기입니다. 때는 지금으로부터 약 20년 전, 장소는 신림동 고시촌 독서실, 날짜는 1월 3일, 저는 사법시험 1차를 코앞에 두고 있었습니다. 시험을 앞두고 밀려드는 불안감으로 인해 조그만 일에도 쉽게 짜증이 났습니다. '내가 하고 있는 공부법이 맞는지'라는 의구심이 커 집중도 잘되지 않고, 결과에 대한 심리적인 압박도 있었습니다. 이어지는 글은 1차 시험을 앞두고 불안감에 휩싸인 한 고시생의 일기입니다.

오늘은 좀 우울하다. 며칠 전 모의고사에서 엉망이었던 영어, 그에 대한 염려. 1월로 접어들면서 방대한 공부 분량을 따라잡지 못하는 내 자신에 대한 의구심. 과연 이것이 인간의 두뇌로 할 수 있는 일이란 말인가? 쏟아지는 판례, 조문, 학설들. 인생에 대한 회의가 드는 날이다. 그래도 심연의 나락으로 떨어지는 그 감정까지 느껴지지는 않는다. 하지만 그래도 평평 울고 싶다. 그렇지만 멈춰서 버리는 것은 또 그만큼의 고통이 그 수십 배로 밀려올 것을 알기에 나는 일어나 공부하고 같은 시간에 밥을 먹고 또 이렇게 자리에 앉는다. 지금 일기를 쓰고 있는 것이 일탈이라면 일탈이랄까?

그냥 웃어버리자. 그래도 난 내 색깔이 있고 꿈을 이루기 위해 매진하는 삶을 살고 있으니 얼마나 행복하며 얼마나 감사한 일인가. 나의 삶을 산다는 것이 이 사회에서 얼마나 큰 특권인지 나는 너무도 잘 알고 있지 않은가. 나에게 허락된 모든 것들에 감사하자.

시험을 앞두고 집중이 참 안되었습니다. 물론 1차 시험은 2차 시험에 비하면 새발의 피라는 사실을 나중에 알게 되었지만요. 이 당시에는 2차 시험을 경험하지 못했기 때문에 솔직히 1차만으로도 벅찼습니다. 공부가 힘들 때, 특히 시험이 코앞이라서 한숨을 돌릴 시간조차 없을 때, 막판에 스퍼트를 올려야 할 때, 어떻게 해야 할까요? 우리는 이런 상황에서도 스스로를 다독이며 자기 자신을 공부할 수 있는 상태로 만들어야 합니다. 이때는 강렬한 동기부여보다는 평정심을 찾아주는 계속적인 동기부여가 필요합니다. 이 일기는 제가 제 스스로를 다스리기 위해 썼던 내용입니다. 여러분은 혹시 '심연의 나락으로 떨어진다'는 것이 무슨 느낌인지 아시나요? 저는 이렇게밖에 표현하지 못하겠는데, 인생을 살면서 그럴 때가 있습니다. 마치 끝도 없는 어두운 공간 아래로 떨어지는 느낌입니다. 내가 어떤 공간에 있는지 도무지 가늠할 수 없습니다. 무엇 때문에 떨어지는지도 모릅니다. 단순히 시험 때문만은 아닙니다. 이런 느낌은 제 인생에서 적지 않은 빈도로 찾아왔습니다. '심연深淵'은 끝이 없는 장소잖아요. 그 나락으로 끝도 없이 떨어지는 느낌은 정말 고통스럽습니다. 하지만 그 순간이 오래 지속되지는 않습니다. 그 찰나의 순간에 온갖 고통이 응축되어 밀려옵니다. 그래서 공포스럽습니다. 그때는 몸서리가 쳐질 정도로 힘들기 때문입니다.

시험이 임박하면 누구나 다 힘듭니다. 공부가 일상이 되어버린 하루하루를 견뎌내는 것이 너무나도 고통스럽습니다. 그래도 공부할 때 받았던 괴로움은 심연의 나락으로 떨어지는 만큼의 고통은 아니었습니다. 개인적으로 참을 만했습니다. 시도와 실패는 자신을 단련시키는 중요한 자원입니다. 공부할 때 슬럼프가 올 때가 있습니다. 공부가 안되는 것은 미래에 대한 불안 때문입니다. '내가 과연 이 시험에 붙을 수 있을까?', '붙을 수만 있다면 지금 투자하는 것이 전혀 아깝지 않겠지만 만약에 떨어진다면 젊은 시절, 20대, 정말 꽃같은 시간을 허비하고 있는 것이 아닌가' 이런 생각이 들면 내 모든 것을 걸고, 내 모든 것을 쏟아붓고 매진하기 어렵습니다. 결과에 대한 회의와 의심이 드는 것입니다. '내가 과연 붙을 수 있을 것인가'에 대한 의심이 들기 시작하면 누구나 멘탈이 흔들리면서 집중이 되지 않습니다. 몰입을 하지 못합니다.

시험 막판에 공부 방법을 바꾸지 마라

공부뿐만 아니라 인생을 통틀어 가장 중요한 것은 동기부여입니다. 그다음은 자기만의 공부 방법을 찾는 것입니다. 공부 방법은 사람마다 다릅니다. 10시간을 할지, 15시간을 할지, 휴식을 어떻게 할지, 공부를 어떻게 할지는 사람마다 다릅니다. 마지막은 자신이 찾은 공부법에 자신감을 가지고 끝까지 밀어붙이는 것입니다. 여러분이 '내가 과연 붙을 수 있을까?'라는 회의가 든다면, 그것도 시험에 임박해서 그렇다면 자신의 공부 방법에 자신이 없기 때문입니다. 그래서는 안 됩니다. '내가 이 시험에 붙을 수 있을까'라는 고민은 시험에 뛰어들기 전에 하는 것입니다. 그때는 충분히 고민을 해야 합니다. 이것저것 알아보고 내가 과연 붙을 수 있는 시험인지, 그리고 내가 정말 원하는 것인지 계속 의심하고 자기 자신한테 질문하는 과정을 거쳐야 합니다. 그런데 시험이 이제 한 달 남았는데, 1년 동안 모든 것을 쏟아부어 준비한 시험이 한 달 남은 상황에서 그런 생각이 든다는 것은 문제가 있습니다. 여러분의 공부 방법에 문제가 있는 것입니다. 다시 재정립해야 합니다. 하지만 시간이 없다면 어쩔 수 없습니다. 이제 와서 공부법을 바꿀 수는 없는 노릇입니다. 패턴을 바꿀 수 없습니다.

일단은 밀고 나가야 합니다. '내 공부 방법이 최선이고, 이렇게 매일 매일 공부해서 시험을 보기만 하면 나는 붙는다'라고 자기를 계속 세뇌시켜야 합니다. 최상의 컨디션으로 나를 시험장까지 끌고 가기 위해서는 그렇게 할 수밖에 없습니다.

다시 규칙적인 일과표를 철저히 지켜라

저는 1차 시험을 앞두고 무기력증에 빠졌습니다. 그 난국을 타개하기 위해 한 일은 무엇일까요? 결국 다시 규칙적인 일과표를 철저하게 지킨 것이었습니다. 저는 10시간 공부법을 활용했습니다. 몰입해서 공부하는 시간은 10시간이고, 그것을 지키기 위한 일과표가 있었습니다. 몇 시에 일어나서 밥 먹고, 운동 가고, 저녁 공부하고, 취침하고, 그냥 일과표를 그대로 지켰습니다. 기분이 다운되고 시험 결과에 회의가 들 때 이를 극복할 수 있는 방법은 스스로가 세운 계획을 그대로 실천하는 것뿐입니다. 우울한 기분에 심취해 책을 덮고 독서실을 나가는 순간 이제는 공부하는 일상으로 돌아올 수 없습니다. 돌아올 수 없는 강을 건너는 것입니다. 왜냐면 지금은 시험이 임박한 비상사태이기 때문입니다.

잃지 말고 두 배로 얻는 사람이 되라

심리적으로 불안하고 의심이 들어도 같은 시간에 일어나고 같은 시간에 공부할 수 있었던 것은 바로 마인드 컨트롤 때문입니다. 『삼국지』에 나오는 청년 유비의 일화가 있습니다. 청년 유비는 늦가을에 북쪽의 고향으로 돌아가는 길에 넓은 개울을 만나 신발을 벗고 바지를 걷은 채 차가운 물을 건넙니다. 젖은 바지를 입고 다시 길을 가려고 할 때, 어떤 노인이 저쪽에서 유비를 불러 '다리도 없고 배도 없으니 네놈이 나를 업어 건네다 주어라'라고 말합니다. 이미 추워서 떨고 있던 유비는 물에 들어가 노인을 업고 다시 개울을 건너옵니다. 그런데 이 노인이 보따리를 두고 왔는데 유비가 찾을 수 없을 것이니 다시 자신을 업고 저쪽으로 건너가라고 큰 소리로 호통을 칩니다. 유비는 다시 한 번 말없이 노인을 업고 건너갔다 옵니다. 노인이 왜 수고로움을 참았느냐 묻자 유비는 '잃어버리는 것과 두 배로 늘어나는 차이 때문입니다'라고 대답합니다.

유비는 이기적인 사람이다

지금 잡생각이 들고 공부가 안된다는 이유로 독서실 문을 박차고 나가버리면 지금까지 한 공부까지 사라지게 됩니다. 청년 유비는 아무말도 하지 않고 다시 노인을 업고 강을 건너가 보따리를 가지고 돌아옵니다. 유비는 왜 이렇게 무익한 행동을 했을까요? 유비가 원래 착한 사람이어서일까요? 아닙니다. 유비는 굉장히 이기적인 사람입니다. 만일 유비가 노인의 보따리를 가지러 가지 않았다면 유비가 노인을 업고 강을 건너온 선의마저 다 없어지게 됩니다. 이미 한 A라는 선행이 있는데, 그에 따르는 B라는 선행을 하지 않으면 내가 이미 한 A라는 선행 역시 하지 않은 것이 됩니다. 결국 아무것도 안 한 것입니다. 내 노력과 에너지를 쏟아부었지만 결과적으로 남는 것은 아무것도 없게 됩니다. 이것을 알고 있던 유비는 아무 말 하지 않고 할아버지를 업고 강을 건넜고, 수고로움이 두 배로 늘어나도록 하여 자신의 이익을 챙겼습니다.

일단 하기로 했으면 끝까지 해라

시험판에 뛰어들지 말지를 결정하는 단계라면 할 수 있는 모든 의심을 다 해보십시오. 그 과정을 거쳐서 아니다 싶으면 아예 시작을 하지 마십시오. 하지만 일단 하기로 결정했으면 끝까지 해야 합니다. 여러분은 이미 시간을 투자했습니다. 그리고 이제 얼마 남지 않았습니다. 그렇다면 가야 합니다. 가능한 최상의 컨디션으로 시험장에 가서 시험을 봐야 합니다. 불안할 때는 내가 지금까지 쏟아부은 것을 생각하세요. 우리의 최대 노력을 10이라고 할 때 지금 8까지 했습니다. 시험에 붙고 안 붙고를 떠나서 2만 더 하면 내가 할 수 있는 10은

다 한 것입니다. 그런데 그 2를 남겨두고 멘붕이 왔다고, 공부가 안된다고, 결과를 알 수 없다는 이유로 멈춰 서버린다면 여러분이 지금까지 노력한 8도 허공으로 사라지게 됩니다. 너무 아깝지 않나요? 배 아프지 않으세요? 욕심이 나지 않으십니까? 욕심과 욕망은 굉장히 중요한 감정입니다. 그것은 사람을 채찍질하고 성장하도록 도와주는 유익한 감정입니다. 욕심과 욕망을 떠올리세요. 내가 2만 더 가면 힐 수 있는 최선을 다한 것인데 그 2를 못 가서 지금까지 투자한 8까지 없어지는 것이 저는 너무 아까웠습니다. 저는 그런 생각으로 마지막 남은 2도 무사히 갈 수 있었습니다.

꿈을 이루는 것은 원래 어렵다

저는 대학생 때 종종 주변 사람들에게 '꿈이 뭐예요? 뭐 하고 싶으세요?'라고 물어보곤 했습니다. 다른 사람들의 꿈이 궁금했기 때문입니다. 질문을 받은 20대, 30대, 40대 사람들은 아련한 기억을 떠올렸습니다. '내 꿈이 뭐였지?'라고 어릴 적 기억을 더듬는 분도 있었고 '야, 그냥 사는 거지, 꿈이 어딨냐? 배 부른 소리 하고 있네'라고 힐난하는 분도 있었습니다. 저는 그때 꿈을 갖고 사는 어른들이 의외로 많지 않다는 사실을 깨달았습니다. 오히려 꿈이 뭐냐고 물어보는 것이 이상한 질문이었습니다.

여러분이 지금 각자 가슴속에 어떤 꿈을 가지고 있고 그것을 위해서 매진할 수 있는 환경이 된다는 것, 꿈을 세우고 꿈을 위해 특정 시험을 준비하면서 공부할 시간이 있고, 공부할 수 있는 돈이 있고, 다른 걱정 없이 일단 공부만 해도 되는 상황에 있다면 그 자체만으로도 굉장히 감사할 일입니다. 이것은 부인할 수 없습니다. 물론 공부하는 것은 쉽지 않습니다. 어떤 목표를 이룬다는 것은 원래 쉬운 일은 아닙니다. 하지만 여러분이 지금 누리고 있는 것, 여러분에게 허락된 그 상황에 감사하십시오. 그리고 일단 레이스는 시작이 되었으니 나머지 2도 무사히 완수하셔서 잃는 사람보다 두 배로 얻는 사람이 되십시오.

▶ 아는 변호사

시험이 코앞인데 집중이 안되는 이유와 대처법 | 이제는 붙자

하늘이 무너져도
지금 할 수 있는 일을 하라

실패는 창조력을 가지고 있다

우리는 살면서 크고 작은 실패를 겪습니다. 저 또한 42년 동안 여러 가지 실패와 좌절, 절망을 겪어야 했습니다. 아무런 실패도 하지 않는 사람도 있겠지만 별로 좋은 일은 아닙니다. 실패를 하지 않았다는 것은 시도를 하지 않았기 때문일 확률이 크기 때문입니다. 저는 실패가 나쁜 것이라고 생각하지 않습니다. 우리는 종종 실패의 부정적인 면만을 보지만 실패는 창조력을 가지고 있습니다. 실패는 스스로의 길을 찾게 해줍니다.

2차 행정법 과락 사태 발생

이번에는 제가 실패했던 이야기를 해드리겠습니다. 42살 인생에서 저를 휘청거리게 만들 정도로 큰 사건은 두 가지입니다. 그 중 첫 번째 사건은 사법시험 2차에서 떨어진 때입니다.

2003년 12월 5일
행정법 대량 과락 사태가 발생하면서 커트라인보다 월등한 점수를 받고도 불합격하는 인생 최대의 위기가 닥쳐왔다.
1차 준비를 해놓지 않아 무척이나 당황했고 너무나 억울해서 눈물이 펑펑 쏟아졌다.
내 주위의 모든 것에 대한 배신감을 느꼈다.
이렇게 끝날 것이었으면 왜 시작하게 하셨냐고 하느님을 원망했다.
그러나 착잡한 심정을 뒤로하고 당장 닥친 기말고사부터 해결해야 했다.
기말고사와 학점 관리 때문에 12월 한 달을 다 보내고 나서야 겨우 신림동에 둥지를 틀고 사법시험 1차 공부를 시작할 수 있었다.

제 나이 스물여섯 살, 사법시험 2차에 떨어졌습니다. 이때 2차에 떨어진 것은 다시 1차 시험부터 봐야 한다는 것을 의미했습니다. 분노와 절망감에 휩싸인 저는 하루하루를 지탱하기가 너무 힘들었습니다. 하지만 무너져 있을 시간도 많지 않았습니다. 그해 7월 무지막지했던 사법시험 2차를 마친 저는 신림동 생활을 접고 4학년 2학기 수업을 위해 학교 근처 하숙집으로 들어갔습니다. 기말고사를 앞두고 사법시험 합격자 발표가 났습니다. 학점을 중요하게 생각했던 저는 사법시험 불합격의 비보를 받아든 채 이제 막 시작하는 기말고사에 전념해야 했습니다. 잔인한 나날이 시작되었습니다.

그해는 전대미문의 행정법 대량 과락 사태가 발생한 해였습니다. 보통 사법고시 2차 시험은 케이스 한 개에 단문 두세 개 정도가 나옵니다. 아무도 예상하지 못한 문제가 출제되는 것을 '불의타'라고 합니다. 제가 기본서를 단권화 교재로 선택하는 것이 좋다고 한 이유는 기본서에는 목차가 빠지지 않고 들어있기 때문입니다. 따라서 매번 내가 어느 부분을 공부하는지 알 수 있고, 어떤 부분이 단문으로 뜨면 그것뿐만 아니라 앞뒤에 나와있는 내용까지 적절히 쓰며 답안을 좀 더 풍부하게 쓸 수 있고, 그래야 좋은 점수를 받을 수 있습니다. 바로 이런 이유로 기본서 단권화를 추천한 것입니다. 하지만 안타깝게도 당시 2차 재시 때 나만의 공부법을 찾지 못한 저는 행정법 단권화를 기본서로 하지 못했습니다. 당시 주류였던 김동희 교수님의 『행정법』 기본서로는 도저히 끝까지 갈 자신이 없었습니다. 그래서 이병철 변호사님의 『행정법』 요약서를 선택했습니다. 그 책은 저뿐만아 니라 신림동 대다수 고시생들의 행정법 교재였습니다. 그런데 행정법에서 '불의타'가 나옵니다.

풍문에 의하면 행정법 출제위원인 한 교수님께서 신림동을 주름잡고 있는 요약서를 매우 못마땅하게 생각했기 때문이라고 했습니다. 학자인 교수님 입장에서 보면 오직 시험을 대비하기 위해 변호사가 쓴 책이 수준에 안 맞았을 것입니다. 학생들이 시험만을 위한 책을 공부한다는 현실이 개탄스러우셨을 것입니다. 그래서 고시생들의 전반적인 실력을 체크하고 싹 한번 정리하기 위해 단문으로 불의타를 내십니다. 해당 요약서는 한 페이지 반 정도의 짧은 분량으로 그 주제를 다루고 있었습니다. 모두가 경악을 금치 못하는 상황에서 그래도 공부 좀 했다는 학생들은 머리를 쥐어짜내 기억을 더듬어 가며 그 부분을 써냈습니다. 하지만 놀랍게도 그 교수님은 신림동 대부분의 고시생들이 공부했던 그 책에 나오는 바로 그 내용을 쓴 고시생들에게 일괄적으로 과락을 주셨습니다. 38점, 이것이 당시 제가 행정법에서 받은 점수입니다.

여러분 과락을 아시나요? 일곱 과목 중 한 과목이라도 40점 이하가 나오면 다른 과목 점수와 상관없이 바로 불합격 처리가 되는 것이 과락 제도입니다. 당시는 노무현 정권 때였는데, 법무부에서는 이미 사법고시 합격생 1천 명을 배출하겠다고 공언한 상태였습니다. 1천 명을 선발해야 하는데 행정법 대량 과락 사태로 인해 합격생 1천 명이 불가능하게 되었습니다. 사태가 심각하자 급기야 법무부에서 해당 교수님과 연락을 하여 '일괄적으로 과락을 준 부분에 대해서 점수를 조정해줄 수 있겠냐'라는 내용의 협상을 시도했다는 소문까지 신림동에 파다했습니다. 그 정도로 파장이 큰 사건에 휘말리다니 개인적으로 대단히 운이 없었습니다. 한마디로 재수가 없었습니다. 저는 행정법 과락 사태에 제대로 걸려 다른 모든 과목에서 월등한 점수를 받았음에도 불구하고 그 행정법 38점 때문에 보기 좋게 떨어집니다.

하늘이 무너지다

그때의 제 심정은 아무도 이해할 수 없습니다. 당해보지 않고는 그 절망감과 분노, 허탈함을 감히 느낄 수 없습니다. '허탈감'이라는 표현은 너무 약합니다. 하늘이 무너지는 느낌? 나와 피를 나눈 형제자매, 부모님조차도 그 고통을 이해할 수 없습니다. 가족들은 그냥 옆에서 묵묵히 지켜볼 뿐이지 그 고통을 공감할 수 없고 또 느낄 수도 없습니다. 저를 더욱 슬프게 만든 사실은 제가 고대에서 그 교수님의 행정법 수업을 들었다는 것이었습니다. 저는 그 교수님을 무척 좋아했고 많이 존경했습니다. 굉장한 카리스마와 실력을 겸비한 교수님이었기 때문입니다. 행정법 수업을 모두 그 교수님께 듣고 올 A를 받았음에도 불구하고 정작 사법시험에서는 38점 과락 점수를 받았습니다. 아무리 다른 과목을 평균 이상 점수를 받고 커트라인 점수보다 높은 점수를 받았어도 떨어진 것은 똑같습니다. 이래서 떨어지나 저래서 떨어지나 떨어졌다는 결과는 달라지지 않습니다. 아무튼 전 떨어졌습니다. 또 기말고사 시험 기간이기도 해서 제가 느낀 좌절감을 현존하는 단어로는 설명할 방법이 없습니다.

지금 할 수 있는 일을 하라

우리나라는 학부가 굉장히 중요한 나라고 학부 성적이 여러분을 평생 따라갑니다. 학교는 어떻게든 바꿔 다른 학교로 갈 수 있어도 학점은 못 바꿉니다. 나중에 학교를 바꾸고 싶으면 학점이 좋아야 할 수 있습니다. 여러분의 대학교 학점은 충분히 발목을 잡을 수 있습니다. 그래서 저는 학점에 신경을 많이 썼습니다. 사법시험에 불합격했지만 기말고사를 수습하는 것이 우선이었습니다. 저에게는 학점이 더 중요했습니다. 12월에 합격자 발표가 났으니 당장 1차 시험까지 3개월도 채 남지 않았습니다. 시간이 없죠. 하지만 저는 일단 사시는 머릿속에서 지우고 기말고사를 열심히 준비했습니다. 그렇게 무사히 기말고사를 치르고 신림동으로 다시 입성한 것은 12월 말쯤이었습니다. 1개월을 다 보냈습니다. 제가 고대 법대를 졸업할 때 마지막 학점이 4.0이었습니다. 4.5 만점에 4.0이면 어디 내놔도 부끄럽지 않고 나중에 유학을 가더라도 자신 있게 내놓을 수 있는 학점입니다. 이렇게 학점을 관리하고 다시 신림동으로 가게 됩니다.

 아는 변호사

넘어졌을 때 일어서는 법 (상) | 당신은 이대로 주저 앉을 것인가? 다시 일어설 것인가? | 과락으로 사시 2차 떨어지고

불합격 후 마음 다잡는 방법

___

다시 에너지를 채워라

신림동에 돌아온 저는 우선 절망감을 극복해야 했습니다. 다시 시험을 보든 다른 새로운 일을 하든, 어떤 결정을 하든 스물일곱의 나이에 주저앉을 수 없었습니다. 무언가 새로운 일을 시작할 수 있는 에너지를 채워야 하는 상황이었습니다. 먼저 환경을 다시 세팅했습니다. 예전에 제가 공부한 독서실은 시설이 그렇게 좋은 곳은 아니였지만 위치는 신림9동의 중심가에 있었습니다. 하지만 이번에는 삼성산 성당 쪽으로 치우진, 약간 후미진 곳에 있는 독서실에 등록했습니다. 불합격했다는 사실에 위축이 되어서 그랬는지도 모르겠습니다.

1차 시험이 2개월도 채 남지 않은 상황이었고, 당장 1차를 붙어야

2차를 볼 수 있었기 때문에 그야말로 발등에 불이 떨어졌습니다. 다시 보는 1차 시험은 정말 힘들었습니다. 마음을 다잡아야 하는데 그게 잘 안 잡힙니다. 몸은 신림동에 있는데 마음이 전 우주를 떠돌아다니고 있었습니다. 38점 과락 때문에 떨어졌다는 사실이 계속 저를 괴롭혔습니다. 절망과 원망, 그런 복잡한 감정들이 가슴속에서 꾸준히 되살아났습니다.

2003년 12월 31일

돌고 돌아서 결국 제자리로 오고 말았지만 이러한 결과를 알았더라면 길을 떠나지 않았을 것인가? 그 자리에 주저앉아 인생이 스쳐 지나가길 기다렸을 것인가? 마음이 하고자 하는 일을 하는데도 굉장한 용기가 필요하지만, 그것을 억누르고 회피하는 것도 만만치 않은 용기가 필요하다.

내가 결국 법조인이 되지 못한다 하더라도 지금 이곳에서 이렇게 공부하지 않을 수 있는가. 이것은 나에게 주어진 운명이라고 생각한다. 어찌 감히 가지 않을 수 있단 말인가.

하지만 매 순간 순간 느껴지는 절망이 나를 힘들게 한다.

아프라삭스. 성장에는 고통이 따른다. 성장의 크기는 고통의 양에 비례한다.

나에게 주어진 이 고통을 즐겨 받자.

간절히 원한다면 외면할 수 없다

저는 진심으로 법조인이 되고 싶었습니다. 판사인지 변호사인지 검사인지 그것까지는 모르겠지만 간절히 법조인이 되고 싶었습니다. 그러기 위해서는 반드시 이 시험에 붙어야 합니다. 2년이라는 시간 동안 공부를 했고, 그것이 지금 물거품이 되었습니다. 여기서 끝내면 그야말로 아무것도 남은 것이 없습니다. 돌고 돌아 결국 제자리로 왔습니다. 그때 저는 제 자신에게 물어보았습니다. '너 만약에 이런 결과를 알았으면 안 했을 거야?' 저의 답은, '아니, 그래도 나는 이 길을 걸었을 거야'였습니다. 설령 이렇게 다시 원점으로 돌아온다는 사실을 알았다 하더라도 저는 결국 이 길을 갈 것입니다. 왜냐고요? 하고 싶으니까요. 간절히 원하니까요. 간절한 목표를 이루기 위해서 노력하는 것도 힘이 들지만 간절한 목표를 외면하는 것도 굉장한 용기가 필요합니다.

진심으로 하고 싶은 일이 있는데 여러 조건이 맞지 않아서 못하는 사람들이 있습니다. 돈이 없을 수도 있고, 상황이 안 될 수도 있습니다. 정말 하고 싶어 미치겠고 나의 모든 마음은 다 거기에 가 있는데 못 본 척 외면해야 하는 것만큼 잔인한 일도 없습니다. 목표를 위해 열심히 노력하다가 안 되는 경우와 달리 시도하지도 못하고 포기해야 한다면 인생 자체를 회의에 빠뜨립니다. 저는 계속 원하는 것을 얻기 위해 노력했을 것입니다.

끝날 때까지 끝난 것이 아니다

제가 2년 동안 고시공부를 안 했다면 좋은 결과가 있는 다른 일을 했을까요? 저는 아니라고 생각합니다. 시도는 없이 어떤 목표를 찾아 방황하느라 시간만 보냈을 수도 있습니다. '내가 2년을 투자해서 공부했는데 시험에 떨어졌어. 그럼 그 2년을 허비한 거야. 그 2년 동안 다른 일을 했으면 좀 더 값어치 있고, 남들보다 좀 더 앞서 나갈 수 있었을 텐데. 괜히 떨어질 시험에 투자한 바람에 나는 이렇게 됐어'라고 생각하는 것은 옳지 않습니다. 결과론적인 이야기에 불과합니다. 결과만 놓고 나의 지난 2년이 무의미했다고 몰아가면서 상황을 악화시킬 필요는 없습니다. 그렇게 생각할 필요는 없습니다. 여기서 중요한 전제는 물론 열심히 했다는 것입니다. 어영부영 시간 보내놓고 결과에 대해 선해善解해서는 안 됩니다. 실패했다고 헛된 2년을 보낸 것이 아닙니다. 그리고 끝날 때까지 끝난 게 아닙니다. 다시 도전해서 붙을 수 있습니다. 우리 인생은 무척 깁니다. 실패가 실패로 끝나지 않기 위해서는 끊임없이 앞으로 나아가야 합니다.

성장은 고통의 양에 비례한다

성장에는 고통이 따릅니다. 실패한 시간이 고통스럽지만 우리는 그 과정을 거쳐야 성장합니다. 아프라삭스Abraxas. 새는 알에서 나오려고 투쟁합니다. 알은 새의 전부입니다. 이 세상입니다. 새가 성장하기 위해서는 세계를 파괴해야 합니다. 제때 알에서 나오지 않으면 새는 결국 죽고 맙니다. 파괴한다는 것은 무슨 뜻입니까? 기존의 것을 다 없애버린다는 것입니다. 파괴의 과정이 감미롭고 달콤할까요? 자신을 둘러싼, 자기가 믿고 있던 세계를 파괴하고 나온다는 것은 고통스러운 과정입니다. 아마도 피가 철철 흐를 겁니다. 그런 고통스러운 과정을 거쳐야만 비로소 더 넓은 세계로 나올 수 있습니다.

우리도 마찬가지입니다. 또래에 비해 너무 힘든 하루하루를 보낼 수 있습니다. 나는 힘들어 죽겠는데 또래들은 너무 평온하고 안정된 삶을 살고 있고 행복해 보일 수 있습니다. 그런데 결과적으로 보면 어떤 삶이 더 좋은 걸까요? 그 안정된 삶이 영원히 안정될까요? 영원히 행복할까요? 그렇지 않습니다. '궁즉변 변즉통 통즉구'입니다. 우리 인생에서 궁할 때가 분명히 옵니다. 궁하다는 건 상황이 고통스러워서 울 만큼 좋지 않다는 것입니다. 궁하면 변해야 합니다.

변태는 고통스러운 것이다

변한다는 것은 무엇입니까? 기존의 나를 버리고 새롭게 탈바꿈해야 한다는 것입니다. 변태입니다. 저는 변태라는 말을 좋아합니다. 자신을 둘러싼 허물을 벗어야 나비가 될 수 있습니다. 나의 형상을 바꾸는 것은 분명 고통스럽습니다. 하지만 고통스럽지 않으면 변태를 할 수 없습니다. 고통을 무릅쓰고 변하면 오래갈 수 있습니다. 지금 행복하고 너무 안락한 삶을 살고 있는 사람들은 변할 이유가 없습니다. 하지만 그 사람들은 오래갈 수 없습니다. 변하는 사람만이 오래갈 수 있습니다. 나의 변화를 촉진시키는 요인이 나를 고통스럽게 합니다. '왜 나만 이런 고통스러운 인생을 살아야 하느냐'라고 절망에 빠져있는 분들에게 드리고 싶은 말은 그 절망의 과정을 거쳐야만 변태를 할 수 있고, 변해야지만 새로운 상황에 통하고 오래갈 수 있습니다. 궁한 상황에 처한 분들은 그런 상황이 온 것을 고맙게 생각해야 합니다. 여러분이 얼마나 성장할 것인지는 지금 여러분이 받는 고통에 비례합니다. 하루하루 숨쉬기도 힘든 만큼 고통스러운 분은 그만큼 더 성장할 가능성이 있습니다. 물론 그 과정을 잘 견뎌낸다는 것을 전제로 합니다. 성장에는 고통이 따릅니다. 이런 마음가짐으로 저는 어이없게 떨어진 2차 시험에서 마음을 추스르고 사법고시 1차에 다시 도전할 수 있었습니다.

▶ 아는 변호사

넘어졌을 때 일어서는 법 (하) | 성장은 고통의 양에 비례 | 사시 2차 불합격 후 마음 다잡기

밑바닥은 단단하다

최대한 밑바닥으로 내려가라

저는 속도감보다는 편안함을 좋아해서 혼자 유유자적 수영을 즐기곤 합니다. 특히 물속에서 하는 스트레칭은 그야말로 최고입니다. 깊이 잠수를 한 뒤 몸을 최대한 웅크리고 힘을 빼면 이내 몸이 물 위에 둥둥 뜨는데 그 느낌이 너무 좋습니다. 긴장이 해소되고 모든 것이 리셋되는 기분입니다. 이외에도 저는 물속에서 다양한 스트레칭을 합니다. 한번은 물속에서 뜀뛰기를 하던 중에 갑자기 왼쪽 발에 쥐가 났습니다. 허벅지나 종아리 근육에 쥐가 나면 그래도 절뚝이며 걸어 나올 수 있는데, 발목 부근의 소근육에 쥐가 나니까 아예 걷지를 못했습니다. 덕분에 저는 물속에 한참 동안 있어야 했습니다.

여러분 발에 쥐가 나면 어떻게 해야 할까요? 쥐가 나면 그 고통으로 인해 힘을 최대한 빼고 몸을 수축시키게 되는데, 사실은 오히려 발등을 확 꺾어서 팽창시켜 줘야 합니다. 이렇게 쥐가 난 발등을 당기면 엄청난 고통이 밀려옵니다. 하지만 고통은 잠시뿐이고 이내 곧 쥐가 풀립니다. 다리가 아프다고 해서 계속 오므리고 있으면 좀처럼 풀리지 않습니다. 우리 인생도 마찬가지입니다. 쥐가 났을 때 오히려 더 고통을 주어 쥐를 풀리게 하는 것처럼 인생의 어려움에 봉착했을 때 가능한 한 그 난국의 밑바닥까지 최대한 빨리 도달하는 것이 결국 그 난국에서 벗어나는 지름길입니다.

밑바닥이 단단하다는 사실을 의심하지 마라

늪에서 헤어나오기 위해서는 먼저 그 밑바닥이 단단하다는 사실을 의심 없이 믿어야 합니다. 이는 『월든』에도 나와 있습니다. 『월든』을 좋아해 여러 번 말씀드려서, 유튜브 영상을 보시는 많은 분들이 『월든』을 사서 읽어보겠다고 하셨습니다 하지만 그런 말을 들을 때마다 솔직히 약간 걱정이 되었습니다. 『월든』은 결코 재미있는 책은 아니기 때문입니다. 진도도 잘 나가지 않습니다. 주옥같은 말들은 도대체 어느 부분에 있다는 것인지 도통 알 수가 없습니다. 그도 그럴 것이 『월든』은 그 제목에서도 알 수 있듯이 작가가 그냥 '월든'이라는 호숫가에서 보낸 생활을 기술해 놓은 책이기 때문입니다. 일기와 비슷합니다. 우리에게 뼈와 살이 되는 통찰이 나오긴 하는데 그게 어느 대목에서 나오는지 알 수 없습니다. 저도 참 어렵게 읽은 책입니다. 김선택 교수님께서 귀중한 수업시간을 할애해 『월든』의 좋은 문구와 그에 대한 해석을 해주지 않으셨다면 아마도 가치를 발견하지 못했을 것입니다.

『월든』의 어느 문구가 의미심장한 가르침을 줄지는 읽는 사람에게 달려있습니다. 각자 처한 상황과 경험이 다르기 때문에 소로우의 어떤 통찰이 자기에게 와닿는지는 자신밖에 모릅니다. 인생에 대한 끊임없는 번민하고 있는 사람이라면 나에게 딱 들어맞는 부분을 발견할 수 있습니다. 다음은 늪에 빠진 나그네와 한 소년의 이야기입니다.

어떤 나그네가 한 소년에게 자기 앞에 있는 늪의 밑바닥이 단단한지 아닌지 물어보았다는 얘기를 어디선가 읽은 적이 있다. 소년은 밑바닥이 단단하다고 대답했다. 그 말을 듣고 앞으로 나간 나그네의 발은 이내 복대끈까지 빠져들어 갔다. 나그네는 소년에게 물었다. "너 이 늪의 밑바닥이 단단하다고 하지 않았느냐?" 소년은 대답했다. "밑바닥은 정말 단단해요. 하지만 아저씨는 아직 절반도 못 들어가셨어요."

사회의 늪과 유사流砂도 마찬가지라고 할 수 있다. 그러나 그것을 알게 되기까지에는 시간이 걸리는 것이다.

-『월든』(헨리 데이비드 소로우 저, 강승영 역, 은행나무) 중에서

밑바닥은 안전하다

늪의 밑바닥은 분명히 단단합니다. 하지만 밑바닥이 단단한 것을 알기 위해서는 늪에 더 들어가야 합니다. 나그네는 허리까지 빠진 것에 놀라서 그제야 소년에게 물어보지만 아무런 의미가 없는 질문입니다. 이제 나그네는 뒷걸음질로는 늪에서 빠져나올 수 없습니다. 앞으로 나아갈 수밖에 없습니다. 그저 단단한 밑바닥에 빨리 닿기만을 바랄 뿐입니다. 그런데 처음에 나그네가 소년의 말을 의심했다고 해도, 그 늪에 들어가지 않을 수 있었을까요? 저는 그렇게 생각하지 않습니다. 그 늪은 피할 수 없는 것입니다. 어디론가 가기 위해서는 반드시 그 늪을 지나야 하는 것이죠. 나그네는 눈앞에 놓인 늪이 무서워 그냥 그 자리에 머물러 있거나 아니면 늪의 밑바닥이 단단함을 믿고 나아가는 수밖에 없습니다.

밑바닥은 분명히 단단하다는 것은 중요한 사실입니다. 그렇기 때문에 밑바닥에 다다르면 우리는 바닥을 밟고 올라올 수 있습니다. 하지만 그때까지는 시간이 필요합니다. 그렇습니다. 늪에 빠진다는 것은 곤궁한 상황에 처한다는 말입니다. 우리는 보통 그런 곤궁한 상황에 지레 겁을 먹고 벗어나기 위해서 발버둥칩니다. '나는 이 상황이 싫다' 하고 소리치면서 허우적거리면 오히려 헤어나올 수 없습니다. 반면에 바닥은 단단하니까 바닥에 닿으면 안전합니다. 그러니까 단단한 바닥을 향해서 나아가야 합니다.

우리 인생에는 굴곡이 있습니다. 누구든지 올라갈 때가 있으면 분명히 내려갈 때가 있습니다. 이런 법칙을 무시하고 한없이 올라가는 사람은 없습니다. 그런 사람은 존재할 수 없습니다. 사람이 올라갈 때는 굳이 무언가를 찾지 않습니다. 올라갈 때는 그 자체로 에너지가 넘칩니다. 문제는 내려올 때입니다. 산에서도 내려올 때 사고가 많이 납니다. 우리가 인생의 하강 곡선에 다다라 내려오는 순간에 어떻게 내려와야 하느냐, 그것이 관건입니다.

내려가지 않으려고 쓸데없이 버티지 마라

내려오는 순간임에도 이를 알지 못하고 안 내려가기 위해 허우적대면 안 됩니다. 인생의 하강 국면에서는 내려가야 합니다. 가능한 한 그 밑바닥까지 내려가십시오. 밑바닥에 다다르면 단단한 바닥을 밟고 올라갈 수 있습니다. 안 내려가려고 버티면서 자연의 섭리를 거슬러서는 안 됩니다.

여러분이 어떤 고통에 빠졌을 때 내려가는 사실 자체를 부인해서는 안 됩니다. 마인드가 중요합니다. 내가 지금 내려가는 것이 끝이 아니라는 믿음이 필요합니다. '나는 지금 내려가지만 밑바닥은 분명히 단단하고 나는 그 바닥을 밟고 다시 올라올 수 있다'라는 믿음이 있어야 잘 내려갈 수 있습니다. 그 믿음이 없기 때문에 내려가지 않으려고 용을 쓰고 그러면서 자꾸 다른 사단을 만들고 일을 더 크게 만듭니다. 내려갈 때는 그냥 내려가십시오. 가능한 한 빨리 순리대로 내려가세요. 내려갔다가 올라오면 됩니다. 인생은 끝날 때까지 끝난 것이 아닙니다.

올라오는 데는 시간이 필요하다

밑바닥은 단단하다는 것보다 더 중요한 사실은 올라오는 데는 시간이 필요하다는 것입니다. 권토중래捲土重來에는 시간이 필요합니다. 그 시간을 얼마나 잘 견뎌내느냐에 따라 인생의 성패가 좌우됩니다. 절대로 조급해하면 안 됩니다. 20~30대 분들은 인생이 굉장히 짧아 보일 수 있습니다. 지금 당장 무엇을 하지 않으면 큰일 날 것 같고, 친구들이 인정적인 직장에 취직하고, 자격증 시험에 붙는 것을 보면 조급한 마음이 듭니다. 나만 실패한 것 같고 나만 뒤쳐진 기분이 듭니다. 하지만 절대 그 감정에 속으면 안 됩니다. 인생은 깁니다. 긴 인생 동안 무엇을 할 것인지 자기만의 무게중심을 잡다가 나를 가장 강력하게 끌어당기는 인력에 의해서 끌려가야 합니다. 그래야만 인생에서 무수히 만나게 되는 늪을 잘 건널 수 있습니다. 그렇지 못하고 외로운 나머지 또는 조급한 나머지 싼값에 자신을 팔아넘긴 사람은 한 번 늪에 빠졌을 때 헤어나올 수 없습니다. 그냥 계속 밑으로 침잠하게 될 것입니다.

▶ 아는 변호사

늪에 빠진 또는 빠질 수 있는 당신에게 | 밑바닥은 단단하다 | 월든

시간이라는 위대한 마법사가
모든 것을 해결해 준다

인생은 시련과 극복의 연속

중국 칭화대학교에서 석사 유학을 하던 때, 제 나이는 서른네 살이었습니다. 적지 않은 나이에 20대 초중반의 중국 아이들과 함께 수업을 듣는다는 것은 정말 힘들었습니다. 특히 우리 반에는 외국인 학생이 저밖에 없었습니다. 첫 학기는 중국이라는 낯선 환경, 주먹구구식으로 이루어지는 것 같은 행정 처리, 초라한 중국어 실력 등으로 인해 견딜 수 없는 하루하루가 계속되었습니다. 극한 환경 속에서 혼자 울면서 교내 학생식당에서 밥을 먹으며 깊은 시름에 잠기곤 했습니다.

칭화대 법학원에는 스티엔타오施天濤라는 중국 상법계의 대표 주자인 미국 유학파 교수님이 계셨습니다. 학생 사이에서는 성격 나쁜

기로 악명을 떨치고 있는 분입니다. 저는 스교수님의 상법특수문제 연구 수업을 수강하고 있었습니다. 그 수업은 주로 상법과 관련한 미국의 주요 판례를 연구해서 발표하는 방식으로 진행되었습니다. 첫 수업이 끝나고 저는 교수님께 따로 인사를 드리면서 간단히 소개를 하고 수강 신청한 사실을 말씀드렸습니다. 그러자 교수님은 대뜸 저에게 이렇게 얘기하고는 연구실로 쏜살같이 사라지셨습니다.

"이번 학기는 퇴이커退科, Drop하고 다음 학기에 수업을 듣게!"

교수님의 요지는 이 수업은 요구하는 수준이 높은데 중국어를 못하면 수강할 능력이 안 된다는 것이었습니다. 순간 저는 한 대 얻어맞은 것처럼 어이가 없었습니다. 혼자 빈 교실에 남겨져서 심각한 고민에 빠졌습니다.

'고대 법대를 우수한 성적으로 졸업하고 한국의 변호사인 내가 겨우 이 수업을 들을 능력이 없다는 말인가? 저런 괴팍한 교수님 밑에서는 낙제Fail할 게 뻔한데, 굳이 무리해서 들을 필요가 있을까?'

나의 비루한 중국어로 교수님을 설득시킬 수 있을까? 짧은 고민 끝에 저는 결국 교수님 연구실로 찾아갔고, 떨리는 심장을 부여잡고 심호흡을 한 뒤 교수님 방문을 두드렸습니다. 연구실 방문이 열리자마자 저는 기다렸다는 듯이 내뱉었습니다.

"교수님, 저 이 수업 듣겠습니다!"

교수님은 제가 연구실을 찾아온 것이 상당히 의외라는 듯한 표정을 지으셨습니다. 그러더니 저를 위아래로 살펴보시고는 심드렁한 표정으로 대답하셨습니다.

"마음대로 하게. 결과에 대해서는 자기 책임이니까!"

그렇게 우리의 전쟁 같은 대화는 끝이 났습니다.

중국에서의 석사유학 생활은 도전과 극복의 연속이었습니다. 이런 시련 속에서 제가 중국유학을 갈 수 있도록 멋진 추천서를 써주신 은사님께서 응원의 메일을 보내주셨습니다.

시간이라는 위대한 마법사가 모든 것을 해결해 줄 겁니다.

자기 자신을 불필요하게 괴롭히지 말고,

천천히 천천히 하나씩 하나씩 해나가다 보면

어느새 적응한 자신을 발견하게 될 거예요.

그리고 하고 싶어도 못하는 사람이 얼마나 많은데요.

히면서 힘든 것과는 비교할 수 없지요, 안 그래요?

하여간 무리하지 말 것.

힘들면 무조건 쉬었다가 할 것.

대국의 여유를 배우세요.

지금 필요한 것은 충분한 시간이다

'시간이라는 위대한 마법사가 모든 것을 해결해 준다'라는 메시지를 접한 저는 굉장한 충격을 받았습니다. 그렇습니다. 시간이라는 위대한 마법사를 기다릴 줄 아는 것, 그것이 바로 인생의 고수가 될 수 있는 유일한 길입니다. 진보는, 발전은 눈에 보이지 않습니다. 그렇지만 여러분은 하루하루 발전하고 성장하고 있습니다. 다만 그것이 보이지 않기 때문에 불안하고 답답한 것뿐입니다. 지금 필요한 것은 시간입니다. 어제의 나, 오늘의 나, 내일의 나가 얼마나 달라졌는지 나는 도무지 알 길이 없습니다. 하지만 한 달, 여섯 달, 1년이라는 시간이 지나면 보입니다. 여러분이 해야 할 것은 시간을 기다리라는 것입니다. 우리는 그 시간을 견뎌내지 못하고 중도에 포기합니다. 시간은 그전에는 보이지 않던 것을 보이게 해줄 겁니다. 여러분이 지금 해야 하는 것이 무엇입니까. 시간이라는 위대한 마법사를 기다리는 것입니다.

자기한테 맞는 최선의 일과표를 만들어 절대 공부시간을 확보하고, 시행착오를 거쳐 자기만의 공부법을 찾은 뒤, 매일의 보상을 통해 반복적인 일상을 충실하게 실행하고 있다는 전제하에서만 시간이라는 마법사가 나타납니다. 그렇지 못한 사람이 시간을 기다려봤자 어떠한 마법도 일어나지 않습니다. 이를 악물고 스교수님의 수업을 들은 저는 마지막 수업에서 한국 상법 판례를 분석하는 PPT 발표를 하였습니다. 40여 분의 발표가 모두 끝난 뒤 스교수님은 중국 학생들 앞에서 제 발표를 극찬하셨습니다. 저는 그때 아이처럼 해맑게 웃는 교수님의 얼굴을 볼 수 있었습니다. 시간은 분명히 마법사입니다.

아직 때가 되지 않았을 뿐이다

물은 '어느새' 포도주로 변해 있었다

2004년 12월 2일 오후 12시 10분.

민법 모의고사 1회분을 풀고 독서실을 나섰다. '지금쯤 합격자 명단이 발표되었겠지' 하며 서점 쪽으로 터덜터덜 걸었다. 늦게 확인할까도 생각해보았지만 그 두려운 순간도 시험의 일부라 생각하고 부딪치기로 하였다.

발표 날은 신림동 전체가 어수선하다. 상원서점 쪽에 20~30명의 인파가 저마다 휴대전화로 통화하거나 옆의 동료들과 수군거리고 있었다. '정말 대단한 열의야.' 나는 관심 없다는 듯 그들 곁을 스쳐 지나갔다. 아직 발표가 나지 않은 모양이다. 예정대로라면 어제 발표가 났어야 했다. 형사소송법 문제가 유출되어 위원회에서 수차례 회의를 하다가 이렇게 늦춰

지게 된 것이다. 그 위원회의 결론은 어이없게도 '없던 일로 하자'이다. 싱거운 양반들…. 하긴 예로부터 동서고금을 막론하고 시험이란 문제가 유출되기도 하고 대리시험도 보는 것이 아니겠는가. 뭐 새삼스럽게 문제 삼을 필요는 없겠지.

그럼 이제 어디로 가야 하나. 곧 발표가 날 것 같은데 점심을 먹고 싶지는 않았다. 더군다나 그 무리들에 섞여 방이 붙기를 기다리는 것은 더욱 끔찍한 일이었다. 발길 닿는 대로 가다 보니 어느덧 성당으로 향하고 있었다. 미사도 없을 시간이어서 성전 안은 불이 모두 꺼진 채였다. 차분히 성수를 찍어 성호경을 긋고 앞쪽에 자리를 잡고 앉았다. 약 3년 동안 정든 곳이다. 그 동안 주임신부님 한 분과 보좌신부님 두 분이 바뀌셨다. 2차 시험 기간 동안 유진이와 손을 잡고 얼마나 울었던지 모른다. 태어나서 다른 사람 앞에서 그렇게 울어본 것은 처음이다. 그때를 생각하니 지금 발표를 기다리며 또 이곳을 찾은 내가 처량해 보였다.

'주님, 어째서 지는 다른 사람들처럼 평범하게 살지 않는 걸까요? 왜 저에게 꿈을 갖게 하셨습니까. 그냥 살면 이런 고통을 겪지 않아도 되지 않습니까. 왜 저를 깨우셨습니까.'

애꿎은 하느님만 원망하고 있으려니 또 눈물이 났다.

이제 발표를 보러 가야겠다고 생각을 하니 가슴이 어찌나 두근거리는지 의자에 맞닿은 등까지 전달되었다. 다시 또 독서실 쪽으로 향했다. 아무리 좋게 생각해 봐도 150명 중에 15명 안에 들 자신이 없었다. 마음은 이미 한쪽으로 기울어져 있었다. 사람들이 저마다 종이를 들고 가는 것으로 보아 발표가 난 모양이다. 그렇겠지.

'15명이니 단 한 번에 알 수 있다. 1초도 걸리지 않는다. 잠깐이면 돼'
스스로 나 자신을 타이르며 방이 붙은 곳으로 갔다. 방에는 사법시험과
군법무관 2차 합격자 명단이 나열되어 있었다. 서서히 가까이 다가간다.
이름들이 점점 선명하게 보이기 시작한다. 15명의 이름이 모두 한눈에 들
어왔을 때, 그 찰나의 순간을 어떻게 표현할 수 있을까. 얼핏 내 이름은
보이지 않는다. '역시 떨어졌구나.' 이제는 담담한 기분이 되어 멍하니 방
을 응시했다. 그런데 문득 내 이름이 보였다.

'붙은건가?'

나는 슬쩍 응시번호를 확인했다. 응시번호 33301606. 내 머리보다도 2차
시험 동안 여러 번 반복하여 답안지에 기재했던 내 손이 먼저 그 번호가
바로 나임을 직감적으로 알아챘다. 난 그곳에 서있을 수가 없어 잠시 뒤
쪽으로 물러나 걷기 시작했다. 그러곤 다시 돌아가 마치 처음 방을 보는
것처럼 다가가 확인했다. 내가 틀림없다. 몇 번이나 그렇게 반복했다. 솔
직히 무엇을 어떻게 해야 할지 몰랐기 때문이다.

'하느님, 감사합니다. 엄마, 아빠가 얼마나 기뻐할까. 오빠도 언니도 또 동
생 놈은 어떻고…. 그래, 오늘 저녁 축하를 해야지. 케이크를 사고 꽃도
사야지. 엄마한테 가장 멋진 선물이 될 거야. 후배들에게 전화를 할까?
점심시간이 지나서 다들 밥을 먹었을 텐데…. 엄마하고 아빠는 어떻게 놀
래켜 드릴까…'

이런저런 생각들로 내 머릿속은 복잡했다. 순간 내 머릿속에는 '물은 어
느새 포두주가 되어 있었다'는 성경 구절이 떠올랐다. 2차 시험을 앞두고
외롭고 힘들 때 유진이와 함께 성경구절을 읽으며 하루하루를 버티던 때

가 있었다. 나의 가슴속에 아직도 맴도는 이 구절은 요한에 나오는 가나의 혼인 잔치였다.

예수와 예수의 어머니, 제자들이 가나의 혼인 잔치에 초대받아 갔습니다. 잔치 도중에 포도주가 다 떨어지자 예수의 어머니가 예수께 포도주가 떨어졌다고 알립니다. 예수께서는 어머니를 보시고 "아직 제때가 오지 않았습니다"라고 말씀하셨습니다. 그 자리에는 정결 예식에 쓰이는 돌항아리 여섯 개가 놓여있었습니다. 예수께서 하인들에게 "항아리마다 물을 가득히 부어라" 하고 이르셨습니다. 그들이 여섯 항아리에 물을 가득 채우자 예수께서 "이제 잔치 맡은 이에게 갖다주어라"라고 하셨습니다. 하인들이 잔치 맡은 이에게 갖다주었더니 물은 어느새 포도주로 변해 있었습니다.

고시공부를 하는 내내 저는 '이것은 인간의 두뇌로 할 수 있는 공부가 아니다'라고 생각했습니다. 합격은 그저 기적 같은 일이었습니다. 그런데 여러분, 그거 아십니까? 기적은 순식간에 일어납니다. 공부가 잘 안된다는 이유로 지금 심란하다면 아직 여러분의 때가 되지 않은 것뿐입니다. 그리고 그때가 되면 여러분은 그 찰나에 눈에 보이지 않은 경계선을 넘고 성공을 향해 나아가게 됩니다. 물이 '어느새' 포도주로 변해버린 것처럼 말입니다. 시간이라는 위대한 마법사가 마법을 부리는 순간입니다. 필요한 것은 때를 기다리는 것, 바로 시간입니다.

7장

고독

"공부는 혼자 하는 것이다."

당신이 외로운 이유와 대처법

자유로부터의 도피

저는 외로움을 잘 느낍니다. 누구와 같이 있어도 이 외로움은 좀처럼 사라지지 않았습니다. 공부할 때도 마찬가지였습니다. 그래서 이것은 피할 수 없는 존재의 외로움이라고 스스로를 이해시켰습니다. 사실 외로움은 대학생 때부터 고민해 오던 주제였습니다. 인간은 왜 외로울까? 해답을 찾아보고자 다양한 책을 읽었습니다. 그 과정에서 저는 자유와 외로움의 관계에 대해서 깨닫게 됩니다. 특히 에리히 프롬은 『자유로부터의 도피』라는 책에서 '두 가지 유형의 자유'를 들어 우리가 쉽게 외로움을 느끼는 이유와 그 해답을 제시합니다. 『자유로부터의 도피』는 일단 제목이 멋있습니다. 대학생 시절에 쏟아져 나오던 수많은 철학책 중 단지 제목이 마음에 든다는 이유로 이 책을 사서 읽기 시작했습니다. 하지만 스무 살이 읽고 이해하기에는 너무나도 어려웠습니다. 그대로 서가에 꽂혀진 이 책을 다시 꺼내어 읽어보게 된 것은 중년의 나이가 되어서였습니다. 인생의 성공과 실패를 경험하고 삶의 무게를 느끼기 시작할 무렵인 마흔 살, 저는 이제야 비로소 이 책이 가진 의미와 상징들을 이해할 수 있었습니다. 멘탈이 붕괴되었을 때 삶의 방향을 제시해 주는 아주 훌륭한 고전입니다.

사람들은 왜 자유를 버리고 복종을 선택하는가

나치 정권 치하의 독일 사람들이 히틀러에게 절대적으로 복종한 이유는 도대체 무엇일까? 이 책은 이런 의문점에서 시작합니다. 먼저 자유에 대한 고민이 필요합니다. 사실 우리는 태어날 때부터 자유를 갖고 있지 않았습니다. 중세시대까지 자유는 왕만이 가지고 있었습니다. 피지배계층에게 자유는 생소한 것이었습니다. 거주 이전의 자유도 없고 말할 자유도 없었습니다. 심지어는 생각할 자유조차 주어지지 않았습니다. 17세기 철학자 데카르트는 '나는 생각한다, 고로 나는 존재한다'라는 명언을 남깁니다. 지금 생각해 보면 너무나 당연한 말입니다. 그런데 데카르트는 이 말로 서양 근대철학의 출발점이 됩니다. 데카르트가 이 말을 하기 전, 생각하는 건 누구였을까요? 생각하는 주체는 인간이 아니라 신이었습니다. 그러니까 데카르트는 생각의 주체를 신에서 인간으로 가져온 사람입니다. 이것은 혁명입니다. 역사적으로 우리의 선조들은 피를 흘려가며 또는 목숨을 버려가면서까지 하나, 둘씩 자유를 얻어내 왔습니다. 덕분에 우리는 완전하진 않지만 비교적 자유로운 세상에 살게 된 것입니다.

그런데 왜 독일 사람들은 어렵게 선조들이 목숨을 걸고 얻어낸 자유를 나치로 대별되는 히틀러에게 갖다 바쳤을까요? 그들은 왜 복종했을까요? 처음에 사람들은 당시 나치의 독재정권, 공포정치, 탄압과 억압이 있었기 때문이라고 생각했습니다. 이런 상황에서 말할 수 없고 항거할 수 없는 상황이 사람들로 하여금 어쩔 수 없이 자기의 자유를 강탈당하고 복종할 수밖에 없게 만든 원인이라는 것입니다. 그렇다면 아무런 문제가 없습니다. 그런 환경만 배제되면 사람들은 다시 자유를 찾을 것이니까요. 하지만 시간이 흘러도 이런 현상은 나아지지 않았습니다. 독일의 나치는 사라졌지만 민주주의의 위기 시대가 오면서 일명 자유롭다는 모든 민주주의 국가에서 복종은 공통적인 현상이 되었습니다. 그래서 다시 분석을 해보니 나치 정권하의 독일 사람들은 자발적으로 자기의 자유를 나치에게, 히틀러에게 갖다 바친 것이었습니다. 자유를 버리고 복종을 선택한 것입니다. 자발적인 복종입니다. 자유로부터의 도피를 선택한 것입니다. 누가 강제하지 않고 스스로 선택했다는 점은 대단히 중요합니다. 너무나도 충격적인 일입니다. 위의 질문은 이제 "왜 사람들은 자유를 버리고 복종을 선택할까?"로 바뀝니다. 여기서 사람들이 복종의 대상으로 삼는 것은 상징물일 수 있고, 종교일 수도 있습니다. 아니면 어떤 개인이거나 권력 또는 언론일 수 있습니다. 복종의 대상은 다양합니다. 그렇다면 도대체 왜 그럴까요? 왜 피 흘려 얻어낸 자유를 순순히 갖다 바치고 복종을 선택할까요?

절망과 고립으로 이끄는 소극적 자유

에리히 프롬은 인간이 오랜 역사적 투쟁 속에서 드디어 얻게 된 자유를 소극적 자유와 적극적 자유로 분류합니다. 소극적 자유는 '어떤 것으로부터의 자유'입니다. 즉 누가 나에게 간섭하지 않고 터치하지 않는 상태입니다. 모든 사람은 자유롭습니다. 나도 자유롭고 쟤도 자유롭습니다. 각각은 독립된 인격체로 존재합니다. '○○로부터의 완벽한 자유'입니다. 이런 소극적 자유는 사람을 쉽게 절망과 고립에 빠지게 만듭니다. 그렇지만 사람은 다른 사람과 연대하고 협동하지 않고는 살 수가 없습니다. 소극적인 자유를 잘못 이해하면 '관계의 단절'을 불러옵니다. 소극적 자유는 나를 타인 또는 자연세계와 철저하게 단절시킵니다. 자유만을 강조하면 결국 고립됩니다. 그런 자유는 나를 상실감과 절망감으로 이끕니다. 우리의 인생에서 제일 위험한 것은 바로 이런 정신적인 고독입니다. 우리가 엄청나게 투쟁을 통해 얻어낸 자유를 소극적인 자유라고 이해해 버리면 그것은 결국 사람을 절망에 빠지게 만듭니다.

고립이라는 공포에서 벗어나기 위해
복종을 선택하는 사람들

절망에 빠진 사람들이 충동적으로 선택한 것이 바로 의존입니다. 바로 자유로부터 도피입니다. 그럼 어디에 의존할까요? 의존의 대상은 동질감을 느낄 수 있는 모든 것입니다. 에리히 프롬은 사디즘적인 충동과 매저키즘적인 충동으로 구분합니다. 매저키즘적인 충동은 자기 자신을 하나의 압도적으로 강한 권력 속에 넣는 것입니다. 어떤 강력한 권력 속에 자기 자신을 넣고 융합시키는 거죠. 그런 힘과 영광에 참여하려는 것입니다. 특정 연예인을 좋아하는 광팬이라면, 열광적 팬 그룹 안에서 다른 팬들과 연대감을 느낍니다. 나랑 쟤가 같은 사고를 하고 동일한 목표를 가지고 있다는 사실 자체에서 연대감을 느끼게 됩니다. 이제 고립감은 없어집니다. 나치 통치하의 독일 사람들이 자신들의 자유에서 도망간 이유도 이런 충동으로 설명할 수 있습니다. 사람들은 내가 고립되어 있다는 그 감정, 그 공포에서 벗어나기 위해 연대를 택합니다. 결국 연대할 수 있는 어떤 절대적인 대상을 찾는 거죠. 그것이 권력이든 종교든, 언론이든 연예인이든 상관없습니다. 사람들이 자기의 숭고한 자유를 갖다 바치는 이유는 결국 고립이라는 공포에서 벗어나기 위해서입니다. 이제 우리는 스스로가 마치 자유가 있다고 생각하는 착각 속에 빠져있는 자동인형이 되어 버렸습니다.

고립이 아닌 독립된 인간이 되는 방법
① 자발적으로 창조적인 활동을 하라

에리히 프롬은 이러한 상태에서 벗어나기 위해 소극적인 자유에 머물러서는 안 되고 적극적인 자유로 나아가야 한다고 충고합니다. 적극적인 자유는 '창조적인 활동'을 의미합니다. 자유로운 창조적 활동을 통해 스스로 생각하고, 감정과 의사를 표현하며 무언가를 만들어내는 활동, 거기에서 바로 적극적인 자유가 실현됩니다. 이러한 창조적인 활동을 통해서 비로소 내가 다른 사람과 연결되어 있다는 것 그리고 내가 우주에 하나의 유기체로 존재한다는 것을 느낄 수 있습니다. 그제서야 우리는 행복감과 만족감을 느낄 수 있습니다. 창조적인 활동에서 중요한 것은 바로 자발성입니다. 우리가 가진 자유는 '○○로부터의 자유' 그러니까 소극적인 자유가 아니고, 자발적으로 창조적인 활동을 했을 때 비로소 느낄 수 있습니다. 고립이 아닌 자유입니다. 독립적인 인간이 되기 위해서는 결국 자발적으로 어떤 활동을 해야 합니다. 거기에 답이 있습니다.

그런데 우리의 지배자들은 종교적인 이유 또는 어떤 정치적 목적에 의해서 사람들을 억압합니다. 성을 억압하고 감정을 마비시킵니다. 사람들을 감정적으로 마비시키기 위한 목적입니다. 그래서 사람들이 스스로 생각하는 능력을 없애버립니다. 에리히 프롬은 '감정을 금기한다'고 표현합니다. 우리가 감정을 표현하지 못하는 교육을 받아왔다는 것입니다. 욕망이나 근본적인 감정을 금기시하고 표현하는 방법을 마비시켜 결국 어떤 현상을 스스로 판단할 수 없도록 합니다. 심지어 무관심하게 만들어버립니다. 이렇게 되면 사람들이 적극적인 자유를 향해 나갈 수 있는 능력 자체가 말살됩니다. 이런 상황에서 마치 소극적인 자유가 진정한 자유인 것처럼 강조하면 결국 사람들은 절망에 빠져버립니다. 그리고 자기한테 주어진 소극적인 자유를 감당하지 못하고 누군가에게 갖다 바치고 의존합니다.

고립이 아닌 독립된 인간이 되는 방법
② 주체적으로 생각하라

우리는 학교에서 생각하는 방법을 배웁니다. 똑같이 사고하고 표준화된 삶의 양식을 습득합니다. 학교는 교육을 통해 우리가 독창적으로 사고할 수 있는 능력을 없앱니다. 적극적인 자유를 누리기 위해서는 제일 중요한 것이 자발적인, 창조적인 활동인데, 창조적으로 생각할 힘 자체를 말살시키는 것입니다. 태어날 때 당연히 가지고 있는 능력을 배양하지는 못할망정 마비시키고 없애버리는 것입니다.

스스로 찾으셔야 합니다. 자발적으로 생각하고 적극적으로 감정을 표현하도록 노력하며 각자의 창조적인 활동을 찾으십시오. 에리히 프롬은 예술가나 어린아이를 예로 듭니다. 예술가는 자발적으로 창조물을 만들어냅니다. 결과물이 중요한 것이 아니라 무언가를 만들어 가는 그 과정이 중요합니다. 바로 거기에 삶의 의미가 있습니다.

아무런 학습을 받지 않은 어린아이들은 스스로 생각할 줄 압니다. 그리고 자신의 감정을 표현할 줄도 압니다. 여러분 예술가와 어린아이와 같은 자발성이 있어야 합니다.

고립이 아닌 독립된 인간이 되는 방법
③ 모든 것을 의심하라

우리가 가진 자유가 고립이 아닌 독립이 되고, 자아실현으로 나아가기 위해서는 적극적인 자유가 필요합니다. 그리고 적극적인 자유는 자발적인, 창조적인 활동을 통해서만 얻을 수 있습니다. 하지만 이미 생각당하는 데 익숙해져 있는 우리는 '스스로 생각하는 것'이 어렵기만 합니다. '나는 생각한다. 고로 나는 존재한다'라는 명제는 400여 년이 지난 지금 이 시대에도 쟁취해 내야 할 가치입니다. 생각하는 주체는 여러분입니다. 나 자신입니다. 다른 사람이 생각한 것을 아무런 비판 없이 받아들이지 마십시오. 그 사람은 어떤 목적을 달성하기 위해 그런 말을 하는 것입니다. 모든 것을 의심하십시오. 비판 의식을 가지고 내 감정을 스스로 표현할 줄 알고, 자발적으로 창조적인 활동을 할 때 비로소 우리는 그 무엇에도 의존하지 않는 독립적인 인간이 될 수 있습니다. 여러분의 공부가 창조적인 활동을 위한 하나의 과정이기를 바랍니다.

▶ 아는 변호사

외로운 이유와 대처법 | 자유로부터의 도피

몰입해 있는 사람은 외롭지 않다

시간의 세례를 받은 고전에 답이 있다

우리는 살면서 다양한 어려움에 봉착합니다. 공부하는 사람도 그 과정에서 어려움에 직면합니다. 인생을 살면서 우리는 끊임없는 도전과 역경을 이겨내야 합니다. 저도 인생을 살면서 많은 어려움에 부딪쳤고, 심각한 우울증에 빠진 적도 있었습니다. 그럴 때 저에게 힘이 되어주고 그 긴 터널을 빠져나오는 데 도움을 주었던 책들이 있습니다. 처한 상황과 연령대에 따라 도움이 되는 책은 다릅니다. 제가 좋아하는 책의 공통점은 모두 고전이라는 점입니다. 저는 고전을 좋아하는데, 무라카미 하루키의 표현대로 '고전은 시간의 세례를 받았기 때문'입니다. 오랜 시간 시대와 세대를 넘어 사람들의 심금을 울리는 가치를 가지고 있어야 비로소 고전이 될 수 있습니다. 지금 힙하고 핫한 것도 좋지만 저는 고전 속에 만고불변萬古不變의 답이 담겨 있다고 생각합니다.

정말 공부에 몰두해 있는 학생은
사막의 수도승처럼 혼자다

여러분, 외로우시죠? 어떤 분은 연인과 헤어져서, 어떤 분은 존재하지 않는 연인을 그리워하면서, 어떤 분은 사랑하는 사람을 떠나보내서, 어떤 분은 인간이기 때문에 느끼는 존재의 외로움일 수 있습니다. 특히 공부하는 사람은 외롭습니다. 고시공부를 할 때 저는 외로웠습니다. 하지만 공부하는 사람은 외로움에 익숙해져야 합니다. 소로우는 인간적으로 외로운 삶을 살았습니다. 23세에 청혼을 한 여인과 그 부모의 반대로 이루어지지 못했고, '월든' 호숫가에서 2년 동안 철저히 혼자 살았습니다. 그 뒤 『시민의 불복종』, 『야생사과』 등 몇 권의 책을 집필했으나 큰 호응을 얻지 못한 그는 결국 폐결핵으로 45세의 나이로 사망합니다. 하지만 그는 삶에서 외로움을 느끼지 않았고 끊임없이 창의적인 활동으로 자신에게 주어진 삶을 주도적으로 이끌었습니다. 그의 임종을 지켜보던 사람은 "그처럼 행복한 죽음을 본 적이 없다"라고 말했습니다. 그는 한명의 인간이 지속적인 성장과 발전을 하기 위해서는 혼자 있을 것을 추천합니다.

나는 대부분의 시간을 혼자 지내는 것이 심신에 좋다고 생각한다. 아무리 좋은 사람이라도 같이 있으면 곧 싫증이 나고 주의가 산만해진다. 나는 혼자 있는 것이 좋다. 나는 고독만큼 친해지기 쉬운 벗을 아직 찾아내지 못하고 있다. 대체로 우리는 방 안에 홀로 있을 때보다 밖에 나가 사람들 사이에 돌아다닐 때 더 고독하다. 사색하는 사람이나 일하는 사람은 어디에 있던지 항상 혼자이다. 고독은 한 사람과 그의 동료들 사이에 놓인 거리로 잴 수 있는 것이 아니다. 하버드 대학의 혼잡한 교실에서도 정말 공부에 몰두해 있는 학생은 사막의 수도승만큼이나 홀로인 것이다.

농부는 하루 종일 혼자 밭에서 김을 매거나 숲에서 나무를 베면서도 외로움을 느끼지 않는다. 그것은 그가 일에 몰두해 있기 때문이다. 그러나 밤에 집에 돌아오면 여러 가지 생각이 떠올라 방 안에 가만히 혼자 있을 수가 없다. 그래서 하루 종일 혼자 있었던 것에 대해 스스로를 보상해 주어야겠다고 생각하여 사람들을 만나 기분 전환을 할 수 있는 곳을 찾아 나서는 것이다. 그러므로 농부는 학생이 밤과 낮의 대부분을 집에 있으면서 어떻게 권태와 우울증을 느끼지 않나 의아해한다. 농부는 학생이 집에 있더라도 농부처럼 그 나름의 밭을 갈고 그 나름의 나무를 베고 있으며 그런 다음에는 좀 더 집중된 형태이긴 하지만 농부와 똑같은 휴식과 사교를 찾는다는 사실을 이해하지 못하는 것이다.

-『월든』(헨리 데이비드 소로우 저, 강승영 역, 은행나무) 중에서

외로운 이유를 사람에게서 찾지 마라

공부하는 사람은 하버드 대학의 북적북적한 교실에 앉아있어도 사막의 수도승처럼 혼자입니다. 혼자라는 것은 외로운 것입니다. 그런데 수도승은 혼자 있지만 외롭지 않습니다. 수도승이 외롭다면 수양을 할 수 없습니다. 그렇다면 수도승은 혼자인데, 그것도 사막이라는 고립무원의 환경에서도 왜 외로움을 느끼지 않을까요? 그것은 바로 그가 그 순간에 몰입해 있기 때문입니다. 몰입해 있는 사람은 혼자 있더라도 외롭지 않습니다. 공부는 혼자만이 할 수 있는 것입니다. 여러분은 단순히 혼자 있으니까 외롭다고 생각하지만 그것은 착각입니다. 내가 외로운 것은 몰입하지 않고 있기 때문입니다. 혼자 있어서가 아닙니다. 공부는 외로움과의 싸움이라고 힐 수 있는데, 이는 결국 몰입을 하기 위한 끊임없는 투쟁입니다. 몰입하지 않는 순간 권태와 우울증이 찾아옵니다. 혼자 공부할 때 외로움을 느끼지 않으려면 몰입해야 합니다. 외로운 이유를 사람에게서 찾지 마십시오.

결국 혼자 가야 한다

사법고시 1차 시험을 며칠 앞둔 상황이었습니다. 처음으로 보는 1차 시험이라 무척 심란했습니다. 당시 유행하던 영화는 〈반지의 제왕 : 반지원정대〉였습니다. 원래 판타지 장르를 좋아하기도 해서 크리스마스

쯤, 가족들과 주말에 영화를 보러 갔습니다. 시험이 얼마 남지 않은 때의 대단한 사치였습니다. 영화의 마지막 즈음 프로도와 몇 명의 친구들은 반지 원정대를 결성하고 출정합니다. 원정대에는 왕도 있고, 왕자도 있고, 요정도 있고, 친구들이 있습니다. 모두 프로도를 도와 반지를 무사히 운반하려는 공통의 목표를 가지고 있습니다. 하지만 원정대는 곧 악당늘에게 습격을 받습니다. 원정대의 누군가는 반지의 마력에 의해 프로도를 공격하여 반지를 뺏으려고 합니다. 그런 과정을 겪으면서 프로도는 혼자 떠나기로 결정합니다. 강에 배를 띄우고 출발해야 하는데 악당들이 등 뒤까지 바싹 공격해 오고 있습니다. 조그마한 보트와 강을 번갈아 바라보는 프로도의 눈빛이 흔들립니다. 약간 겁을 먹은 듯한 표정, 고민하는 표정, 결심을 하는 듯한 표정이 2, 3초 정도 화면에 나옵니다. 저는 프로도의 그 표정에서 저의 심정을 느꼈습니다. 감정이 이입된 그 순간이 지금도 잊혀지지 않습니다.

사법고시 1차 시험을 앞두고 저는 무척 외로웠습니다. 사랑하는 가족들이 있지만 공부에 대한 고통과 어려움을 이야기할 수 없었습니다. 내 인생의 짐을 나누어 질 수 있는 사람은 없습니다. 그것은 불가능한 일입니다. 결국 저는 혼자 가야 한다는 사실을 깨달았습니다. 동일한 시험을 준비하면서 스터디를 같이하는 친구가 있어도 마찬가지입니다. 프로도는 결국 자기를 도와주겠다고 찾아온 사람들을 버려두고 혼자 배에 오릅니다. 원정의 목적을 성공하기 위해서이기도 하지만 그 사람의 안전을 위해서입니다. 공포와 두려움 속에서 고민하는 프로도의 클로즈업된 표정이 지금도 문득문득 떠오릅니다.

외로움은 몰입과 긴장을 통해서만 해소할 수 있다

아무도 여러분 인생의 여정을 함께 가줄 수 없습니다. 스터디 친구
가 있건 애인이 있건 그것과는 별개의 문제입니다. 누군가가 있든 없
든 똑같은 고통의 무게를 느껴야 합니다. 인생은 혼자 가는 것입니다.
그 길은 무소의 뿔처럼 혼자 가야만 합니다. 여러분이 공부하는 사람
이기 때문이 아니라 한 명의 인간이기 때문입니다. 공부하면서 외로
움을 느끼는 것은 이상한 일이 아닙니다. 외로운 것은 당연한 것입니
다. 외로움을 즐기고 고독과 친해지십시오. 외로움은 무언가에 몰입
하지 못하고 있다는 신호입니다. 여러분의 외로움은 몰입과 긴장을
통해서만 해소할 수 있습니다.

 ▶ 아는 변호사

인생은 외로움과의 싸움 | 몰입하는 사람은 외롭지 않습니다 | 월든

질식사하기 전에
정신을 환기시켜라

사람에게 의지하지 마라, 그는 당신을 동요시킨다

공부를 하다 보면 지칠 때가 있습니다. 특히 2, 3년씩 쏟아부어야 하는 장기전에서는 더욱 그렇습니다. 이런 장기전에서는 매일매일의 상태를 최상의 컨디션으로 유지하는 것이 당락의 관건입니다. 그렇기 때문에 짧은 시간이지만 꾸준히 운동을 해야 한다고 말씀드렸습니다. 이번에는 정신적인 부분에 대한 처방법을 말씀드리려고 합니다.

시험 기간 동안 정신 건강을 일정 수준으로 유지하는 것은 대단히 중요합니다. 수험생들이 가장 쉽게 빠지는 감정은 '외로움'입니다. 여기서는 이 외로움을 극복하는 매우 좋은 방법에 대해 소개하겠습니다. 이것은 저에게 매우 효과적인 방법이었습니다. 우리가 외로움을 느끼는 것은 너무나 당연한데, 이때 공부가 일상이 된 사람에게 필요한 것은 정신을 환기시키는 것입니다. 제때에 환기를 시켜주지 않으면 탁한 공기로 인해 질식해서 죽을 수도 있습니다. 그렇다면 어떻게 정신을 환기시킬 수 있을까요? 그 방법을 사람에게서 찾으면 안 됩니다. 평상심을 유지해야 하는 수험생에게 사람이라는 지극히 주관적인 존재에게 해답을 맡기면 절대로 안 됩니다.

공부와 상관없는 책을 읽어라

제가 사용한 방법은 책을 읽는 것입니다. 사법시험 1차를 준비하는 동안은 정신 환기용 책을 별도로 읽어야 할 만큼 힘들지 않았습니다. 2차 때는 매일매일 '도살장으로 질질 끌려가는 소' 같았습니다. 그때 저를 고시계에 발을 들여놓게 만든 친구는 행정고시에 붙은 뒤 연수원에서 즐거운 하루하루를 보내고 있었습니다. 제 고통을 그나마 이해해 주고 공감해 줄 수 있는 그 친구는 울고 있는 저를 위해 종종 신림동에 와서 격려를 해주었습니다. 그때 그 친구가 저에게 선물해 준 책이 포송령의 『요재지이聊齋志異』였습니다. 『요재지이』는 '요재가 남긴 기이한 이야기'라는 뜻이고, 요재는 작가인 포송령의 서재 이름입니다. 『요재지이』는 제가 원래 좋아하던 책인데, 그해에 민음사에서 아주 멋있게 총 6권짜리 완역본이 나와 소장하고 싶던 차였습니다.

여러분은 귀신, 요괴, 정령을 좋아하십니까? 저는 그런 판타지 세계를 좋아합니다. 특히 동양의 판타지는 심오한 철학을 바탕으로 하고 있어 매우 흥미롭습니다. 장국영과 왕조현 주연의 영화 〈천녀유혼倩女幽魂〉 역시 『요재지이』의 한 꼭지를 소재로 한 것입니다. 〈천녀유혼〉은 아무런 힘도 없고 권력도 없는 가난한 서생 영채신과 섭소천이라는 귀신의 사랑 이야기입니다. 저는 초등학생 시절 비디오테이프를 빌려서 〈천녀유혼〉을 봤습니다. 너무 재미있어서 비디오테이프를 반납하고 싶지 않았습니다. 당시의 장래희망은 비디오 가게 주인이었는데 어린 제가 보기에 비디오 가게 주인은 세상에서 제일 행복한 사람이었기 때문입니다. 아무튼 저는 친구의 편지와 귀신과 정령들 덕분에 고시공부에 찌든 정신을 환기시킬 수 있었습니다. 그 덕분에 2차 시험을 무사히 치렀습니다.

내 사랑하는 친구 지훈에게

봄이 오고, 여름이 오고
가을이 가고, 겨울이 가고
또 봄이 오는구나.

희망이란
본래 있다고도 할 수 없고
없다고도 할 수 없다.

그것은 마치 땅 위의 길과 같은 것이다.

본래 땅 위에는 길이 없었다.

걸어가는 사람이 많아지면 그것이 곧 길이 되는 것이다.

-노신의 『고향』 중에서-

지훈아,

내년 여름에 서안에 가자.

실크로드,

우리의 길을 찾아.

- 2002년 유진 -

고전을 통해 인생의 변하지 않는 가치를 상기하라

장기전 레이스를 달리고 있는 분들은 고전을 읽으셔야 합니다. 서양 고전뿐 아니라 중국 고전도 좋습니다. 규칙적인 생활 속에 갇혀 있는 고시생에게는 자유로운 생각조차 금지입니다. 고시생에게 일탈은 허용되지 않습니다. 하지만 이런 단절은 인간의 본성에 반하는 것입니다. 이로 인해 고시생들이 쉽게 외로움을 느끼고 정신이 피폐해집니다. 사람에게 창조적인 자유를 허용하지 않으면 누구나 그렇게 될 수밖에 없습니다.

제한된 조건에서 창조적인 자유를 만끽하게 하기 위한 가장 좋은 방법은 고전을 읽는 것입니다. 그리고 장르는 판타지입니다. 고전이어야 하는 이유는 오랜 시간을 통해 검증된 내용이기 때문입니다. 공부하는 사람은 그 어떤 것에도 흔들려서는 안 됩니다. 고전 속의 가치는 베스트셀러처럼 자극적이거나 충동적이지 않으며 인간의 본성에 가장 충실하기 때문에 안전합니다. 고전은 여러분을 쓸데없이 동요시키지 않을 것이고, 덤으로 여러분의 삶을 한층 더 다져줍니다. 솔직히 고전 판타지는 찾기 어렵습니다. 『요재지이』는 이 조건에 딱 맞는 거의 유일한 책입니다. 공부하는 사람을 위한 책이라고 할 수 있습니다.

유쾌한 상상력으로 공부에 찌든 정신을 깨끗이 씻어내라

작가인 포송령은 명말청초 사람으로 입신양명을 위해 과거시험에 계속 도전합니다. '붓 끝에 신기가 어리고 글에서는 기이한 향내가 난다'라는 찬사를 받기도 하였지만 포송령은 끝끝내 과거시험에 붙지 못합니다. 동서고금을 막론하고 시험은 운이 있어야 붙는 것입니다. 이제는 먹고살기조차 힘들어진 포송령은 각지를 떠돌아다니며 민초들의 삶을 직접 경험하고, 민간에서 구전되는 귀신 이야기들을 수집합니다. 그리고 자신의 신세에 대한 한탄과 비애를 작품으로 승화시키게 됩니다. 인간 세상에 실망한 포송령이 선택한 것은 판타지, 귀신의 세계입니다. 여우와 정령들이 나오는 그 세계는 유치해 보이지만, 인간 세상처럼 잔인하지 않습니다. 사람과 여우가 사랑을 나누기도 하고 친구가 되기도 합니다. 하지만 결국 약속을 지키지 않고 배신하고 떠나보내는 쪽은 귀신이 아니고 사람입니다.

'진정 나를 알아줄 이는 꿈속에서나 만날 수 있는 귀신들뿐이던가.' 실력이 있지만 결국 과거시험에 붙지 못해 뜻을 펼치지 못한 포송령의 회한이 절실히 느껴지는 부분입니다. 저도 신림동에서 고시 공부를 하면서 『요재지이』를 정독했으니 포송령의 감정을 그대로 느낄 수 있었습니다. 어떻게 보면 『요재지이』는 공부하는 사람에게는 참으로 잔인한 판타지입니다. 『요재지이』를 추천드리는 또 하나의 이유는 이 책은 판타지 문학의 최고봉이기 때문입니다. 헤르만 헤세 역시 『요재지이』에 푹 빠졌다고 합니다. 장기전에서는 정신을 환기시키는 것이 무엇보다도 중요합니다. 정신 환기를 위해 『요재지이』를 읽으십시오. 고전을 통해 인생의 변하지 않는 가치를 상기하십시오. 그리고 고전 판타지가 주는 풍부하고 유쾌한 상상력으로 공부에 찌든 여러분의 정신을 깨끗하게 씻어내십시오. 고전 판타지는 편협해지기 쉬운 여러분의 생각을 넓게 해줄 것입니다. 합격 후에도 여러분의 삶을 지속적으로 성장하게 해주는 창의력은 덤입니다.

▶ 아는 변호사

수험생이 반드시 읽어야 될 책 | 외로움 극복 방법

지금은 쓰레기 같은 교제를
할 때가 아니라 몰두할 때다

사람들의 교제는 값이 너무 싸다

『월든』에는 인간의 삶에 대한 깊은 성찰이 담겨 있습니다. 덕분에 저는 다양한 사색과 시도를 하며 인생을 살아가고 있습니다. 『월든』의 주옥같은 말들 중에 제가 특히 좋아하는 부분은 바로 교제에 대한 단상입니다. '주변의 많은 친구'는 인생에서 성공하기 위한 필수적인 요소로 여겨지곤 합니다. 사회는 우리를 그렇게 생각하도록 만듭니다. 저 역시 그런 생각에 빠져있었습니다. 다른 사람들과 어울리며 아무런 깊이도 없는 그저 서로의 뇌피셜을 나누는 것이 무의미하고 애꿎은 내 에너지만 낭비하는 것이라는 생각이 들면서도 그 악순환을 끊는 것은 쉬운 일이 아니었습니다. 그런 것이 처세술이고 성공의 법칙인 것으로 평가받았기 때문입니다. 그러던 중에 읽게 된 『월든』은 저에게 통쾌함 그 자체였습니다. 소로우는 인간의 교제가 얼마나 값이 싼 것인지를 통렬하게 비판합니다.

대체로 사람들의 사교는 값이 너무 싸다. 우리는 너무 자주 만나기 때문에 각자 새로운 가치를 획득할 시간적 여유가 없다. 우리는 하루 세 끼 식사 때마다 만나서 우리 자신이라는 저 곰팡내 나는 치즈를 서로에게 맛보인다. 이렇게 자주 만나는 것이 견딜 수 없게 되어 서로 치고받는 싸움판이 벌어지지 않도록 우리는 예의범절이라는 일정한 규칙들을 협의해 놓아야 했다.

우리는 우체국에서 만나는가 하면 친목회에서 만나며 매일 밤 난롯가에서 또 만난다. 우리는 너무 얽혀 살고 있어서 서로의 길을 막기도 하고 서로에게 걸려 넘어지기도 한다. 그 결과 우리는 서로에 대한 존경심을 잃어버렸다. 조금 더 간격을 두고 만나더라도 중요하고 흉금을 터놓는 의사소통에는 전혀 지장이 없을 터인데도 말이다. 공장에서 일하고 있는 저 여공들을 생각해보라. 그들은 꿈속에서까지 혼자 있는 일이란 없다. 내가 사는 이곳처럼 1제곱마일마다 한 사람이 살 수 있다면 좋지 않겠는가. 사람의 가치는 피부에 있는 것이 아니므로 어떤 사람의 피부를 만져본다고 그의 가치를 아는 것은 아니다.

-『월든』(헨리 데이비드 소로우 저, 강승영 역, 은행나무) 중에서

성인이 되어 직장을 구하고 본격적으로 조직생활을 하면서 우리

는 처세술이라는 것을 배웁니다. 처세술은 인위적인 교제라고 할 수 있는데, 인맥 관리라고도 합니다. 그런 것들을 못하면 '사회생활을 못한다'는 말을 듣습니다. 사람을 유형화하고 각각의 유형에 맞는 대응 방법을 공부합니다. 상대방을 이해하기도 전에 미리 정해진 범주에 그를 넣고 관리합니다. 각자의 개성에 대한 고려는 전혀 찾아볼 수 없습니다. 사회는 모든 것을 표준화하다 못해 이제는 인간관계까지 객관화하고 있습니다. 그런데 사람이 다 그렇게 천편일률적일 수 있을까요? 과연 그것이 정답일까요? 사회에서 성공하기 위해서, 성공이 아니더라도 제대로 사람 구실을 하기 위해서 마음에 들지도 않는 사람을 관리하는 것, 그렇게 나 자신을 속이고 인간관계를 맺고, 주기적으로 만나면서 말 그대로 '관리'하는 것에 대해 소로우는 '너무 값이 싸다'고 일갈합니다.

사람은 혼자 있을 때 비로소 성장한다

소로우는 19세기 사람입니다. 19세기는 교통수단이 지금보다 훨씬 좋지 않고, 휴대전화도 없었던 시절입니다. 서신을 주고받는 시대의 소로우가 사람들의 교제가 너무 값이 싸다고 평가합니다. 그 이유는 바로 우리가 너무 자주 만나기 때문입니다. 너무 빈번한 교제는 서로가 서로를 질리게 만들고 그 결과 서로 치고받고 싸우게 만듭니다. 그런 최악의 사태를 막기 위해서 만든 것이 바로 예의범절이라는 규칙입니다. 그러니까 너무 자주 만나는 것. 쓰레기 같은 교제가 문제의 핵심인 것입니다.

너무 자주 만나는 것이 왜 문제일까요? 너무 잦은 교제는 나 자신을 성장시키는 데 투자해야 할 시간을 갉아먹습니다. 사람은 혼자 있을 때 비로소 성장합니다. 고독은 절대 나쁘지 않습니다. 사람은 고독 속에서 비로소 사색하고 조용히 자신의 내면을 들여다볼 수 있습니다. 그 과정에서 외로움을 느낄 수도 있겠지만, 사람은 어떤 주제, 나 자신 또는 인생에 대해서 고뇌하고 고독감을 느끼는 가운데에서만 발전이 가능합니다. 누군가와 같이 있을 때 우리는 성장할 수 없습니다. 시간이 없기 때문입니다. 교제가 너무 잦아서 자기 자신을 미처 돌볼 기회가, 시간이 없는 것입니다. 매일매일 새로운 가치로 나를 채우지 못하면 나 자신은 썩어 문드러지게 됩니다. 결국 역겨운 냄새를 풍기는 곰팡내 나는 치즈가 될 것입니다. 이야기의 뒷부분에 나오는 여자 공원들 얘기는 그 당시 사회적 분위기를 고려해서 이해해야 합니다. 여자 공원들은 현대 사람들을 의미합니다. 현대인들은 꿈속에서조차 혼자 있는 일이 없습니다.

쓰레기 같은 교제에 집착하지 마라

사람 사이의 교제는 너무 잦을 필요가 없습니다. 처세술은 인위적이며 자연스럽지 못합니다. 내가 어떤 목적을 위해서, 지금 당장은 아니더라도 앞으로의 무언가를 위해서 누군가를 관리하는 것, 당장의 외로움을 달래기 위해서, 언제 도움이 될지 모르기 때문에 관리하면서 두루두루 잘해주는 것, 모두 쓰레기 같은 교제입니다. 처세술이나 외로움에 바탕을 둔 교제는 할 필요가 없습니다.

시간은 한정된 자산입니다. 누구에게나 하루 24시간이 부여되어 있습니다. 이 한정된 시간 자원을 자기 자신을 계발하는 데 투자하십시오. 나 자신을 성장시키는 데 더 많은 시간을 할애하십시오. 쓰레기 같은 교제에 집착하지 마십시오. 여러분이 오늘 A를 만났습니다. 다음번에 A를 만날 때 여러분은 그전보다 성장해 있어야 합니다. 내적으로든 외적으로든 말입니다. 그래야 그 만남이 의미가 있는 만남이며 상호간에 긍정적인 영향을 주며 발전해 나가는 관계가 될 수 있습니다. 맨날 똑같은 상태에서 만나는 것은 서로를 침해하고 썩어 문드러지게 만들 뿐입니다. 소로우는 19세기 사람들의 교제도 값이 싸고 쓰레기 같다고 통렬하게 비판합니다.

하느님 역시 홀로 존재한다. 그러나 악마는 결코 혼자 있는 법이 없다. 그는 많은 패거리들과 어울려 대군을 이루고 있다. 목장에 핀 한 송이 우단현삼이나 민들레꽃, 콩잎, 괭이밥, 등에, 그리고 뒤영벌이 외롭지 않듯이 나도 외롭지 않다.

나는 내 본연의 자세에 돌아와서야 마음이 편한 사람이다. 나는 남의 눈에 잘 띄는 곳에서 다른 사람들과 함께 화려하게 과시하며 돌아다니기보다는, 가능하다면 우주를 창조한 분과 함께 거닐어보고 싶다. 그리고 이

들떠 있고 신경질적이며 어수선하고 천박한 19세기에 사는 것보다는 이 시대가 지나가는 동안 서 있거나 앉아서 생각에 잠기고 싶다.

－『월든』(헨리 데이비드 소로우 저, 강승영 역, 은행나무) 중에서

지금은 무언가에 몰두할 시간이다

소로우가 현대 사회에 살고 있다면 그 혼잡함과 가벼움에 아마도 혼절해 버리고 말 것입니다. 내 주변에 사람들이 들끓지 않아도, 내가 어떤 목적을 가지고 누군가를 관리하지 않아도 인생을 멋있게 살 수 있습니다. 내가 스스로 성장하잖아요? 그러면 내 주변에 사람은 들끓기 마련입니다. 사람을 관리할 필요가 없습니다. 전화번호부에 저장된 사람, SNS 친구가 몇 명인지에 전혀 신경을 쓰지 않아도 됩니다. 극도의 외로움이나 고독감으로 힘든 사람이 지금 당장 해야 할 일은 교제가 아닙니다. 여러분은 혼자 있기 때문에, 혼자서 공부하고 있기 때문에 외로운 것이 결코 아닙니다. 에리히 프롬의 말처럼 소극적인 자유에 머물러 있기 때문에 고립에 빠지게 된 것입니다. 고립은 사람을 절망으로 이끕니다. 여러분이 가진 그 자유를 적극적으로, 자발적으로 어떤 창조적인 활동을 하는 데 사용하십시오. 그것은 결국 자아의 실현으로 이어집니다.

여러분이 지금 외로움을 느낀다면 바로 무언가에 몰두할 시간입니다. 누구를 만나서 쓰레기 같은 교제를 할 시간이 아닙니다. 외로움

307

은 당연한 감정입니다. 무언가에 몰두하십시오. 그리고 자기 자신을 발전시키십시오. 오늘의 나는 어제의 나보다 나은 사람이어야 합니다. 어떤 면에서든지 간에 말입니다. 10년 전의 나와 지금의 내가 같아서는 안 됩니다. 변함없이 한결같은 것을 얘기하는 것이 아닙니다. 자신의 내면을 새롭게 채우려는 노력과 능력이 없는 사람을 말씀드리는 것입니다. 저라면 그런 사람과 교제하면서 아까운 시간을 낭비하지 않을 것입니다. 혼자인 것을 두려워하지 마십시오. 외로움에 속아 쓰레기 같은 교제를 하느라 아까운 시간과 에너지를 낭비하지 마십시오. 그것은 무절제입니다. 혼자일 때 여러분은 비로소 성장합니다. 지금은 여러분이 성장할 시간입니다.

 ▶ 아는 변호사

쓰레기 같은 교제 | 지금은 교제할 때가 아니라 몰두할 때입니다 | 외로움이 부른 비극 | 월든

스쳐가는 인연은
그냥 보내라

인연은 어쩔 도리가 없다

우리는 살아가면서 수많은 인연人煙을 만납니다. 인연은 때와 장소를 가리지 않습니다. 공부할 때도 인연은 어김없이 찾아옵니다. 스터디를 하는 중에 아니면 독서실에서, 아니면 학원에서, 귀가하던 중에도 인연은 시작될 수 있습니다. 여기서의 인연에는 친구도 있을 것이고 애인도 있을 것입니다. 저는 굉장히 주도적이고 진취적인 사람이지만 사람 간의 관계에 있어서만큼은 인연의 철학을 따르려고 합니다. 즉, 만나고 헤어짐은 결국 인연이라는 것입니다. 마음이란 인간의 의지와 노력으로 어떻게 할 수 없는 부분이기 때문입니다. 더군다나 내가 아닌 상대방의 마음이라니, 그야말로 어쩔 도리가 없습니다.

나에게 찾아온 인연을 어떻게 다루어야 하는지에 대해 말씀드리겠습니다. 이것은 공부하는 사람뿐만 아니라 인생을 사는 우리들 모두에게 해당되는 이야기입니다. 인연은 다 같은 것이 아닙니다. 좋은 인연이 있는가 하면 나쁜 인연도 있습니다. 그리고 그 좋고 나쁨에도 정도의 차가 있습니다. 친구로서의 인연밖에 되지 않는 사람을 노력해서 애인으로 만들고 배우자로 만든다면 그 사람은 행복하지 않을 것입니다. 상대방도 마찬가지입니다. 어차피 만날 사람은 만나게 되어 있다고 생각합니다. 반대로 만나지 않아야 될 사람과 인연을 맺으면 운명의 수레바퀴는 파국을 향해 굴러갈 것입니다.

나의 외로움은 나만이 달랠 수 있다

저는 운명이나 팔자에 대한 이야기를 하려는 것이 아닙니다. 나에게 찾아온 인연을 잘 살펴보아야 한다는 것입니다. 지금 너무 외로운 나머지 스쳐 지나가야 되는 인연을 붙잡고 헛된 노력을 계속한다면 그 결과로 인해 여러분의 인생은 피폐해지게 될 것입니다. 인과율因果律에 따라 현재는 과거의 내가 선택한 결과입니다. 누구를 원망할 필요가 없습니다. 선택과 책임은 우리가 인생을 살아가는 데 필요한 유일한 행동 양식입니다. 특히 미래의 나를 위해 지금을 투자하고 있는 사람이라면 더더욱 스쳐가는 인연을 알아볼 줄 아는 혜안이 있어야 합니다. 스쳐가는 인연은 그냥 스쳐가게 내버려 두십시오. 그러기 위해서 필요한 것은 용기입니다.

공부를 하는 중에 외로운 것은 당연한 현상입니다. 여러분의 외로움은 여러분 스스로만이 달랠 수 있습니다. 스쳐가는 인연을 붙잡아 옆에 둬봤자 더욱 심한 외로움을 느끼게 됩니다. 더 나아가 여러분의 인생을 침해하여 회복 불가능하게 만들 것입니다. 운명의 수레바퀴가 잘못된 방향으로 굴러가기 시작하면 여러분은 여러분의 인생을 통제하지 못하게 됩니다. 인생이라는 긴 여정의 키를 잡지 못하게 된다는 것입니다. 극심한 경우 결국 감당하지 못하는 현실에 직면하여 인생이 그저 흘러 지나가기만을 기다려야 하는 처지에 빠질 수도 있습니다. 합격을 위해서라면 인연에 연연해하지 마십시오. 외롭다고 핑계대지 마십시오. 나의 외로움을 다른 사람의 존재로 채우려고 하지 마십시오. 스쳐가는 인연은 그냥 보낼 줄 아는 용기가 필요합니다.

아무에게나 진실하지 마라

저는 외로움을 많이 타는 사람입니다. 그래서 찾아온 인연을 안타까워하는 경우가 많습니다. 심지어 스쳐가는 인연임에도 불구하고 마음 아파하곤 했습니다. 중국에서 변호사 시보를 하던 중에 19박 20일의 일정으로 실크로드 여행을 했습니다. 여행 중에 매일매일 다양한 사람들을 만났습니다. 새벽녘 돈황敦煌역에서 시내 호텔까지 우리를 태워주었던 중국인 청년, 호탄和田에서 자신의 돌과 제 카메라를 교환

하자고 했던 중년의 아저씨, 병마용兵馬俑에서 함께 화산花山을 등반하자고 했던 중국 군인 청년 등 모두들 처음 보는 사람들입니다. 처음이자 마지막인 사람들, 그야말로 스쳐 지나가는 인연입니다.

다시 이곳에 올 수는 있겠지만 이 사람들을 만날 수는 없습니다. 눈앞에 보이고 실존하고 있는데 다시는 볼 수 없다는 사실이 슬펐습니다. 그야말로 스쳐가는 인연입니다. 스쳐가는 인연은 '무심無心코' 스쳐가게 내버려 두십시오. 아무런 뜻이나 생각조차 없이 내버려 두십시오. 그렇게 할 수 있도록 단련하십시오. 진정한 인연이 왔을 때 거기에 투자하십시오. 진실은 진실한 사람에게만 투자하는 것입니다. 그래야만 비로소 그 진실이 빛이 납니다.

외로운 나머지 싼값에 자신을 팔아넘기지 마라

나는 최선을 다했는데 상대방이 배신했다고 나쁜 놈이라고 욕할 필요가 없습니다. 진실하지 않은 사람, 스쳐가는 인연에게 함부로 진실을 쏟아부은 대가입니다. 아무런 결실을 맺을 수 없는 헛된 노력을 한 것입니다. 인연을 잘못 알아보고 스쳐가는 인연도 안타까워서 붙잡았기 때문에 그런 일이 발생한 것입니다. 그렇게 보면 모든 일은 인과율의 법칙에 따라서 일어납니다. 모든 일의 원인은 나한테 있습니다. 내가 과거에 그렇게 했기 때문에 지금의 결과가 있는 겁니다. 잔인하게 이야기하면 그렇습니다. 아무한테나 진실하지 마십시오. 외로운 나머지 자신을 싼값에 팔아넘기지 마십시오.

 ▶ 아는 변호사

스쳐가는 인연은 그냥 보내세요 | 법정스님

제발 그놈의 안 된다는
말 좀 집어치워

그거 안 된다니까.

웬만하면 그거 하지 마.

그냥 가만히 있어.

그게 될 리가 있냐.

너가 아직 세상 물정을 모르나 본데

도대체 왜 그걸 하려고 하는 거야?

인생은 원래 그런 거야.

다 그러고 살아.

너가 복福에 겨웠구나.

남들에 비하면 너는 얼마나 행복하냐.

너 미친 거 아니냐.

그건 위험하고 무모해.

너가 걱정되서 하는 소리야.

왜 다들 안 된다고 난리들이야!

과거에 내가

고려대학교 법학과로 편입을 할 때,

사법연수원 변호사 시보를 중국에서 한다고 할 때,

중국 칭화대학교로 석사유학을 간다고 할 때,

군법무관을 그만둔다고 할 때,

유튜브를 시작한다고 했을 때,

단독으로 변호사 사무실을 개업한다고 할 때,

사무실 위치가 구로동이라고 소개할 때,

그리고 지금 무언가를 도모하려고 할 때

주변에서는 다들 안 된다고, 그냥 가만히 있으라고 짜증이 날 정도로 난리들이었다.

하지만 지금 나는

고대 법대를 장학금을 받으며 졸업하고,

군법무관 임용시험에 합격했으며,

외국에서 변호사 시보를 한 최초의 군법무관이 되었고,

당당히 사법연수원장상을 수상했으며

국비유학생으로 선발되어 중국 칭화대학교 법학 석사 학위를 취득하였고,

유튜브에서 '아는 변호사' 채널을 운영하고 있으며,

구로동에서 변호사 사무실을 단독으로 개업하였고,

앞으로 도모하는 일도 이루어 낼 것이다.

왜냐하면

나는 그것을 진심으로, 간절히 원하기 때문이다.

인생은 삶에 대한 자기만의 방식을 찾아가는 여정이다

인생은 삶에 대한 자기만의 방식을 찾아가는 여정입니다. 지금 많은 것을 희생하면서 공부를 하고 있는 여러분도 무언가 이루고 싶은 꿈이 있기 때문일 것입니다. 삶의 방식은 정형화되어 있지 않습니다. 여러분 각자의 삶을 대하는 자세, 그것이 바로 나의 고유한 삶을 이룹니다. 고유하다Unique는 것은 나의 본성입니다. 인생은 그것을 찾는 과정입니다. 마흔두 살의 인생을 살면서 저는 남들이 보기에 제멋대로 살아왔습니다. 때로는 미쳤다는 이야기를 들었고, 때로는 근거도 없는 비난을 받아야 했습니다. 단지 제가 제 본성대로 살려 한다는 이유만으로 말입니다. 정형화된 사회에 길들여진 그들이 보기에 저는 그저 특이한 사람입니다. 그렇게 사회가 정해놓은 규칙에서 벗어나 자유롭게 되기 위해서는 대가를 치러야 합니다.

반대를 무릅써라,
인생의 모든 경험은 가치 있는 것이다

원하는 것을 이루기 위해서는 반대를 무릅써야 합니다. 공부도 마찬가지입니다. 1995년 수능 점수에 맞춰서 숙대 경제학과를 갔을 때 저는 그냥 평범한 대학생이었습니다. 하지만 내면에는 무언가 설명할 수 없는 욕망이 있었습니다. 안타깝게도 그것을 분출하는 방법을 몰랐습니다. 저는 그것의 정체를 알기 위해서 다양한 전공 수업을 들어보는 방법을 선택했습니다. 어떻게 보면 큰 일탈을 하지는 못했던 셈입니다. 매 학기 강의 신청을 할 때면 외교사, 중국어, 인체해부, 동양사, 서양사, 법학 등 마음에 드는 수업을 골라 들었습니다. 입학과 동시에 경제학에 대한 모든 흥미를 잃었던 저는 정작 전공인 경제학 수업은 최소한만 들었습니다. 학부제로 바뀌지 않았다면 아마 졸업 이수학점을 채우지 못해 졸업이 불가능했을 것입니다. 저의 이런 행동 역시 이상하다는 취급을 받았습니다. 제 인생의 전환점은 고려대학교 법대에 편입한 2000년이었습니다. 이후로 무언가를 진심으로 갈구하면 내가 알 수 없는 방식으로 길이 열리는 것을 저는 인생에서 여러 번 경험했습니다. 그리고 행운의 여신은 불행도 함께 가져다주는 것도 알게 되었습니다. 그렇기 때문에 인생의 모든 경험은 가치가 있습니다.

숙대 졸업식 날, 고대 법대로 편입한 것을 부러워하는 친구도 있고, '졸업했으면 취업해야지, 뭐하러 학교를 또 가냐'라며 비난하는 친구도 있었습니다. 그들은 고대 법대에 합격하기 위해 제가 한 노력을 폄하합니다. 사법시험을 준비할 때도 '설마 네가 붙겠냐! 그게 얼마나 어려운 시험인데'라는 친구도 있었습니다. 저는 묵묵히 공부를 했고 2004년 결국 군법무관 임용시험에 합격했습니다. 공부를 시작한 지 3년 만이었습니다. 그러자 그 친구는 이제 "야, 그거 쉽냐? 나도 해볼까?"라고 합니다.

세상에는 다른 사람의 노력을 평가절하하는 사람이 의외로 많습니다. 그들은 방구석에 앉아서 불평불만만 할 것입니다. 그리고는 자기는 운이 없다고 얘기합니다. 사법연수원 2년 차는 실무수습 기간입니다. 연수생들은 법원, 검찰, 변호사 시보를 통해 실무를 익히고 자신의 적성도 확인할 수 있습니다. 2006년, 저는 서울남부지방법원과 국방부 검찰단에서 각각 법원과 검찰시보를 했습니다. 저는 오랜 동경의 대상이었던 중국의 둔황에 가보고 싶었습니다. 공부를 하기 위해 미뤄두었던 꿈, 지금이 아니면 다시는 가보지 못할 것 같은 그곳을 가기 위해 저는 과감히 중국 로펌에서의 변호사 시보를 결정합니다. 당시는 외국에서 변호사 시보를 하는 연수생이 거의 없었습니다. 하물며 중국이라니, 세상에! 게다가 외국에서 변호사 시보를 한 군법무관은 전무했습니다. 군에서 전례가 없다는 것은 무엇보다도 강력한 거절 사유입니다. 전례가 없으면 안 됩니다. '귀찮게 왜 가려고 하냐'는 것입니다. 거기에는 어떤 법 해석도 필요 없습니다. 하지만 결국 저는 갔습니다. 2010년에는 교육과학기술부에서 주관하는 국비유학 선발시험에 합격했습니다. 그래서 중국 칭화대 법학과에서 2년 동안 석사유학을 합니다. 그때도 조직에서는 난리가 났습니다. 하지만 2015년, 저는 우여곡절 끝에 석사학위를 취득하고 당당히 돌아옵니다. 그리고 4년 뒤인 2019년에는 전역을 결정합니다. 전역을 결심할 즈음 '1년만 더 해라', '준비를 더 해서 나가라', '지금 변호사들 죽는다고 난리들인데 왜 나가냐' 등의 소리를 그야말로 귀가 따갑도록 들었습니다. 전역을 앞두고 유튜브를 시작하자 '관종이냐'는 말을 들었습니다. 그리고 드디어! 구로구에 단독 개업을 결정했을 때 주변의 반응은 역대 최고치를 경신했습니다. 저는 드디어 '미쳤다', '그런 용기는 도대체 어디서 나오는 거냐'라는 평가를 획득했습니다.

내 인생이다, 책임도 내 인생으로 받아내는 것이다

저는 왜 미쳤다는 소리를 들으면서까지 남들이 안 하는 짓을 할까요. 바로 제가 하고 싶기 때문입니다. 제 인생이니까요. 하지만 자기가 하고 싶은 일을 할 때 첫 번째로 받는 것은 비난입니다. 그것이 정형화된, 규칙을 준수하는 행동이 아니면 조직은 여러분을 정신 차리게 하기 위해 강력한 제재를 가할 것입니다. 모난 돌은 정을 맞아야 하기 때문입니다. 그 정은 때로 여러분의 인생을 회복이 불가능한 정도로 세고 과격할 수 있습니다. 이때 여러분이 할 수 있는 선택은 조직에 철저히 순화되거나 아니면 튕겨나오는 것뿐입니다.

자유에는 대가가 따릅니다. 책임이 따릅니다. 책임이란 쉽게 입에 올릴 수 있는 단어가 아닙니다. 여기서의 책임은 내 인생으로 받아내야 하는 책임입니다. 그렇기 때문에 자기의 고유한 삶을 찾아가는 과정은 대단히 어려운 일입니다. 사람들은 여러분이 본성을 찾도록 내버려 두지 않을 것이고 여러 가지 제도적인 모습으로 끊임없이 방해할 것입니다. 그렇기 때문에 자유로운 선택이 가져오는 결과를 감당하지 못합니다. 저는 행동하지 않고 말로만 인생을 성찰하는 사람들을 경멸합니다.

반드시 결과를 만들어내라

본성이 시키는 대로 멋대로 살기 위해서는 책임을 지는 자세도 중요하지만, 더욱 중요한 것은 결과물이 있어야 한다는 것입니다. 내가한 선택에 결과가 없으면 여러분은 진짜 이상한 사람으로 낙인 찍히게 됩니다. 그런 상태라면 여러분은 각자의 고유한 삶은 언감생심 숨통을 조이는 사회의 규칙에 철저히 순응한 채 남은 삶을 연명해야 합니다. 더 이상의 시도는 할 수 없습니다. 여러분이 내린 결정에 좋은 결과물을 가져오지 못한다면 그 대가는 실로 엄청납니다. 여러분은 한때의 본성에 따라 내린 결정을 평생 후회할 수도 있습니다. '그냥 조용히 살걸', '그냥 조직에서 시키는 대로 살걸'이라고 되뇌이면서 말입니다. 책임이라는 것은 그렇게 무서운 겁니다.

제가 미쳤다는 주변의 비아냥을 들으며 했던 행동의 결과를 말해

보겠습니다. 고대 법대에 편입하여 다행히 군법무관이 되었고, 무사히 칭화대학교 법학 석사가 되었으며, 유튜브를 시작한 지 1년 만에 8만 구독자를 가진 채널로 성장했습니다. 처음에는 안 좋게 보던 사람들이 이제는 관심을 가지고 '나도 해볼까', '진짜 대단하다'라고 생각합니다. 그런데 만일 제가 실패했으면 평가가 어땠을까요. 편입한 뒤 어떤 시험에도 붙지 못했다면 '쟤는 뭐야, 결국 아무것도 달라진 것도 없고, 돈만 쓰고 뭐하러 편입했을까', '아무튼 이상한 애라니까'로 끝입니다. 그런 상태가 되면 두 번째 시도를 하기가 더 어렵습니다. 물론 할 수도 있겠지만 기본적으로 사람이 위축됩니다. 그렇기 때문에 실패한 뒤 그 비난과 편견을 견뎌내고 성공하는 사람은 진짜로 대단한 사람입니다. 사회적인 시선에 주눅 들지 않고 자기만의 내적인 에너지를 끝까지 충분히 발산해 냈다는 것은 박수를 받을 만한 일입니다.

큰 것을 원하면 큰 것을 걸어라

고유한 삶을 찾아가는 과정은 어려운 일입니다. 온갖 비난과 적대적인 감정을 견뎌내며 무소의 뿔처럼 혼자 가야 하는 길이기 때문입니다. 각오를 단단히 하십시오. 모든 것을 걸고 죽음을 무릅쓰고 '이거 하다가 죽어도 좋다'라는 마음을 가지고 시작하지 않으면 여러분은 금방 좌절하게 될 것입니다. 그때는 차라리 시작하지 않은 것보다 더 못한 상황이 될 수 있습니다. 각오를 가지고 일단 시작하잖아요? 그러면 이루십시오. 결과물을 만들어내야 합니다. 그렇지 못하면 사회에 철저히 순응하는 사람보다 못한 삶을 살아야 합니다. 사회는 규칙에서 벗어난 사람을 본보기로 응징하여 사람들이 사회가 정해놓은 규칙에서 벗어나려는 시도조차 하지 못하게 만듭니다. 그러한 제재를 나는 견딜 수 있더라도 내 가족은 견뎌내지 못할 수 있습니다. 아무것도 걸지 않고 얻을 수 있는 것은 아무것도 없습니다. 큰 것을 원하면 큰 것을 걸어야 합니다.

이제 나는 배 밑으로 내려갈 생각은 없다

주어진 인생을 어떻게 살 것인가는 결국 여러분이 결정할 일인데 모두가 각자의 고유의 삶을 찾으려고 애쓰지 않아도 됩니다. 우리는 다 다릅니다. 다른 생각과 다른 가치관을 가지고 있습니다. 인생을 항해하기 위한 배에는 다양한 포지션이 있습니다. 제때 음식이 공급되는 따뜻한 선실에 여행객처럼 묵는 사람도 있고, 비바람도 감수하며 키를 잡아야 하는 선장이 있고, 돛대 위에서 망을 봐야 하는 사람도 있습니다. 내가 굳이 위험을 감수하며 배의 키를 잡을 필요는 없습니다. 그냥 선실에서 편안하게 여행해도 괜찮습니다. 배의 키는 한 개 뿐이고, 망루에 올라갈 수 있는 사람도 한정되어 있습니다. 진취적이고 모험을 좋아하는 사람만이 고유한 삶을 찾을 수 있는 것은 아닙니다. 죽을 때까지 선실에서 안락한 삶을 살아도 괜찮습니다. 그것이 무엇이든 간에 여러분이 스스로 결정했다면 모두 좋은 것이고 자아실현입니다. 그런데 나의 거취를 정하기 전에 최소한 내가 타고 있는 배에 어떤 포지션들이 있는지 정도는 알아야 하지 않을까요? 선실에서 한 번도 나오지 않은 사람이 이것을 알 수 있는 방법이 있을까요? 일단 선실에서 나오기로 결정했다면 각오를 단단히 하시기 바랍니다. 그리고 제발 그놈의 안 된다는 얘기는 집어치우세요.

> 나는 선실에 편히 묵으면서 손님으로 항해하는 것을 좋아하지 않으며
> 인생의 돛대 앞에, 갑판 위에 있기를 원했다.
> 나는 이제 배 밑으로 내려갈 생각은 없다.
> —『월든』(헨리 데이비드 소로우 저, 강승영 역, 은행나무) 중에서

 ▶ 아는 변호사

제발 그놈의 안된다는 얘기 좀 집어쳐 줄래 | 남의 이야기를 들으면 안되는 이유

공부, 이래도 안되면 포기하세요

초판 1쇄 발행 2020년 2월 20일 **초판 8쇄 발행** 2024년 1월 10일

지은이 이지훈
펴낸이 이승현

출판1 본부장 한수미
와이즈 팀장 장보라
디자인 조은덕

펴낸곳 ㈜위즈덤하우스 **출판등록** 2000년 5월 23일 제13-1071호
주소 서울특별시 마포구 양화로 19 합정오피스빌딩 17층
전화 02) 2179-5600 **홈페이지** www.wisdomhouse.co.kr

ⓒ 이지훈, 2020

ISBN 979-11-90630-09-2 13190